D1932162

Rosen

Denis Retournard · Benoît Priel

Rosen

Richtig auswählen, schneiden und kultivieren

Aus dem Französischen
übersetzt von Ulla Schuler

GONDROM

© Copyright international by FLER / RUSTICA EDITIONS, Paris 2003
© für die deutschsprachige Ausgabe: Gondrom Verlag GmbH, Bindlach 2006
Titel der Originalausgabe: *Roses et rosiers*

Redaktion: Corinna Hoch, Patrick Grootveldt
Fachlektorat: Christine Weidenweber
Covergestaltung: Christine Retz
Titelbild: © Elisabeth Hager
Satz: Ramona Kolb

Fotos: A. Descat (Seite 9, 10 – 11, 15, 38, 42 – 43, 47, 54, 59, 62, 66, 75, 77, 79, 81, 85, 90, 93, 102, 103), F. Didillon (Seite 6, 18, 19, 37, 41, 68, 83, 85), J. Y. Grospas (Seite 50), N. und P. Mioulane (Seite 5, 18, 49, 69, 71, 88 –89, 94, 98), Y. Monel (Seite 12, 44, 52, 57, 60, 85), Noun (Seite 14, 16, 29, 30, 49, 51, 80), E. Ulzega (Seite 5, 8, 28, 70, 76, 106 – 107), Ph. Asseray (Seite 34), F. Boucourt (Seite 105), C. Hochet (Seite 25), V. Klecka (Seite 49, 56, 65, 82, 97), F. Marre (Seite 73), A. Petzold (Seite 20, 26, 49, 64, 74, 78, 101, 112, 114, 116), D. R. (Seite 87, 94)
Zeichnungen: Isabelle Arslanian, Joël Bordier (Seite 39)

Alle Rechte vorbehalten:
Kein Teil dieses Werkes darf ohne schriftliche Einwilligung des Verlages in irgendeiner Form (Fotokopie, Mikrofilm oder ein anderes Verfahren) reproduziert oder unter Verwendung elektronischer Systeme verarbeitet, vervielfältigt oder verbreitet werden.

ISBN-10: 3-8112-2749-1
ISBN-13: 978-3-8112-2749-1

021

5 4 3 2 1

www.gondrom-verlag.de

Inhalt

Das Kultivieren von Rosen

Gartengestaltung mit Rosen

Verzeichnis der Sorten von A bis Z

Anhang

Kleine Geschichte der Rose

Innerhalb der Pflanzenwelt nimmt die Rose eine Sonderstellung ein, ist doch ihre Geschichte eng mit der der Menschen verbunden.

In Literatur und Dichtkunst der Antike waren Rosen immer wieder ein Thema, auch wenn wir nicht wissen, welche Art jeweils besungen wurde. Sicher ist nur, dass die Gattung Rosa etwa 150 Arten umfasst und dass sämtliche Arten ursprünglich auf der nördlichen Halbkugel beheimatet waren. Anhand von Fossilien, die in verschiedenen Regionen der Erde (Indien, Ostsee, Colorado) gefunden wurden, datieren die Paläobotaniker den Ursprung der Rose in das Tertiär (also vor 70 Millionen).

Vielfältiger Ursprung

Wir wissen, dass die Klassen der alten Rosen *(Rosa x alba, R. gallica, R. x damascena und R. x centifolia)* bereits 1000 Jahre vor unserer Zeitrechnung Tauschobjekte waren und von Arabern und Kreuzrittern am Mittelmeer verbreitet wurden. Von dort wurden die ersten Kreuzungsversuche unternommen, die hauptsächlich Franzosen und Holländern gelangen. Hauptsächlich im Zuge der Handelsbeziehungen zwischen England und dem Orient erschienen dann im 19. Jahrhundert mithilfe der neu entdeckten Chinarosen (*Rosa chinensis*) die ersten so genannten modernen Rosen.

Vor allem die Eigenschaft einer Nachblüte im Herbst wurde begeistert aufgenommen. Man spricht bei solchen Rosen, die eine zweite Blüte hervorbringen, von remontierenden Rosen. Nun wurde nichts mehr dem Zufall überlassen und auch heute kreuzt man bewusst Arten wie *Rosa chinensis, R. moschata* und *R. x damascena* miteinander. Aus diesen Hybridisierungen mit gezielt ausgewählten Pflanzen gingen die großen Rosenklassen hervor: die Portland-, Bourbon- und Noisette-Rosen, die Remontant- und Moschata-Rosen und natürlich die Teerosen-Hybriden. Eine der ersten Sorten, 'La France', deren Züchtung 1867 Jean-Baptiste Guillot gelang, markiert den Beginn der modernen Züchtung von wiederholt blühenden Rosen mit großen Blüten.

◀ Die buschig wachsende Rose 'Mozart' wächst zu einer prachtvollen Hecke heran.

▲ 'Gloria Dei', deren Handelsname in England 'Peace' ist, zählt zu den bekanntesten Rosensorten der Welt.

▶ Mit ihren immergrünen Blättern und den herrlichen Blüten ist 'Rusticana' eine besonders leicht zu kultivierende Sorte.

Das Gärtnern wird zum Hobby

Nach dem Zweiten Weltkrieg bemühten sich die Botaniker, Rosen für die verschiedensten Kultivierungsarten zu züchten, wie zum Beispiel zur Kultivierung von Schnittblumen im Gewächshaus. Manche Sorten wurden damals international berühmt, wie 'Baccara' (1954) oder 'Sonia Meilland' (1974). In den fünfziger Jahren wurde das Gärtnern zum Hobby. Es wurden Sorten wie 'Gloria Dei' geschaffen, einer der heute weltweit am meisten angebauten Sorten.

In der zweiten Hälfte des 20. Jahrhunderts kamen dann weitere Rosen in den Handel, für eine zunehmend urbanisierte Gesellschaft, zu deren Lebensraum die Städte mit ihren Grünflächen wurden. Miniaturrosen sind von nun an gefragt, denn sie eignen sich besonders für die Kultur auf Balkonen und in Töpfen, während andere, die eher in die Breite wachsen, besser als Blumenschmuck ausgedehnter Grünflächen taugen.

Im vergangenen Jahrzehnt wandten sich die Hobbygärtner von den dicht mit Rosen bepflanzten Beeten ab und orientierten sich stärker an früheren Bauerngärten. Gleichzeitig war eine neue Liebe zu alten und zu weniger raffinierten, schlichten Rosen zu beobachten. Es entstanden neue Züchtungen, wie die nostalgischen oder auch Bauernrosen.

Die Geschichte der Rosen bleibt ein spannendes Gebiet für Spezialisten, Forscher und Botaniker, die sich übrigens über die Klassifizierung und die verschiedenen Lebensabschnitte der Rose nicht immer einig sind.

Das Kultivieren von Rosen

Die richtige Wahl treffen

Um in den Handel zu kommen, müssen die Rosen bestimmte Kriterien erfüllen. Sorten mit dem ADR-Zeichen (Allgemeine Deutsche Rosenneuheitenprüfung) sind ganz besonders streng geprüft worden und sehr empfehlenswert, vor allem hinsichtlich ihrer Krankheitsresistenz. Welche Rosen soll man nun unter den tausenden von Sorten und all den verschiedenen Klassen wählen?

Um die richtige Wahl zu treffen, wenden Sie sich an eine spezialisierte Baumschule in Ihrer Region. Dort wird man Sie zu den widerstandsfähigsten Sorten für Ihren Garten beraten.

■ Buschrosen

Diese auch als Beetrose bekannte Klasse fasst Rosen mit relativ geringer Höhe (0,4 –1,3 m) und Breite zusammen. Es gibt großblumige und vielblumige Sorten, die meist zu den Polyantha- und Floribundarosen zählen. Sie bilden stark verzweigte Triebe mit vielen dichten Blütenbüscheln. Die Rosen pflanzen Sie am besten in dichten Tuffs oder, um flächige Farbakzente zu setzen, in größeren Gruppen. Da sie sehr blühfreudig sind, zieren sie über längere Zeit Ihren Garten.

■ Alte Rosen

Unter den Begriff „Alte Rosen" fallen alle Rosen, die vor 1867 entstanden, denn in diesem Jahr gelang die Züchtung der ersten Teehybride. Zu den Alten Rosen zählen Gallica-, Alba- und Damaszener-Rosen ebenso wie Zentifolien, Moos- und Chinarosen. Die oft stark duftenden und üppig blühenden Sorten passen am besten in Bauerngärten und versetzen Sie mit den richtigen „Begleitern" in eine wahre Märchenwelt.

■ Hochstammrosen

Hier handelt es sich nicht um eine eigene Klasse, die Wuchsform ist auf eine andere Anzuchtmethode zurückzuführen. Hierbei werden die Wachstumspunkte, die so genannten Augen, in einer bestimmten Höhe der Veredelungsunterlage eingesetzt (Hochstämmchen 90 cm, Halbstämmchen 60 cm, Fußstämmchen 40 cm). Hochstammrosen können Sie verwenden, um Wege hervorzuheben oder um in großen Beeten Akzente zu setzen. Sie passen vor allem in streng gegliederte Gärten.

◀ Wegen ihres ausladenden Wuchses eignet sich die Sorte 'Raubritter' hervorragend als frei stehender Blickfang.

Trauerrosen

Man spricht auch von Kaskadenrosen. Es handelt sich hierbei um Kletterrosen, die auf 1,60–1,80 m hohen Stämmen veredelt werden. Sie werden einzeln gepflanzt. Ein schirmförmiges Gestell stützt die Zweige von unten.

Kletterrosen

Diese Rosenklasse bildet aus ihrem Wurzelstock lange biegsame Triebe, die man an einer Mauer, einem Gitter oder einer anderen Kletterhilfe hochziehen kann. Eine Unterteilung in einmal blühende und öfter blühende Sorten wird auch hier vorgenommen. Bei den öfter blühenden Kletterrosen trennt man häufig nochmals zwischen Rambler-Rosen, die biegsame Triebe haben und eher bogig wachsen, und den „normalen" Kletterrosen oder „Climbern", deren steifere Triebe vorwiegend aufrecht wachsen. Kletterrosen haben weder spezielle Haftorgane noch Ranken, um sich festzuhalten. Sie müssen angebunden werden, was fast waagerecht zu erfolgen hat. Dadurch werden die Verzweigung und die Blütenbildung gefördert.

▼ 'Penelope' ist von kompaktem Wuchs und trägt von Juni bis Oktober blass cremerosa Blüten.

▲'Thalia' ist eine kleine Kletterrose. Ihr Vorteil: Sie hat keine Stacheln.

Strauchrosen

Zu den Strauchrosen zählen neben Kleinstrauchrosen und bodendeckenden Sorten auch botanische Arten (Wildrosen) aus verschiedenen Ländern. Sie dürfen nicht mit den Buschrosen verwechselt werden! Häufig handelt es sich um eine Mischung aus Wildrosen mit den unterschiedlichsten Kulturrosen. Ihre zahlreichen Blüten sind einfach oder gefüllt. Alle wachsen zu großen Sträuchern heran, die meist nicht beschnitten werden. Manche blühen remontierend oder haben schönes Blattwerk, mitunter sind sie stachelbewehrt oder tragen dekorative Früchte. Sie dienen als Ziersträucher und machen als Solitärpflanze eine gute Figur.

Zu Beginn Ihrer Rosenleidenschaft wählen Sie am besten keine anspruchsvolle Edelrose, sondern lieber leicht zu kultivierende, gesunde, kräftige und gegen Krankheiten resistente Rosensorten.

Zwerg- oder Miniaturrosen

Diese Rosen sind kleinwüchsig, haben zierliche Blätter und sehr kleine, wohlgeformte Blüten und elegante Knospen. Sie sind außerordentlich blühfreudig und eignen sich als Einfassung, für den Steingarten oder sogar für Blumenkästen und als Topfrosen.

Remontierende Rosen

Dieser Begriff sagt etwas über den Blührhythmus der Rosen aus. Eigentlich blühen remontierende Rosen nur zweimal, im Frühsommer und im Herbst. Daneben gibt es auch viele öfter blühende Sorten, die fast ununterbrochen von Juni bis Oktober blühen. Mittlerweile wird remontierend jedoch häufig mit öfter blühend gleichgesetzt. Die nicht remontierenden Rosensorten blühen nur einmal, ihre Pracht entfaltet sich jeweils zwischen Mai und Ende Juli.

Das Pflanzen

Rosen stehen etwa 10 Jahre am selben Platz. Sorgfalt beim Pflanzen wird mit reicher Blüte belohnt. Eine sorgsame Pflege macht Ihre Rosen auch widerstandsfähiger gegen Krankheiten.

Die richtige Wahl des Standortes

Pflanzen Sie Ihre Rosen an eine luftige, sonnige Stelle. Natürlich dürfen sie auch leicht schattig stehen. Ungünstig sind jedoch vor allem nach Norden liegende, windige Standorte. Rosen wachsen in fast jedem Boden. Stark kalkhaltige Böden sollten Sie allerdings meiden. Wählen Sie eine gute, etwas lehmhaltige und humusreiche Pflanzerde.

Lockern Sie den Boden mindestens vier Wochen vor dem Pflanzen. Eine vorherige Düngergabe ist normalerweise nicht nötig, vor allem bei sandigen oder kalkhaltigen Böden ist jedoch ein Untermischen mit Komposterde angeraten.

Der Rosenkauf

Falls Ihre Pflanzstelle noch nicht vorbereitet ist, lassen Sie die neu erstandenen Rosen nicht in ihrer Verpackung, sondern packen Sie sie in feuchte Erde ein. Dann können sie unbeschadet mehrere Tage überstehen. Der Rosenkauf wird vornehmlich von Oktober bis März/April getätigt. Gepflanzt wird im Herbst, weil die Pflanzen dann Zeit haben, sich vor der Vegetationsperiode einzugewöhnen. Bei rauem Klima erfolgt die Pflanzung im April. Ungünstig ist es, bei Frostwetter oder sehr feuchtem Boden zu pflanzen.

Wenn Sie die Rosen bereits im Herbst kaufen, aber erst im Frühjahr pflanzen, dann ziehen Sie an einer geschützten Stelle des Gartens einen Graben und stellen Sie die Rosen nebeneinander hinein. Bedecken Sie die Wurzeln zur Hälfte

Pflanzabstände

In Beete gepflanzte Buschrosen	40 – 50 cm
Hochstammrosen	mindestens 1 m
Kletterrosen	mindestens 2 m
Strauchrosen in Gruppen	1,50 – 2 m
Strauchrosen als Hecke	80 cm – 1,20 m
Zwergrosen	25 cm

In den Rosenschulen werden Rosen vor allem als wurzelnackte oder als Containerpflanzen, aber auch als eingebeutelte, wurzelverpackte oder eingetopfte Pflanzen angeboten. Rosen aus Containern erholen sich nach dem Pflanzen am besten. Die Zweige sind beschnitten und der Wurzelstock kann gleich gepflanzt werden.

◀ Eine von Rosen überwachsene Laube inmitten einiger langlebiger Pflanzen ist ein Schmuckstück in einem Garten.

1. Containerrosen (hier die Sorte 'Schneewittchen' als Hochstammrose) können praktisch zu jeder Jahreszeit gepflanzt werden.

2. Achten Sie darauf, dass der Wurzelstock gut mit Erde bedeckt ist.

3. Vor allem bei später Pflanzung müssen Sie unbedingt eine Gießmulde anlegen.

4. Wenn Sie im Frühjahr und Sommer pflanzen, müssen Sie fleißig gießen.

mit Erde. Decken Sie die Zweige oberhalb der Veredelungsstelle ab, um sie gegen Frost zu schützen.

▲ Als Eingang zu einem Rosengarten ist eine Pergola unübertroffen schön.

So werden Rosen gepflanzt

Nach dem Kauf müssen die Pflanzen kühl stehen und feucht gehalten werden. Vor allem wurzelnackte Pflanzen wässert man vor der Pflanzung. Danach werden die Triebe zurückgeschnitten, bei Buschrosen auf eine Länge von etwa 20 cm, Kletter- und Strauchrosen müssen nicht so stark eingekürzt werden. Es wird schräg über einer nach außen gerichteten Triebknospe geschnitten. Kürzen Sie die Wurzeln ungefähr um ein Drittel und achten Sie auf ein ausgewogenes Verhältnis der unter- und oberirdischen Pflanzenteile.

Vor dem Pflanzen gönnen Sie den Rosen ein nährendes Schlammbad, indem Sie die Wurzeln in Lehmerde tauchen oder in einen Brei aus einem entsprechenden Trockenpräparat und Wasser. Dadurch verankern sich die Wurzeln besser im Boden und die Bildung von Wurzelhaaren wird gefördert.

Das Pflanzloch sollte die Größe des Wurzelballens haben. Bei einem Durchmesser von 50–60 cm kann es 20–30 cm tief sein. Über einen kleinen Erdhügel am Grund breitet man nun die Wurzeln spinnennetzartig aus und bedeckt sie mit Erde. Häufeln Sie bis 20 cm über der Veredelungsstelle Erde an. Sie erkennen die Stelle leicht an dem kleinen Wulst, der die Verbindung zwischen den oberirdischen Trieben und den Wurzeln herstellt. Nun wird die Erde angedrückt und gewässert. Nach dem Absetzen des Bodens muss die Veredelungsstelle immer noch 3–5 cm unter der Erdoberfläche liegen!

Pflege nach dem Pflanzen

Bei den im Herbst und in Risikogebieten gepflanzten Rosen häufeln Sie die Erde 10–15 cm an, um sie vor Frost und Winden zu schützen. Lassen Sie diesen Erdwall bis Anfang Mai stehen. Triebe, die Kälteschäden erlitten haben, werden nun eingekürzt. Vor allem zu Beginn der Vegetationsperiode müssen Sie großzügig gießen.

Der Rosenschnitt

Wenn Sie Ihre Rosen sorgfältig und in gut vorbereitetem Boden gepflanzt haben, werden sie etwa zehn Jahre alt. Sie brauchen wenig Pflege. Dennoch sind alljährlich einige Arbeiten fällig: Schnitt, Bearbeitung und Düngung des Bodens, Gießen, Mulchen, Entfernen verwelkter Blüten und Wildtriebe sowie krankheitsvorbeugende Maßnahmen. Lediglich Wildrosen und einmal blühende Strauchrosen benötigen fast keine Schnittmaßnahmen.

Der Erziehungsschnitt

Bei den Rosen fällt der Erziehungsschnitt mit dem Schnitt beim Pflanzen im Herbst oder Frühjahr zusammen. Schneiden Sie beim Pflanzen die Triebe auf zwei Drittel zurück. Im März wird nochmals zurückgeschnitten. Entfernen Sie totes Holz und die nach innen wachsenden Triebe. In den kommenden Jahren wird der Erhaltungsschnitt Ihr Werk fortsetzen.

Der Erhaltungsschnitt

Vom Schnitt hängt nicht nur die Entwicklung neuer kräftiger und blühfreudiger Triebe ab, sondern auch das Aussehen Ihrer Rosen. Außer bei einmal blühenden Kletterrosen, die im Herbst geschnitten werden, erfolgt der Erhaltungsschnitt im zeitigen Frühjahr, am besten dann, wenn die „Augen" gut sichtbar sind. Rosenschnitt bedeutet, totes Holz und Wildtriebe, Reiser, kranke oder zu alte Triebe sowie solche zu entfernen, die auf günstiger stehende drücken, und gut erhaltene Triebe zu kürzen.

Der präzise Schnitt

Der Schnitt muss einige Millimeter oberhalb einer Triebknospe geführt werden. Dieses Auge sollte am Rosenstrauch nach außen zeigen. Der neue Trieb trägt dazu bei, dass die Rose in die Breite wächst. Der leicht schräg nach innen geführte Schnitt bewirkt, dass das Sekret von der Wundfläche an der Seite abfließt, die dem Auge gegenüberliegt.

◀ Mit dieser Hochstammrose 'Paul Noël' lässt sich ein Rosarium in der Höhe betonen.

Der Schnitt von Busch- und Stammrosen

Lassen Sie drei bis fünf junge kräftige Triebe stehen und schneiden Sie diese auf etwa ein Viertel ihrer ursprünglichen Länge zurück. Diese Triebe sollen je nach Stärke zwei bis fünf Augen tragen und 10–20 cm lang sein.

Erhaltungsschnitt von Buschrosen

Setzen Sie den Schnitt oberhalb der vierten oder fünften Triebknospe. Entfernen Sie alle übrigen Zweige und das tote Holz.

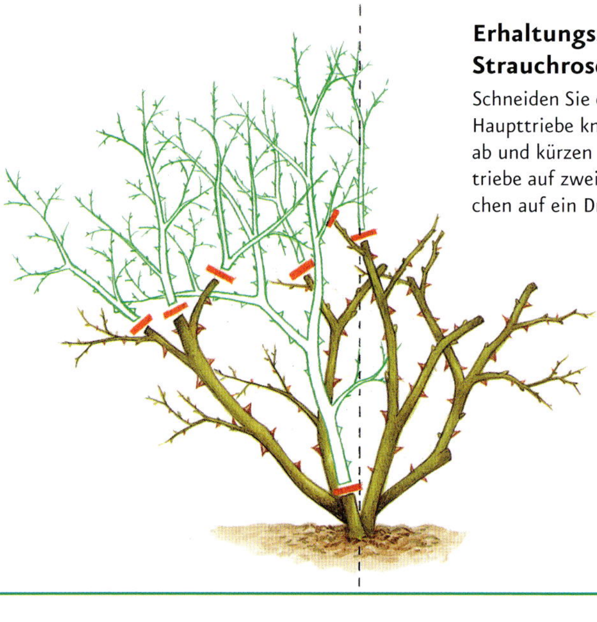

Erhaltungsschnitt von Strauchrosen

Schneiden Sie einen oder zwei Haupttriebe knapp über dem Boden ab und kürzen Sie die starken Haupttriebe auf zwei Drittel, die schwachen auf ein Drittel.

Der Schnitt von öfter blühenden Strauchrosen

Schneiden Sie Strauchrosen nur in den ersten drei oder vier Jahren, damit sie an der Basis nicht kahl werden. Der Schnitt geschieht wie bei den Buschrosen, allerdings kürzt man die Triebe nicht so stark (im zweiten Jahr auf 30 cm, im dritten auf 50 cm und im vierten auf 80 cm), sodass sie sich ungehindert verzweigen können. In der Folge dient der Schnitt nur dazu, die Rosen auszuputzen und die Form zu erhalten.

Der Schnitt von öfter blühenden Kletterrosen

Erhalten Sie alle kräftigen jungen Triebe mit grüner Rinde, die im Allgemeinen aus dem Wurzelstock wachsen. Falls einer der Triebe auf einem älteren Trieb ans Licht kommt, kürzen Sie diesen bis direkt oberhalb des Jungtriebs. Schneiden Sie von den ältesten verzweigten Trieben so viele bis an den Wurzelstock heraus, wie Sie durch junge Triebe ersetzen können. Bei den Trieben, die Sie erhalten müssen, schneiden Sie alle Verästelungen bis auf 10 cm Länge zurück.

Erhaltungsschnitt von öfter blühenden Kletterrosen

Schneiden Sie ein oder zwei alte Triebe heraus und kürzen Sie bei einem dritten die Spitzen.

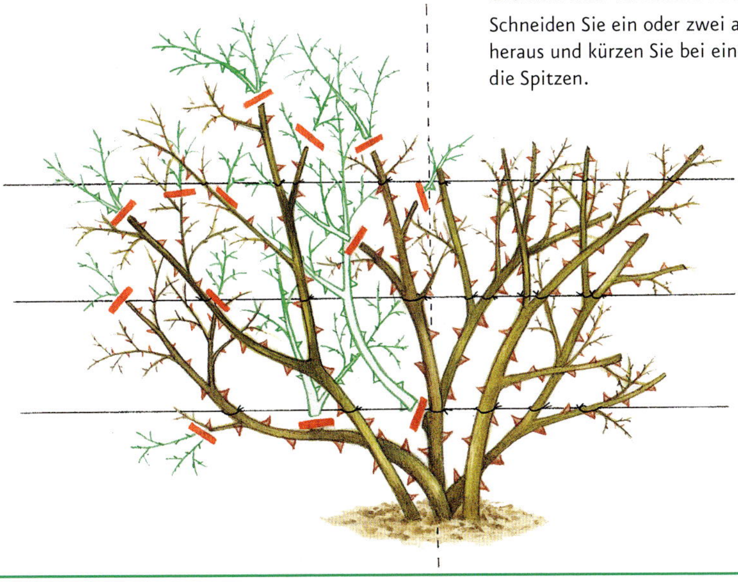

Wie ein Profi

Die Berufsgärtner machen sich nicht die Mühe, Triebknospen abzuzählen. Sie erkennen mit einem Blick, wie der Wuchs einer Rose ist und wo sie beschnitten werden muss. Durch genaue Beobachtung und Übung können Sie ihnen nacheifern.

Der Schnitt einmal blühender Kletterrosen

Beschneiden Sie diese Rosen im Spätsommer, spätestens im September. Lassen Sie alle kräftigen jungen Triebe mit grüner Rinde, die aus dem Wurzelstock wachsen, stehen. Entfernt werden alle älteren Triebe, deren Rinde grau oder braun ist und die schon im zweiten Jahr geblüht haben. Seitentriebe am alten Holz werden auf zwei bis drei Augen eingekürzt.

Erhaltungsschnitt einmal blühender Kletterrosen

Schneiden Sie einen Teil der alten Triebe, die geblüht haben, heraus.

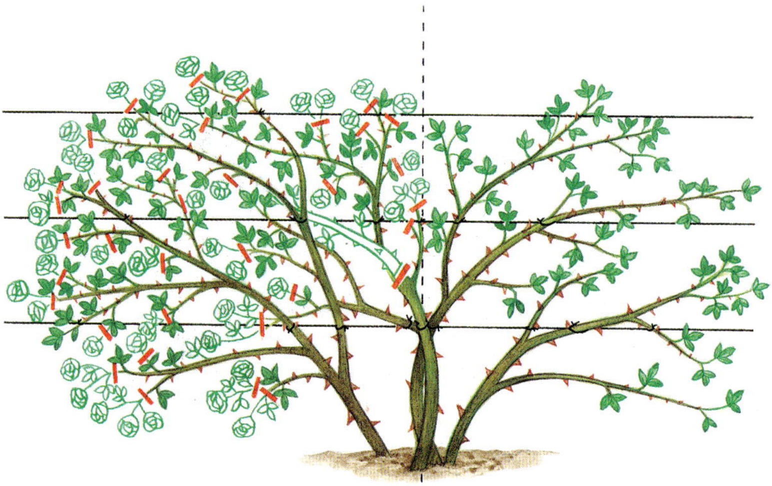

Der Schnitt von Trauerrosen

Trauerrosen werden wie Kletterrosen beschnitten. Dabei richtet man sich nach der gepfropften Sorte und hat zu bedenken, dass das obere Stammende dem Wurzelstock der jeweiligen veredelten Rosensorte entspricht.

Das sollten Sie vermeiden:

- mit einer schlecht geschliffenen Gartenschere arbeiten, weil die Wundflächen dann schlecht verheilen;
- so schneiden, dass keine Augen an den Triebenden sitzen, die dadurch absterben und das Auftreten von Krankheiten begünstigen;
- mit rostigem oder schmutzigem Werkzeug arbeiten;
- zu spät schneiden, wenn der Säftekreislauf bereits in Gang gekommen ist, weil die Rose dann Kräfte vergeudet;
- ohne Lederhandschuhe beschneiden;
- schneiden, ohne gegen Tetanus geimpft zu sein.

◀ Entfernen Sie verblühte Rosen mit einer sauberen und scharfen Gartenschere.

Der Schnitt von Zwergrosen

Stutzen Sie bei Zwergrosen nur die Triebenden, bevor sie übermäßig lang werden. Nach ein paar Jahren lichten Sie das Innere der kleinen Büsche, wenn die kleinen Triebe überhand nehmen.

Erhaltungsschnitt von Zwergrosen

Dünnen Sie den kleinen Busch aus und schneiden Sie die Triebe, die stehen bleiben, auf 2–3 cm oberhalb einer äußeren Triebknospe zurück.

Die Pflege der Rosen

Bis zu sechs Monate im Jahr erfreuen uns die Rosen mit ihrer Blütenpracht – bei einer enormen Vielfalt von Formen und Farben. Es sind robuste, leicht zu kultivierende Pflanzen mit bescheidenen Ansprüchen. Das heißt aber nicht, dass man sie sich gänzlich selbst überlassen kann. Wenn Sie Freude an Ihren Rosen haben wollen, müssen Sie ihnen regelmäßige Pflege angedeihen lassen.

Die Bearbeitung des Bodens

Sorgen Sie stets für eine lockere obere Bodenschicht. Zum Winterende ebnen Sie die angehäufelte Erde ein und lockern dabei die Erde um den Wurzelstock oberflächlich auf. Benutzen Sie lieber eine Grabegabel als einen Spaten, denn die Wurzeln dürfen nicht verletzt werden. Gleichzeitig kann man organischen Dünger wie gut verrotteten Stallmist oder Kompost einbringen.

Lockern Sie im Frühjahr und Sommer die Erdkruste mehrmals mit einem Rechen auf.

> Achten Sie beim Gießen darauf, dass die Blüten und Blätter nicht nass werden. Tatsächlich bewirken die Wassertropfen kleine Auftreibungen und hinterlassen hässliche Flecken.

Das Düngen

Düngen Sie zweimal im Jahr, um die Wüchsigkeit und Blühfreudigkeit Ihrer Rosen zu erhalten. Am einfachsten ist die vorschriftsmäßig dosierte Gabe eines handelsüblichen Rosenvolldüngers.

Das Wässern

Dank ihrer tief reichenden Wurzeln macht Trockenheit den Rosen wenig aus. Dennoch müssen Sie bei trockenem und heißem Wetter gießen. Einmal alle zwei Wochen zu gießen, dann allerdings reichlich, genügt: 20–30 l/qm. Gießen Sie nach Möglichkeit an den Wurzelstock, ohne die Blätter nass zu machen, sonst begünstigen Sie die Entwicklung von Pilzkrankheiten.

Das Mulchen

Decken Sie im Mai den Boden mit einer Schicht aus trockenem Grasschnitt, Torf oder Kieferrindenmulch ab. Diese Streu hält den Boden kühl und verhindert, dass sich Unkraut breit macht.

◀ Wie alle Floribunda-Rosen darf die 'Leonardo da Vinci' nur mäßig beschnitten werden. Wenn die welken Blüten regelmäßig entfernt werden, blüht diese Sorte, bis die ersten Fröste auftreten.

▲ 'Clair Matin' bekommt entzückende, kleine halb gefüllte Blüten.

Weg mit den verwelkten Blüten

Verwelkte Blüten lassen die Rosen hässlich aussehen und wenn sie Früchte ansetzen, entwickeln diese sich auf Kosten neuer Blüten. Deshalb sollten Sie den Sommer über regelmäßig mindestens einmal in der Woche die welken Blüten entfernen. Schneiden Sie die Blütenstände unter dem zweiten Blatt von der Blüte aus gesehen ab.

Die Beschaffenheit der Gartenschere

Eine gute Gartenschere muss sauber, robust und scharf geschliffen sein. Sie ist unentbehrlich für den Rosenschnitt. Ein rostiges, stumpfes Werkzeug zerquetscht die Triebe und hinterlässt unregelmäßige Schnittflächen. Eine solche Wunde bildet die Eintrittspforte für allerlei Krankheiten.

Die Entfernung eines Wildtriebs

Wenn eine Rose kräftig bleiben soll, ist das Entfernen von Wildtrieben und verwelkten Blüten unerlässlich.

Die Entfernung von Wildtrieben

Die auf die Hundsrose *(Rosa canina)* okulierten Edelrosen bilden häufig Wildtriebe an der Veredelungsstelle. Wildtriebe erkennt man daran, dass ihre Blätter kleiner und anders geformt sind als die der Edelrosen. Sie sollten nicht heranwachsen, sondern dicht am Wurzelstock mit einer Gartenschere abgeschnitten werden.

◀ Die Herkunft der Strauchrose 'Canary Bird' ist etwas ungewiss. Bei ihr müssen nur die trockenen Äste herausgeschnitten werden.

Die Vermehrung

Um Rosen zu vermehren, gibt es verschiedene Verfahren. Erfolgreich sind vor allem das Pfropfen und die Vermehrung durch Steckhölzer. Die traditionelle Methode des Pfropfens oder Okulierens setzt allerdings einige Erfahrung voraus. Stecklinge dagegen lassen sich von zahlreichen Arten und Sorten nehmen. Für das Vermehren durch Absenken eignen sich nur Kletterrosen. Die Vermehrung durch Samen eignet sich vor allem, um neue Sorten zu züchten.

Stecklinge und Steckhölzer

Die meisten Floribunda-Rosen, bestimmte Teehybriden, die Zwergrosen und zahlreiche botanische Arten können leicht durch Stecklinge oder Steckhölzer vermehrt werden.

Verwenden Sie halbverholzte Stecklinge, die Sie im August bis September schneiden, oder im Winter geschnittene Steckhölzer. Als Stecklinge eignen sich gesunde, fast ausgereifte Triebe von etwa 20 cm Länge. Schneiden Sie den Steckling oben überhalb und unten unterhalb einer Triebknospe. Vor dem Einpflanzen in ein Torf-Sand-Gemisch tauchen Sie die untere Schnittstelle in ein Bewurzelungspräparat.

Steckhölzer sind von Blättern befreit und werden Ende November geschnitten, in feuchtem Sand eingeschlagen und im darauf folgenden Frühjahr gesteckt.

Das Absenken

Manche Rosen lassen sich leicht durch Absenken vermehren, und zwar einige Wildrosen, Rambler-Rosen und Kletterrosen mit biegsamen Trieben. Wählen Sie einen hinreichend langen und biegsamen Zweig am Wurzelhals. Schneiden Sie am

◀ Ein strenger Rückschnitt des alten Holzes bei Kletterrosen sorgt dafür, dass eine Pergola stets gepflegt aussieht.

▼ Wie die meisten Rosen wurde 'Moonlight' durch Pfropfen vermehrt.

Das Okulieren

Die Wahl des Pfropfreises

Im Juli oder August schneiden Sie einen Zweig von der Rosensorte, die Sie pfropfen wollen. Wählen Sie einen diesjährigen, gesunden und mitteldicken Zweig, von dem Sie mit einem Pfropfmesser die Blätter entfernen. Die Blattstiele lassen Sie aber stehen.

Entnahme des Pfropfreises

Das Auge nehmen Sie am besten aus dem mittleren Teil des Zweiges, aus dem Sie das Pfropfreis gewinnen wollen. Das Auge wird zusammen mit einem 2–3 cm großen Rindenstück so herausgeschnitten, dass ein kleiner Span des Edelreisholzes daran bleibt. Schieben Sie das Okuliermesser leicht schräg unter die Rinde. Setzen Sie das Messer etwa 1–2 cm unter dem Auge an.

Vorbereitung der Unterlage

Die Übertragung muss nun schnell gehen. Setzen Sie an einer glatten, sauberen Stelle der Unterlage einen T-förmigen Schnitt, und zwar zuerst etwa 2 cm quer und darunter etwa 3 cm längs. Anschließend löst man zu beiden Seiten des Längsschnittes die Rinde, was mit dem Spatel des Pfropfmessers ganz leicht geht.

Die Verbindung mit der Unterlage

Fassen Sie den Blattstiel und schieben Sie das Auge so unter die Rinde, dass die Triebknospe einen guten Zentimeter unterhalb des horizontalen Einschnitts zu liegen kommt. Wenn das Auge richtig sitzt, schneiden Sie den Rindenlappen dicht über dem Einschnitt ab.

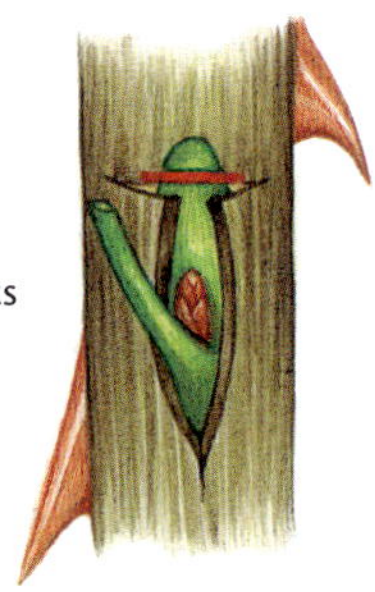

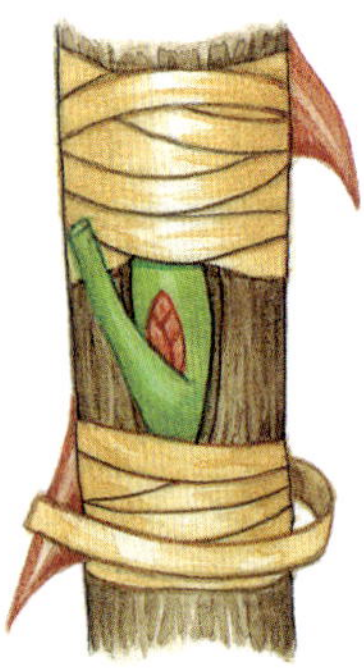

Wundverband der Unterlage

Damit beide Partner ungestört zusammenwachsen können, umwickeln Sie die Unterlage unterhalb und oberhalb des Auges nicht zu fest mit feuchtem Bast oder mit einem Schnellverschluss aus Kautschuk.

unteren Teil des Triebs unterhalb eines Auges die Rinde ein. Diesen Abschnitt versenken Sie 10 cm tief in die Erde. Füllen Sie das entstandene Loch mit einem Gemisch aus Sand, Torf und Gartenerde und fixieren Sie den Absenker mit einem Asthaken aus Metall. Das Triebende muss gestützt werden. Im folgenden Frühjahr kann man den bewurzelten Trieb von der Mutterpflanze trennen.

Das Pfropfen oder Okulieren

Gärtner vermehren handelsübliche Rosensorten durch Pfropfen oder Okulieren. Hierzu wird ein Auge (Triebknospe) der zu pfropfenden Sorte auf eine so genannte Unterlage übertragen. Als Unterlage dient im Allgemeinen eine Wildrosenart, wie die Hundsrose *(Rosa canina)*.

Bei dieser Art des Pfropfens werden die Unterlage und eine Triebknospe der gewünschten Sorte miteinander verbunden. Die Unterlage bildet das Wurzelsystem, die Triebknospe das oberirdische System der Pflanze. Sinn dieser Methode ist, die Eigenschaften zweier verschiedener Individuen in einer einzigen Pflanze zu vereinen. Die Unterlage bringt Robustheit und Angepasstheit an den Boden und verleiht der gepfropften Sorte Stärke. Zahlreiche Sorten erweisen sich als Schwächlinge, wenn man sie auf ihren eigenen Wurzeln kultiviert. Das Pfropfreis bestimmt die Merkmale des oberirdischen Pflanzenteils: Blattwerk, Form und Farbe der Blüten und ihren Duft.

Die Veredelung von Rosen durch Okulieren eines schlafenden Auges soll im Juli bis August geschehen. Das Wachstum im gepfropften Auge beginnt im folgenden Frühjahr.

Vermehrung durch Samen

Die aus Rosensamen gezogenen Nachkommen der Mutterpflanze sind nicht sortenrein, wie bei Stecklingen oder beim Absenken. Ihre Nachkommen sind oft sehr unterschiedlich. Rosensamen zählen botanisch gesehen zu den „Nüsschen“.

Neue Züchtungen

Heutzutage ist die Züchtung einer Rosensorte ein teures Unterfangen. Die Vermehrung zertifizierter Rosen gibt dem Züchter ein Verwertungsrecht zu seinen Gunsten. Als Rosenliebhaber dürfen Sie eine geschützte Rose für sich durch Stecklinge oder Pfropfen vermehren. Sie machen sich aber strafbar, wenn Sie mit den Früchten Ihres Bemühens Geschäfte treiben.

Krankheiten und Schädlinge

Wenn Sie das Blattwerk Ihrer Rosen regelmäßig inspizieren, können Sie Krankheiten rasch erkennen und entsprechend behandeln. Schädlinge und Pilze können Ihren Rosen das Leben mitunter sehr schwer machen. Wenn ihnen das Wetter günstig gesonnen ist, vermehren sie sich fleißig und richten beachtliche Schäden an.

Die Diagnose anhand der Blätter

Die jungen Blätter sind gegen Angriffe von Schädlingen besonders hilflos. Ihr Gewebe enthält Nährstoffe im Überfluss und ihre Epidermis (Oberhaut) ist noch sehr zart.

■ Echter Mehltau

Er ist der Feind Nummer eins. Dieser Pilz überzieht die Rosen mit einem dünnen, leicht filzigen weißlichen Belag. Seine Saugorgane (Haustorien) versenken sich in die Zellen der Blätter, stören das Blattwachstum und führen zu Aufblähungen und Missbildungen. Das Gewebe trocknet aus, die Blätter fallen ab.

■ Rosenrost

Später im Jahr können kleine orange-gelbe Flecken an der Oberseite der bereits ausgewachsenen Blätter auftreten. Entsprechend findet man auf der Blattunterseite vorstehende Pusteln in kräftigem Orange. Dies ist Rosenrost. Im Lauf des Sommers werden die Blattunterseiten mit schwarzen Pusteln übersät, die Sporenlager des Pilzes, die beim Herannahen des Winters die Sporen entlassen.

■ Sternrußtau oder Schwarzfleckenkrankheit

Dieser Pilz befällt zuerst die unteren Blätter und steigt dann empor bis zu den jungen Blättern unterhalb der Blütenknospen. Die Blattoberseite ist von violetten bis schwarzen rundlichen Flecken übersät, die oft einen gelben Hof aufweisen. Das befallene Gewebe stirbt ab. Mitten im Sommer können dann die Rosen ihre Blätter verlieren. Die Blüte ist reduziert, der Wurzelstock geschwächt.

◀ Ein Glück, dass es Marienkäfer gibt, um Läuse zu bekämpfen!

Obwohl die Züchter sich heute bemühen, immer resistentere Sorten auf den Markt zu bringen, können die Rosen in unseren Gärten von Pilzkrankheiten, Spinnmilben oder anderen Schädlingen befallen werden.

▶ Ein Jammer, dass 'Crimson Glory' so anfällig für Echten Mehltau ist!

■ Botrytis

Bei feuchtem Wetter breitet sich gern Botrytis oder Grauschimmel aus. Dieser Pilz, der bei älteren Rosen häufig vorkommt, kann sich im Inneren der Blütenknospen vermehren. Er führt zum völligen Austrocknen von Blüten und Stängeln.

Um die Krankheit auszurotten, genügt es, die vertrockneten Knospen und die verwelkten Blüten zu entfernen.

■ Insekten

Bei hoher Lufttrockenheit vermehren sich Spinnmilben und Blattläuse. Die grünen, roten oder schwarzen Blattläuse rotten sich auf jungen Blütenknospen zusammen. Wenn sie sich mit Pflanzensaft vollgefressen haben, scheiden sie eine klebrige Flüssigkeit aus; eine Delikatesse für Ameisen.

Blattläuse schädigen Blätter, Triebe und Knospen, die verkrüppeln und nicht zur Blüte kommen. Bei starkem Spinnmilbenbefall vergilben die Blätter und fallen ab.

Thripse gehören ebenfalls zu den Rosenfeinden. Ein Befall ruft verkrüppelte Blüten hervor.

Kontrolle von Blüten und Knospen

Bei einer regelmäßigen Kontrolle Ihrer Pflanzen können Sie häufig größeren Schaden vermeiden. Pflanzenschutzmittel sollten erst beim Erreichen einer bestimmten Schadensschwelle eingesetzt werden. Pflanzenschutzämter informieren gezielt über die Höhe des Befalls. Auch vorbeugende Maßnahmen sind sinnvoll. Lavendel zwischen Rosenstöcke gepflanzt soll beispielsweise Blattläuse vertreiben.

Die richtige Behandlung

Nach der Diagnose muss gezielt behandelt werden. Manche Produkte sind gegen einen einzelnen Schädling wirksam. Andere haben ein breiteres Spektrum. Wichtig ist, dass Sie nur zugelassene Mittel verwenden und die Gebrauchsanleitung genau beachten. Bevor Sie zur „chemischen Keule" greifen, probieren Sie es mit biologischen Mitteln.

Der Kampf gegen die Wurzelfäule

Manchmal stirbt bei gesund aussehenden Rosen der Wurzelstock ab. Wenn man beim Ausreißen im Bereich des Wurzelhalses korkähnliche Geschwülste erkennt, handelt es sich um bakterielle Krebswucherungen, die durch *Agrobacterium tumefaciens* verursacht werden. In diesem Fall müssen Sie den kranken Rosenstock ausreißen und vernichten, benachbarte Pflanzen kontrollieren und den verseuchten Boden austauschen.

Die richtigen Nährstoffe

Im Boden müssen Rosen die Nährstoffe finden, die sie brauchen, um sich gut zu entwickeln. Dann blühen sie prächtig und erweisen sich als wüchsig, robust und widerstandsfähig gegen Krankheiten und Schädlinge.

Ausgewogenes Nährstoffverhältnis

Rosen können sich an Universaldünger gewöhnen, aber gedeihen besser, wenn man ihnen die Nährstoffe bietet, die ihren saisonalen Bedürfnissen entsprechen. Stickstoff fördert kräftiges Wachstum, zu viel erhöht jedoch die Krankheitsanfälligkeit. Phosphor ist verantwortlich für die Blühwilligkeit. Kalium macht die Pflanzen widerstandsfähiger und erhöht die Farbintensität der Blüte.

Ganz wichtig für Rosen ist außerdem das Spurenelement Magnesium. Magnesiummangel erkennt man daran, dass zunächst die älteren Blätter zwischen den Rippen aufhellen und später abfallen. Verwechseln Sie ihn nicht mit einer Chlorose. Letztere beruht auf einer schlechten Verwertung von Eisen in sehr kalkreichen oder zu nassen Böden. Auch die Chlorose führt zu einer Entfärbung der Blätter, tritt zuerst aber an den jungen Blättern auf.

▲ Die Chlorose ist eine Eisenmangelerscheinung, die vor allem bei schweren Böden vorkommt.

Herbizidhaltige Dünger

Es gibt auch Dünger, die durch einen Herbizidzusatz gleichzeitig Unkraut vernichten. In einem einzigen Arbeitsgang werden die Pflanzen ernährt und gleichzeitig die Beete sauber gehalten. Während der ganzen Saison kann sich kein Unkraut ausbreiten. Allerdings ist ein solcher Einsatz nur bei stark verunkrauteten Flächen sinnvoll. Ansonsten können Sie beim manuellen Unkrautjäten gleichzeitig die Rose kontrollieren und begutachten.

◀ Elegante Kombination von zwei Kletterrosen im Parc de Bagatelle, Paris.

Die Rosen brauchen nicht nur Dünger, sondern auch – vor allem bei trockenem Wetter – Wasser. Gießen Sie reichlich alle zwei Wochen. Geben Sie jeder Pflanze mindestens 20 – 30 l, damit die Erde gut durchfeuchtet ist und der Dünger sich auflöst.

Welcher Boden ist geeignet?

Der beste Dünger ist nutzlos, wenn er in schlechten Boden gelangt. Die Wurzeln einer Pflanze müssen atmen, um Nährstoffe aufnehmen zu können. Ein verdichteter nasser Boden legt Nährstoffe fest und muss deshalb mit Humus auf Basis von Torf und gut verrottetem Mist verbessert werden. Noch immer gilt die alte Redensart, dass Mist schwere Böden lockert.

Bei sandigen Böden werden Nährstoffe zu schnell in tiefere Bodenschichten ausgewaschen. Auch hier kann man den Boden mit verrottetem Mist oder Kompost verbessern.

Pflanzen Sie die Rosen in einen Boden, der genügend Wasser aufnimmt und gut durchlüftet ist, sodass Wurzeln und Mikroorganismen sich ungehindert entwickeln können.

Alles zu seiner Zeit

Viele handelsübliche Rosendünger werden als Granulat oder Pulver angeboten. Man streut sie auf die Erde um die Wurzeln und arbeitet sie mit dem Rechen oberflächlich ein. Dieses Vorgehen ist einfach und ausgesprochen wirksam. Es gibt auch Flüssigdünger, der mit dem Gießwasser eingebracht wird, sowie Produkte, die man auf die Blätter sprüht. Die Zusammensetzung dieser Dünger variiert geringfügig je nach Hersteller, die Dosierempfehlung sollte immer berücksichtigt werden.

Gedüngt wird während der Saison zweimal. Die erste Düngergabe erfolgt zu Beginn des Frühjahrs, gleich nach dem Beschneiden. Spätestens Ende Juni, nach der Hauptblüte, wird noch einmal gedüngt. Patentkali dürfen Sie allerdings auch noch im August um die Rosen streuen. Er fördert das Ausreifen der Triebe und stärkt die Pflanzen für die kalte Jahreszeit.

Lockern Sie den Boden etwas auf und gießen Sie reichlich, falls der Regen ausbleibt.

Die Wurzeln von Kletterrosen oder Strauchrosen breiten sich im Lauf einiger Jahre über mehrere Quadratmeter aus. Entsprechend verteilen Sie den Dünger über die gesamte Fläche, unter der die Wurzeln dieser Rosen sich verzweigt haben.

▶ Wie alle mehrjährigen Pflanzen ringsum gedeiht die Rose 'Rush' am besten auf dem richtigen Boden.

Gartengestaltung mit Rosen

Welche Rose für welchen Garten?

Die Rosenwahl für einen Garten wird subjektiv getroffen, hängt aber auch von sortenspezifischen Anforderungen und dem Stil des Gartens ab. Die folgenden Kriterien sollen Sie bei Ihrer Wahl leiten.

Klima	Wählen Sie mit Bedacht, denn die Sorten, die in der Rheinebene gedeihen, werden im Spessart eher schwächeln. Hier ist auch die Winterfestigkeit ein Auswahlkriterium.
Bodenbeschaffenheit	Manche Rosen vertragen sandige Böden in Küstennähe, etwa die Rugosa-Rosen, andere bevorzugen eher schwere Böden.
Widerstandsfähigkeit gegen Krankheiten und Schädlinge	Für Neuzüchtungen ist dies ein wichtiges Kriterium, denn Rosen sind oft anfällig für Krankheiten und Schädlinge. Achten Sie bei der Auswahl auf ADR-Sorten.
Duft	Dieses Kriterium wurde zeitweise zugunsten eines üppigeren Blütenflors vernachlässigt, gewinnt aber inzwischen wieder an Bedeutung.
Einmal blühend, remontierend oder öfter blühend	Je nach Standort und Pflanzenpartnern ist es sinnvoll, eine einmalige reiche Blüte zu wählen oder eine kürzere, die sich aber von Frühjahr bis Herbst immer wieder erneuert.
Wuchshöhe	Sie kann von ein paar Zentimetern bei Zwergrosen bis zu einigen Metern bei Strauchrosen oder rankenden Rosen betragen.
Anordnung und Form der Blüten	Dieses Kriterium auf der Grundlage der Rosenklassifikationen bedingt eine ganz persönliche Wahl, bei der entscheidend sein kann, ob man Rosen für Sträuße schneiden kann.
Farbe	In den Katalogen werden die Farben oft verfälscht wiedergegeben. Deshalb sollten Sie unbedingt in einer Rosen- oder Baumschule nachprüfen, ob eine Rose in der Farbe blüht, die Sie sich wünschen.

Das Gestalten schöner Rosenbeete

Bis in die sechziger Jahre beschränkte sich die Verwendung von Rosen im Garten praktisch auf das Bepflanzen von Beeten und Einfassungen. Inzwischen hat sich das Spektrum beträchtlich erweitert: Rosen als Spalier, als Bodendecker oder Hecken. Pflanzt man Rosen in Gruppen, können lebhafte und kontrastierende Farbakzente gesetzt werden, Hochstämmchen ziehen den Blick auf sich und nicht zuletzt der Duft kann in bestimmten Gartenbereichen wirksam zum Einsatz kommen.

Die Farbauswahl ist wichtig: Beete mit Rosen in nur einer Farbe oder in Weiß geben unregelmäßig angelegten Gärten eine harmonische Note.

Die Wahl der Sorten

Um zu vermeiden, dass sich in Beeten oder Einfassungen Krankheiten ausbreiten, und jede Pflanze ihren Nachbarn ansteckt, können neben dem einzuhaltenden Pflanzabstand auch verschiedene Rosen ausgewählt werden. Bezüglich des Blütenflors können Teehybriden (große einzelne Blüten) und Floribunda-Rosen (in Büscheln stehende kleinere Blüten) in verschiedenen Sorten angepflanzt werden. Die Teehybriden – sie sind aus einer Kreuzung von Teerosen, die zu den Edelrosen zählen, mit robusteren Arten hervorgegangen – müssen kräftig beschnitten werden. Sie sehen hübsch aus, wenn man sie gruppenweise in Beete oder Einfassungen pflanzt, wo ihre im Winter wenig ansehnliche Silhouette etwas

▼ Die Sorte 'Lutin' eignet sich ideal für die Bepflanzung von Beeten.

◀ Zusätzlich zu ihren zahlreichen Qualitäten hat 'Cornelia' den Vorzug, auch im Halbschatten zu gedeihen.

verdeckt wird. Die Floribunda-Rosen, deren Blütenform stark an Edelrosen erinnert, blühen sehr reich und immer wieder vom Frühling bis zu den ersten Frösten, allerdings sind ihre Blüten weniger edel als die der Teehybriden und außerdem kleiner. Es gibt Sorten mit einfachen oder gefüllten Blüten. Je nach Sorte erreichen die Sträucher eine Höhe von 0,50–1,20 m. Ein weiterer Vorteil dieser Gruppe ist ihre Silhouette. Sie ist weicher und verkahlt wenig im unteren Bereich.

Inzwischen gibt es Sorten, die weniger krankheitsanfällig sind. Trotzdem begegnet man auf Plätzen oder in öffentlichen Gartenanlagen noch viel zu oft Beeten mit zu stark beschnittenen und von Krankheiten heimgesuchten Floribunda- und Polyantha-Rosen. Ein weiterer Mangel, der bei Floribunda-Rosen enttäuscht, ist der nur sehr mäßige Duft.

Rosa blühende Floribunda-Rosen

'Queen Elizabeth': Mit dieser Rose lassen sich große Beete gestalten. Wegen ihrer zahlreichen guten Eigenschaften gehört sie zu den am meisten gepflanzten Floribunda-Rosen. Ihre Blüten sind größer als die anderer Floribunda-Sorten.

'Fleurette' ist eine hübsche Sorte von rundem Wuchs und mit sehr dichtem Blattwerk. Wenn man sie eng zusammenpflanzt, bilden sie einen Teppich. Die einfachen Blüten sind rosa, weiß oder weiß-rosa. Es gibt wenige Rosen, die so lange blühen. 'Fleurette' wird ungefähr 0,90–1,30 m hoch. Man findet sie selten im Handel.

'Fred Loads' ist ein mittelgroßer Rosenbusch, der etwa 1,40 m hoch werden kann. Die einfachen aprikotfarbenen Blüten sind büschelförmig angeordnet.

'Centenaire de Lourdes' ist eine weitere sehr interessante Sorte, die sich gut in Beeten macht.

Kombinieren Sie Rosen mit Pflanzen, die graue Blätter haben, wie Filzkraut (*Phlomis fruticosa*) oder Beifuß (*Artemisia schmidtiana*); das verstärkt die Farbwirkung der Rosenblüten.

Weiß blühende Floribunda-Rosen

'Schneewittchen' ist eine der schönsten weißen Rosen. Sehr blühfreudig und duftend, leider krankheitsanfällig. Die Höhe variiert zwischen 1,20 und 1,50 m, sodass man sie gut in Beeten pflanzen kann (zum Beispiel vor dunkelgrünem Taxus, durch den die weißen Blüten rosa überhaucht wirken).

'Gruß an Aachen' zählt zwar zu den Floribunda-Rosen, bekommt aber hübsche altmodische, zart duftende blassrosa Blüten. Die Blätter dieser öfter blühenden Sorte sind krankheitsresistent.

Die Floribunda-Rose 'Queen Elizabeth Rose' blüht von Juni bis Oktober.

'Friesia' ist eine reich blühende, herrliche Floribunda-Rose.

'Schneewittchen' ist eine sehr wüchsige Floribunda-Rose.

'Sarabande' gibt es auch als Kletterrose.

Gelb blühende Floribunda-Rosen

'Chinatown': Diese Rose gedeiht im Halbschatten und bekommt gelbe gefüllte Blüten. Sie wird ungefähr 1,50 m hoch und hat sehr schöne, gesunde grüne Blätter.

'Friesia' ist eine leuchtend gelb blühende, prächtige Rose. Sie eignet sich für Beete oder Einfassungen. Mit blau blühenden Verbenen oder Lavendel kombiniert, lässt sich das leuchtende Gelb der Rose dämpfen.

Rot blühende Floribunda-Rosen

'Dusty Maiden': eine öfter blühende Rose; sie blüht karmesinrot mit auffälligen Staubfäden.

'Sarabande': Diese berühmte, eher niedrige Rose ist mehrfach international ausgezeichnet worden. Ihre goldgelben Staubfäden bilden einen hübschen Kontrast zum Blutrot der Blütenblätter.

So bepflanzen Sie ein Rosenbeet

▲ Lassen Sie die verwelkten Blüten von Rosa rugosa 'Alba' stehen, denn auch die Hagebutten sind sehr dekorativ!

Um eine einheitliche Wirkung zu erzielen, sollten Sie mindestens zehn Rosensträucher zusammen pflanzen. Einfarbige Beete sind recht einfach zu gestalten, entweder mit nur einer oder aber mit verschiedenen Sorten. Um eine Harmonie von Farben und Formen zu erzielen, brauchen Sie allerdings ein wenig Gespür und Fingerspitzengefühl.

Für eine Einfassung werden die Rosen versetzt oder in Reihen gepflanzt. Der Abstand zwischen den Pflanzen beträgt 40–60 cm, damit keine unschönen Lücken entstehen und um eine gute bodendeckende Wirkung zu erzielen. Ein derartiger Abstand ergibt eine Pflanzdichte von vier bis sechs Rosen pro Quadratmeter.

Überlegen Sie gut, wo Sie ein Beet anlegen oder eine Einfassung bepflanzen, denn die Pflanzen sollen ja einige Jahre vor Ort bleiben. Die gewählte Stelle sollte sonnig, der Boden weder zu lehmig noch zu kalkhaltig sein. Im Container verkaufte Rosen können Sie zu jeder Jahreszeit pflanzen, freilich nicht, wenn Fröste oder große Trockenheit herrschen. Die Pflanzzeit für Rosen, die wurzelnackt oder mit Wurzelballen verkauft werden, beschränkt sich dagegen auf die Zeit vom Herbst bis zum Frühjahr. In gemäßigtem Klima wird zwischen Oktober und November so gepflanzt, dass die Rosen bis zum Sommer gut angewachsen sind und eventuelle Trockenperioden unbeschadet überleben. In rauem Klima sollte man bis zum Beginn des kommenden Frühjahrs warten.

Sortenwahl

Weiß: 'Schneewittchen', 'Margaret Merril';
Rosa: 'Bordurella', 'Queen Elizabeth Rose', 'Centenaire de Lourdes', 'Manou Meilland', 'Nirvana', 'Sylvie Vartan', 'Escapade', 'Feeling';
Rot: 'Chorus', 'Diablotin', 'Montana', 'Sarabande', 'Dusty Maiden';
Gelb: 'Friesia', 'Chinatown', 'Amber Queen', 'Mountbatten';
Aprikot- und kupferfarben: 'Apricot Nectar', 'Southampton'.

Erst denken, dann handeln

Ästhetisch gesehen, ist die Wahl der Sorten sowohl im Hinblick auf die Kombination der Blütenformen als auch auf die Fähigkeit der Pflanzen, schönes Blattwerk zu bilden, außerordentlich wichtig. Mit der Kombination in Rosenbeeten soll ein Blickfang gleicher Farben oder abgestufter Farbnuancen erzielt werden. Wegen ihrer ganz ungewöhnlichen Blüheigenschaften eignen sich Floribunda-Rosen deshalb besonders gut für solche Gestaltungen.

Je nach Lage des Gartens können die Formen und Flächen von Beeten und Einfassungen sehr variabel gestaltet werden. Neben einer Rasenfläche sollten aus ästhetischen wie praktischen Gründen (Bewässerung) niedrige Beete angelegt werden.

Bei großen Flächen empfiehlt es sich, die Monotonie zu durchbrechen und das Beet optisch zu beleben, indem man Hochstammrosen in der gleichen oder verschiedenen Farben pflanzt.

Wenn eine neu gezüchtete Rose eine zu geringe Resistenz gegen Krankheiten aufweist, verschwindet sie nach wenigen Jahren von der Bildfläche, selbst wenn sie bei einem Wettbewerb einen Preis gewonnen hat.

Die Pflege

In Gegenden mit mildem Klima beschneiden Sie Strauchrosen eher maßvoll, damit sie im Lauf einiger Jahre eine hübsche und harmonische Silhouette bekommen. Die Zweige müssen um ein Drittel zurückgeschnitten werden, die Pflanze insgesamt darf aber nicht um mehr als die halbe Höhe gekürzt werden. Alte, missgebildete oder beschädigte Triebe werden ebenso entfernt wie zu dünne Zweiglein. Angestrebt werden sollte eine abgerundete Silhouette.

Damit das Blattwerk gesund, sattgrün und dicht bleibt, ist eine Befallskontrolle und gegebenenfalls eine Behandlung gegen Pilze und Schädlinge sehr wichtig. Die weiteren Pflegemaßnahmen sind die gleichen wie bei den anderen Rosen.

▶ Dieser herrliche Weg wird von der wüchsigen Centifolia 'Fantin Latour' in Gesellschaft mit dem Fingerhut (Digitalis) gesäumt.

Kletterrosen für Fassaden und Bäume

Durch den Einsatz von Kletterrosen wächst Ihr Garten in eine neue Dimension und der üppige Blütenflor bringt eine berauschende Komponente. Der gängige Begriff Kletterrosen ist eigentlich falsch. Denn genau genommen handelt es sich nicht um Kletterpflanzen, da ihnen die Haftorgane – Ranken oder Haftwurzeln – völlig fehlen. Da sie jedoch lange kräftige Triebe bilden, können sie sich mit ihren Stacheln an allen möglichen Rankhilfen anklammern. Ganz ohne Anbinden geht es allerdings nicht.

Achten Sie beim Bau einer Pergola auf die Standfestigkeit, sie muss sehr stabil sein, um eine Last tragen zu können, die je nach Wüchsigkeit der Pflanzen sehr beachtlich sein kann. Eine Pergola sollte 2,50 m hoch sein.

Die Wahl der Sorten

Anders als bei den Buschrosen ist es schwierig, Kletterrosen verschiedenen Kategorien zuzuordnen, da sie fast alle von modernen Rosen abstammen, mit Ausnahme bestimmter botanischer Arten, die man häufig in Südfrankreich findet, etwa *Rosa banksieae*. Am besten unterteilt man sie nach ihrem Wuchs: also Kletterrosen mit starren Trieben, die so genannten Climber, und rankende Rosen mit biegsamenTrieben, die unter dem Begriff Rambler-Rosen bekannt sind. Eine Unterscheidung gelingt nicht immer auf Anhieb.

■ Kletterrosen – Climber

Fast alle Kletterrosen wurden aus Teehybriden oder Floribunda-Rosen gezüchtet. Sie haben lange, starre, mit Stacheln bewehrte Triebe. Da die Anzahl dieser Triebe relativ gering ist, wirkt ihre Silhouette weniger anmutig als die rankender Rosen. Sie blühen jedoch sehr kräftig und sollten deshalb in keinem Garten fehlen. Es gibt einmal und öfter blühende Sorten.

Die richtigen Partner

Clematis x jackmanii mit 'Noëlla Nabonnand';
Ceanothus thyrsiflorus mit 'Domaine de Courson';
Clematis 'Nellie Moser' oder *Wisteria floribunda* 'Macrobotrys' mit 'Albertine';
Wisteria sinensis mit 'Albertine'.

◀ Diese Fassade eines Taubenhauses wird durch die Ramblerrose 'Neige d'Avril' raffiniert aufgewertet.

Unvergleichlich schön: eine blassrosa blühende Rose, beispielsweise 'Ethel' vor einer weiß gestrichenen Mauer.

Rambler-Rosen

Rambler-Rosen sind von ganz anderem Wuchs. Im Gegensatz zu den Kletterrosen wachsen ihre dünnen und viel biegsameren Triebe in alle Richtungen. Sie wirken daher anmutiger als die Climber, blühen aber oft nur einmal im Juni/Juli und haben kleinere Blüten.

Wegen ihrer überwältigenden Blüte sind die rankenden Rosen freilich unentbehrlich. In kleinen Gärten finden sie mit ihrer Ausbreitungslust aber meistens keinen Platz. Die biegsamsten dieser Rosen können auch wunderbar als Bodendecker gepflanzt werden, zum Beispiel die Rambler-Rosen 'Dorothy Perkins' und 'Kiftsgate'.

▶ Eine alte Steinmauer ist ideal, um eine schöne Kletterrose zur Geltung zu bringen.

Eine Auswahl stachelarmer Rosen

'Blush Boursault', nicht remontierende Rose mit bis zu 5 m langen Trieben
'Gloire de Dijon', orangerot blühende, meist einmal blühende Noisette-Rose
'Mme Alfred Carrière', blassrosa blühend, öfter blühend
R. banksiae 'Lutea', gelb, einmal blühend
'Morletii', blüht rosa im Juni
'Mme Sancy de Parabère', rosa blühend, einmal blühend

Pergolen

Eine Pergola, ein berankter Laubengang, besteht aus einer Reihe von Bögen, die einen Gartenweg überwölben. Ist die Pergola groß genug, können Sie eine Kletterrose mit anderen Kletterpflanzen kombinieren. Optimal mit Kletterrosen vertragen sich Clematis und Blauregen. Eine der schönsten Kombinationen ist eine zartrosa blühende Rose, etwa 'Eden Rose 88' mit einer großblütigen violetten Clematis wie 'Perle d'Azur'. Auch die Rambler-Rose 'Albéric Barbier' und die kletternde 'Direktor Benschop' oder 'Thalia' sind eine gute Wahl. Vor allem bei einer Kombination mit Blauregen, der im Frühjahr vor der Rose blüht, ist eine fortlaufende Blütenfülle garantiert. Damit nicht eine Pflanze von der anderen überwuchert wird, sollte man öfter blühende Rosen und ähnlich wüchsige Kletterpflanzen kombinieren.

Rosen für Mauern und Wände

Wenn Sie eine Mauer schmücken wollen, muss deren Beschaffenheit bei der Auswahl der Kletterpflanze berücksichtigt werden. Da viele Kletterrosen anfällig für Echten Mehltau sind, ist die Sortenwahl schwierig. Oft wachsen Kletterrosen an sonnigen Mauern in Ost-, Süd- oder Westlage, bekommen wenig Regen und das Blattwerk wird schlecht durchlüftet. Folglich sind die Pflanzen sehr empfänglich für diese Pilzerkrankung. Deshalb sollten Sie sich vorzugsweise für resistente Sorten entscheiden, beispielsweise die cremegelbe 'Ghislaine de Féligonde', die zartrosa aprikotfarbene 'Meg', die blassrosa schimmernde 'Sourire d'Orchidée', die rosafarbene 'Aloha', die rot blühende 'Red Parfum'.

Leider sind manche Sorten, wie 'Dorothy Perkins' oder 'American Pillar', die man oft am Mauerwerk alter Häuser findet, besonders anfällig für Mehltau. Um eine Mauer zu schmücken, brauchen die Rosen eine Kletterhilfe in Form eines Spaliers oder horizontal gezogener Eisendrähte im Abstand von 30 bis 40 cm, wobei der niedrigste 60 cm über Bodenhöhe gespannt sein soll. Ein größerer Abstand zur Mauer verbessert die Luftdurchlässigkeit.

Märchenhaft wirkt eine stark wüchsige Rambler-Rose, die einen verdörrten Baum überwuchert und ihn mit tausenden von Blüten zu neuem Leben erweckt.

Einen Baum beranken

Große Rambler-Rosen, die in einem Jahr etliche Meter lange Triebe bilden können, beranken einen alten Baum schnell. Im Allgemeinen werden sie 6 bis 10 m lang. Anfangs muss man ihnen nur helfen, die ersten Runden um das Holz herum zu wachsen. Danach können sie sich mithilfe ihrer Stacheln und ihrer biegsamen Triebe ganz allein festhalten.

▲ 'Albéric Barbier', eine Rambler-Rose, harmoniert vollkommen mit 'New Dawn', einer wüchsigen Kletterrose.

Viele Rambler-Rosen blühen zwar nur einmal, aber sehr eindrucksvoll im Juni. Wenn man verschiedene Sorten wählt, kann man die Blühzeit von Mai bis Juli ausdehnen. Wählen Sie deshalb, in dieser Reihenfolge, Sorten wie 'Neige d'Avril', 'Thalia', 'Bobbie James', 'La Mortola', 'Kiftsgate'. Letztere kann neben einen Ilex (*Ilex aquifolium*) gepflanzt werden, weil ihre Blüten mit dessen dunkelgrünen Blättern einen schönen Kontrast bilden. Außerdem brechen die hängenden Triebe der Rose die vertikale Strenge der Ilexzweige.

So wird gepflanzt

Gepflanzt werden Kletterrosen wie Strauchrosen. Sollen an einer Mauer, einer Pergola oder einem Zaun mehrere Kletterrosen platziert werden, muss der Abstand zwischen den Pflanzen mindestens 2 m betragen, besser 2,50 bis 3 m.

Graben Sie hinreichend große Pflanzlöcher, sodass die Wurzeln Platz haben und die Veredelungsstelle 3 bis 5 cm unter der Erdoberfläche liegt.

Achten Sie darauf, dass zwischen der Mauer und dem Rand des Pflanzlochs ein Abstand von 20 bis 30 cm besteht. Bei wurzelnackten Rosen werden vor dem Pflanzen, die Wurzeln eingekürzt, Missbildungen und Beschädigungen entfernt, ebenso verfährt man mit den Trieben. Nach dem Einschlämmen der nackten Wurzeln müssen sämtliche Wurzeln von Kletterrosen nach außen, das heißt weg von der Mauer oder dem Spalier, verteilt und danach die Haupttriebe fächerförmig befestigt werden.

Worauf Sie achten müssen

Sorgen Sie vor allem bei pilzanfälligen Sorten für einen Abstand von 20 cm zwischen Kletterhilfe und Mauer, damit die Luft leichter hindurchströmen kann.

Mittlerweile gibt es auch Sorten für halbschattige Lagen, zum Beispiel 'New Dawn'. Ansonsten wählen Sie Sorten wie

Rankende Rosen für gemäßigtes Klima

'La Mortola', weiß blühend
'Mermaid', goldgelb blühend
'Alberic Barbier', elfenbein farbige Blüte

◀ Die Rambler-Rose 'Seagull' blüht zwar nur einmal im Juni – aber welche Pracht!

Um den Blütenansatz zu fördern, ist es sinnvoll, die noch weichen Kletterrosentriebe vorsichtig umzubiegen und sie bei etwa 45 Grad anzubinden. So sammeln sich die Wuchshormone nicht nur in den Triebspitzen und eine viel reichhaltigere Blüte ist die Folge.

'Danse de Feu', eine Remontantrose mit hübschen roten Blüten; die öfter blühende, weiße 'Albéric Barbier'; 'Mme Alfred Carrière' mit rosaweißen Blüten; 'Wedding Day', eine gelblichweiß blühende Rambler-Rose.

Falls Sie eine nackte Wand im Winter nicht mögen: Warum die Rose nicht mit einer Pflanze wie der Säckelblume *(Ceanothus thyrsiflorus)* kombinieren, die mit blassblauen Rispen blüht? Für diese Kombination bietet die rosa Rose 'Domaine de Courson' einen angenehmen Kontrast.

Bei stark sonnigen Lagen verzichten Sie besser auf Rosen, deren Farbe zwischen Purpur und Violett ins Grau spielt. 'Veilchenblau' zum Beispiel sollte man nicht der prallen Sonne aussetzen, weil die Blüte dann ins Grau umschlägt.

Für stark ausgeprägte Sonnenlagen sind Sorten, die rotorange bis grellrot blühen, empfehlenswert.

Öfter blühende Kletterrosen

Rosa: 'Zéphirine Drouhin', 'Pierre de Ronsard', 'New Dawn'
Orangerot: 'Danse de Feu', 'Red Perfume', 'Orange Meillandina Climbing', 'Souvenir du Docteur Jamain'
Gelb: 'Gloire de Dijon', 'Mermaid', 'Golden Showers'
Weiß: 'White Rock', 'Virgo Climbing', 'Mme Alfred Carrière'

In den Rosenschulen werden Rosen vor allem als wurzelnackte oder als Containerpflanzen, aber auch als eingebeutelte, wurzelverpackte oder eingetopfte Pflanzen angeboten. Rosen aus Containern erholen sich nach dem Pflanzen am besten. Die Zweige sind beschnitten und der Wurzelstock kann gleich gepflanzt werden.

'Albertine', eine entzückend zartrosa blühende Rambler-Rose, blüht nicht so lange.

In Gegenden mit sehr strengen Wintern sollten robuste Arten, die Temperaturen bis – 36° C vertragen, beispielsweise *Rosa rugosa*, *R. wichurana* und *R. pimpinellifolia*, eingesetzt werden. Auch ihre Hybriden sind sehr kälteresistent.

Die Pflege

Bei Rosen, die man am Fuß eines Baumes pflanzt, ist in den ersten Jahren auf sorgfältiges Gießen und Düngen zu achten, denn an diesen Stellen ist der Boden trocken und sehr mager. Rankende Rosen brauchen abgesehen von einem leichten Auslichten toter, kranker oder missgebildeter Zweige nur wenig Pflege. Nötig ist vor allem, dass man ihren meist sehr wuchernden Wuchs bremst. Empfehlenswert ist es, Verblühtes ständig zu entfernen, um die Nachblüte zu fördern.

■ Öfter blühende Kletterrosen

In Gegenden mit mildem Klima werden sie Ende des Herbstes zurückgeschnitten, ansonsten ist der beste Zeitpunkt das zeitige Frühjahr. Schneiden Sie zuerst die abgestorbenen und erfrorenen Triebe heraus. Die Haupttriebe dürfen in den folgenden Jahren nur in dem Maß zurückgeschnitten werden, wie sie altern und durch jüngere Triebe ersetzt werden. Zu dicht stehende Seitentriebe müssen ausgelichtet und bis auf drei oder vier Augen zurückgeschnitten werden.

■ Einmal blühende Kletterrosen

Der Schnitt erfolgt nach der Blüte. Die abgeblühten Zweige werden zurückgeschnitten, sofern sich genügend junge Triebe gebildet haben, die sie ersetzen können.

Die übrige Pflege ist einfach, denn abgesehen von dem ersten Jahr, nachdem sie umgepflanzt wurden, sind diese Rosen anspruchslos. Falls der Boden sehr trocken ist, müssen Sie gießen. Gedüngt wird wie bei allen anderen Rosen im Frühjahr und bis spätestens Ende Juni. Vor allem bei dicht an

Remontierende Kletterrosen

'Guirlande Fleurie' (Robichon, 1968), eine der seltenen remontierenden Rambler-Rosen, wurde lange Zeit verkannt.
Seit einigen Jahren sind im Handel Rambler-Rosen erhältlich, die recht lange blühen und deren Resistenzverhalten verbessert wurde. Hierzu zählen: 'Superexcelsa', 'Superdorothy', 'Superfairy'.

einer Mauer stehenden Rosen ist eine frühe Befallskontrolle und eventuell nötige Bekämpfung von Schädlingen im Frühjahr sehr wichtig. Bei einmal blühenden Rosen kann Verblühtes ruhig stehen bleiben. Eine zweite Blüte gibt es nicht, sodass man sich an den zierenden Hagebutten erfreuen kann. Die weiß oder öfter gelbblühenden Banks-Rosen, die man häufig an der Côte d'Azur trifft, dürfen nicht zurückgeschnitten werden. Mit zunehmendem Alter tragen die Zweige immer mehr Blüten.

Bei allen Arbeiten an Kletterrosen sollten Sie Handschuhe und feste Kleidung tragen, um sich zu schützen.

Paradiesischer Duft

'Compasion' ist eine moderne Remontantrose mit duftenden apricotrosafarbenen Blüten;
'Belle Portugaise', eine alte lachsrosa blühende Sorte;
'Albertine', eine robuste Sorte mit gefüllten dunkelroten Blüten;
'François Juranville', eine alte robuste Sorte mit lachsrosa, nach Äpfeln duftenden gefüllten Blüten;
'Aloha' mit kräftig rosa Blütenbüscheln;
'Mme Isaac Pereire', eine Sorte mit großen tiefrosa Blüten;
'Guinée' bekommt sogar im Halbschatten duftende Blüten;
'Zéphirine Drouhin', dunkelrosa kletternde Bourbon-Rose.

► Vom Juni an verströmt 'Wedding Day' ihren Duft im Garten.

Der Rosenstrauch als Blickfang

Manche Rosen kommen besser zur Geltung, wenn sie im Garten einzeln gepflanzt werden. Häufig werden Teehybriden zu diesem Zweck verwendet. Sie wirken aber viel zu starr und an der Basis so nackt, dass sie eher ungeeignet sind. Um einen großen Rosenstrauch ins rechte Licht zu rücken ist eine hübsche Wiese der ideale Standort.

Eine Rose als Solitärpflanze hat den Vorteil, dass sie einen Akzent in ein flaches Arrangement ausdauernder oder einjähriger Pflanzen setzt.

Die Strauchrose, die (mit 1,30–1,60 m) höher ist als Buschrosen, verzweigt sich bereits an der Basis und ist bestens geeignet, die Blicke auf sich zu ziehen.

Die Wahl der Sorten

In erster Linie werden solche Rosen nicht wegen ihres Blütenflors gewählt, sondern wegen ihres anmutigen, bereits am Boden verzweigten Wuchses, und weil sie nicht mit zunehmendem Alter verkahlen. Bei den Blüten wird man nicht wie bei den Teehybriden auf besondere Eleganz achten, sondern sich eher für bäuerlich einfache und möglichst duftende Sorten entscheiden. Eine herbstliche Nachblüte wäre ein Plus, vor allem wenn man sich im Sommer oder Herbst viel im Garten aufhält. Doch auch auf einige der so herrlich blühenden, nicht remontierenden Sorten wie 'Great Maiden's Blush', die Alba-Rose mit den wunderbaren blassrosa Blüten, sollte man nicht verzichten.

Botanische Arten

Wildrosen sind robust, sehr schlicht und besonders resistent gegen Schädlinge und Krankheiten. Als Solitärpflanzen am Ende des Gartens sind sie ideal. Ihre Blüte dauert nur kurz und ist in ihrer Schlichtheit sehr beeindruckend. Zwar blühen sie nur einmal, bekommen aber häufig im Herbst dekorative Früchte.

Wegen ihrer starken Wüchsigkeit eignen sie sich vor allem für große Gärten. Beispiele: *Rosa xanthina f. hugonis* mit blassgelben Blüten und später dunkelroten Hagebutten. *Rosa xan-*

◄ 'Canary Bird' ist ideal als Solitärpflanze; sie blüht sehr früh.

thina 'Canary Bird' blüht im Frühling kanariengelb als eine der Ersten. Die braunen Triebe sind bogenförmig geschwungen und die Blätter erinnern an Farn. *Rosa alba* 'Semiplena' ist ein großer Strauch, der pomponförmige weiße Blüten bekommt; wegen seiner stattlichen Größe von etwa 2,50 m nennt man ihn auch „Rosenbaum". Noch höher – bis zu 3 m – wird *Rosa moyesii* 'Geranium', die für kurze Zeit mit kirschroten bis orangeroten Blüten übersät ist.

Rosa gallica 'Complicata' hat schöne einfache rosa Blüten mit gelben Staubfäden. Sie gedeiht noch in sehr mageren Böden und kann 3 m hoch werden. Eine weitere Art, die als Solitär besticht, ist *Rosa soulieana*. Sie bekommt zahlreiche Blüten, die als Knospen gelb und geöffnet weiß sind.

Vorsicht: In zu feuchten oder regenreichen Gebieten sollten Sie keine Englischen Rosen pflanzen, da diese zu Pilzerkrankungen neigen.

Empfehlenswerte Strauchrosen

Die ideale Strauchrose, die auf einem Rasen als Solitärpflanze wunderbar zur Geltung kommt, ist vielleicht 'Graham Thomas', die bekannteste Englische Rose. Mit ihrer kugelförmigen Silhouette beansprucht sie leicht 2–3 qm Platz. Sie blüht gelb ab Juni bis in den Herbst hinein.

'Golden Celebration' ist ebenfalls eine Englische Rose mit schönen goldgelben Blüten. Unter den Bourbon-Rosen wird man sich für die purpurrosa blühende, stark duftende 'Mme Isaac Pereire' oder für 'Louise Odier' entscheiden.

Die 'Stanwell Perpetual', eine Pimpinellifolia-Hybride, kann in mildem Klima in jeder Lage gepflanzt werden, denn sie blüht remontierend, wobei die Blüte lang andauernd ist. Am besten pflanzt man sie in Dreiergruppen. Sie bekommt sehr edle perlmuttrosa Blüten.

Moderne Strauchrosen

Diese Strauchrosen sind meist Kreuzungen botanischer Rosen mit alten Sorten. Sie sind häufig öfter blühend und zeigen alle Abstufungen zwischen alten und modernen Rosen.

'Cocktail' ist eine 1,80 m hohe Rose und macht sich gut mitten im Garten. Ihre halb gefüllten roten Blüten wirken sehr harmonisch. Auch 'Nevada' ist eine moderne Strauchrose; im Sommer ist sie von cremeweißen Blüten übersät.

Zu den großen Strauchrosen, die 2,50 m hoch werden können, zählt auch 'Fritz Nobis'. Sie ist zwar eine moderne Sorte, blüht jedoch nur einmal in der Saison – dann aber so schön, dass man sie als Solitärpflanze zur Geltung bringen sollte. Die Blüten sind gefüllt und rosa.

◀ Diese prachtvolle Bourbon-Rose, 'Mme Isaac Pereire', wertet Ihren Garten auf.

▲ 'Nevada' duftet zwar nur schwach, verdient aber dennoch einen Logenplatz.

Solitärpflanzen richtig platzieren

Ihre Rose benötigt einen freien, sonnigen Standort. Der Boden soll weder zu feucht noch zu sauer sein. Pflanzen Sie zwischen Oktober und April außerhalb der Frostperioden.

Gepflanzt wird wie bei anderen Rosenstöcken. Allerdings wird sich das Beschneiden beim Pflanzen, das so genannte Zurichten, nach dem Zeitpunkt richten müssen, an dem gepflanzt wird, und den Schnitt berücksichtigen, den die Rosenschule bereits ausgeführt hat.

Beim Pflanzen zwischen Mitte Oktober und Mitte Dezember werden die Wurzeln, falls die gelieferten Rosen nicht beschnitten wurden, nur leicht eingekürzt und die Triebe in Ruhe gelassen. Im folgenden März wird die Krone leicht beschnitten. Bei den Strauchrosen, die für den Versand zurückgeschnitten wurden, kann dies unterbleiben.

Auswahl moderner Strauchrosen

Weiß: **'Nevada'**
Gelb: **'Canary Bird', 'Golden Showers', 'Golden Wings', 'Lucia'**
Rosa: **'Pink Grootendorst', 'Lutin', 'Bonica 82', 'Ferdy', 'Centenaire de Lourdes'**
Rot: **'Castella', 'Cocktail', 'Mozart'**

Worauf Sie achten müssen

▲ 'Fritz Nobis' neigt zum Verkahlen an der Basis; haben Sie keine Hemmungen, die ältesten Zweige herauszuschneiden.

Sobald Wildrosen und Strauchrosen gepflanzt sind, verlangen sie wenig Pflege. In den ersten drei bis fünf Jahren nach dem Pflanzen genügt es, am Beginn der Vegetationsperiode totes Holz herauszuschneiden. Danach muss man anfangen, nach dem Winter einige der ältesten Zweige herauszuschneiden, um Platz für jüngere zu schaffen.

Bei Bourbon-Rosen empfiehlt es sich, nach der ersten Blüte ein Übermaß an Spitzen zu beschneiden. Wenn bei Gallica- und Damaszener-Rosen ein neuer Trieb an einem älteren erscheint, sollte letzterer oberhalb der Austriebstelle abgeschnitten werden.

Bei den remontierenden Sorten müssen regelmäßig die verwelkten Blüten entfernt werden, um die Bildung von Früchten zu verhindern und eine bessere Nachblüte anzuregen. Diese Rosen sind dankbar, wenn man ihnen zum Vegetationsbeginn und im Juni Dünger verabreicht.

Einzeln gepflanzte Stammrosen

'Centenaire de Lourdes', 'Schneewittchen' oder 'Leverkusen' können als Stammrosen ein Beet mit Buschrosen derselben Sorte oder in Kontrastfarben optisch aufwerten.

Pflanzen und Pflegen einer Rosenhecke

Auch wenn die Rosen im Winter ihre Blätter abwerfen, lassen sich – vor allem mit Strauch- und Wildrosen – schöne Hecken ziehen. Dank ihrer Stacheln bilden Rosen sehr wirksame Barrieren. Ökologisch gesehen sind sie außerdem wunderbare Biotope für Kleintiere und Vögel. Für das Überleben im Winter stellen ihre Früchte, die Hagebutten, eine nicht zu vernachlässigende Ergänzung der Speisekammer dar.

Die Wahl der Sorten

Zunächst sind die künftige Größe der Hecke (Höhe und Breite) und der Typ zu bedenken. Tatsächlich muss eine gute Hecke für Mensch und Tier unüberwindbar sein.

■ In Form gehaltene Hecken

Manchen Rosen bekommt es gut, wenn man sie regelmäßig beschneidet. Geeignet sind beispielsweise die Stacheldrahtrose (*Rosa sericea* ssp. *omeiensis f. pteracantha*) mit den großen roten Stacheln; *Rosa xanthina f. hugonis*, die sogar einen strengen Schnitt verträgt; *Rosa virginiana* mit der hübschen Herbstfärbung; 'Great Maiden's Blush' und *Rosa spinosissima*, die Bibernellrose. Letztere ist eine der besten Sorten für eine Heckenpflanzung, denn sie bildet viele Wurzeltriebe und wächst zu einer dichten Hecke heran. Versuchen Sie das Wachstum der Wurzeln in Schach zu halten, sonst verwandelt sich die Hecke in ein undurchdringliches Dickicht.

■ Frei wachsende Hecken

Viele Sorten kommen für diese Verwendung in Frage. Bevorzugen Sie dabei Rosen, die an der Basis nicht verkahlen und sich gut verzweigen. Auch die Höhe ist wichtig: Die Pflanzen sollten mindestens 1,50 m hoch werden.

Für frei wachsende Hecken eignen sich am besten Rugosa-Rosen und Rugosa-Hybriden; denn die verschiedenen Formen bilden sehr gern Wurzeltriebe und sind die rustikalsten unter den Rosen. Drei Hybriden wirken besonders schön als Hecken: 'Frau Dagmar Hastrup', die wegen ihrer vielen Stacheln ausgezeichnete Begrenzungshecken bildet; *Rosa rugosa* 'Alba' für

Vorteile
Rosenhecken sind undurchdringlich, aber ein farbiger, duftender Augenschmaus.

Nachteile
Um Verletzungen durch die Stacheln beim Pflegen zu vermeiden, sind Lederhandschuhe unerlässlich. Wunden müssen sorgfältig desinfiziert, Stacheln entfernt werden. Denken Sie daran, Ihre Tetanusimpfung regelmäßig aufzufrischen!

◀ 'Anne de Bretagne' ist eine ausgezeichnete Wahl für eine blühende Rosenhecke. Ein Schmuckstück!

▶ Katzenminze säumt diese hinreißende 'Othello'-Hecke.

mehr als 2 m hohe, rein weiß blühende Hecken. Die dritte Rugosa-Hybride ist 'Blanc Double de Coubert' mit ihren mittelgrünen ledrigen Blättern. Ihre großen ziegelroten Früchte kontrastieren mit den zart wirkenden Blättern und Blüten.

'Ballerina', eine Moschata-Hybride, kann zu einer 1,20 – 1,80 m hohen Hecke heranwachsen. Auch 'Fred Loads' eignet sich gut. Diese Rose bekommt einfache lachsrosa Blüten und eine reiche späte Nachblüte.

Rosenhecken anpflanzen

Lassen Sie beim Setzen Abstand zwischen den einzelnen Pflanzen und platzieren Sie sie in ein oder zwei Reihen hintereinander. Arten mit bis zu 1 m Höhe werden 0,40 – 1,50 m voneinander entfernt in die Erde gesetzt. Rosen mit einer Höhe von etwa 1,50 m benötigen hingegen 1 –1,50 m Pflanzzwischenraum.

Rosenarten, die 2 m hoch werden, sollten in Einzelreihen stehen, es sei denn Sie wünschen eine besonders dichte Hecke. In diesem Fall setzen Sie die Pflanzen entsprechend den Anweisungen für 1,50 m hohe Rosen. Bei Arten, die eine Höhe von mehr als 2 m erreichen, sollten die Einzelpflanzen jedoch nicht über 2 m voneinander entfernt gesetzt werden, da aufgrund ihres schmalen Wuchses sonst unschöne Löcher in der Hecke entstehen können.

Rosen für frei wachsende Hecken

Überhängender Wuchs: 1 – 2 m

'Complicata', 'Guirlande d'Amour', 'Robin Hood', 'Cornelia', 'Lady Penzance', 'Smarty', 'Ghislaine de Féligonde', 'Marguerite Hilling', 'Sourire d'Orchidée', 'Flora Mac Ivor', 'Nevada'.

Aufrechter Wuchs: 1,20 – 2 m

'Aïcha', 'Hansa', 'Angelina', 'Gruß an Heidelberg', *R. carolina*, 'Blanc Double de Coubert', 'Pink Grootendorst', *R. rugosa*, 'Cibles', 'Red Coat', 'Ruskin'.

Worauf Sie achten sollten

Bedenken Sie, dass die meisten Rosen im Winter ihre Blätter verlieren und die Hecke dann weniger dicht ist. Wenn Sie wollen, dass die Hecke von Mai bis November blüht, müssen Sie das bei der Sortenwahl ebenfalls berücksichtigen.

Es ist durchaus möglich, die Hecke in verschiedenen Farben zu gestalten; allerdings sollten Sie keine Farben kombinieren, die nicht zusammenpassen. Rosa- und Gelbtöne zum Beispiel vertragen sich schlecht. Achten Sie auf die Harmonie der Farben und pflanzen Sie möglichst farblich abgestuft blühende Rosen.

Rosen für eine wohlriechende Hecke: 'Felicia', 'Moonlight', 'Cornelia', 'Penelope'.

Die Pflege der Rosenhecke

Um die Hecke in Bodennähe zu kräftigen, kann man am Ende des Winters oder entsprechend der Blühzeit einen Teil der Triebe nach der Blüte zurückschneiden.

Nach diesem Erziehungsschnitt folgt im zeitigen Frühjahr der Erhaltungsschnitt. Sie können die Hecke aber auch frei wachsen lassen und dadurch den naturnahen Charakter des Gartens betonen.

In Form gehaltene Hecken können nach der Blüte zurückgeschnitten werden. Dann entgeht Ihnen vor allem bei *Rosa canina* allerdings weitgehend die Farbenpracht der Früchte.

Zum Pflanzen der Hecke heben Sie am besten einen Graben aus, vor allem wenn die Pflanzabstände gering sein sollen.

▼ 'Marguerite Hilling' ist eine Mutante von 'Nevada'; sie eignet sich gut für große Hecken.

Bodendeckende Rosen

In den vergangenen Jahren hat die Nachfrage nach Bodendeckern zugenommen, vor allem, um die Pflege der Beete in öffentlichen Grünflächen zu vereinfachen. Bodendeckende Rosen haben viele Vorzüge, denn meist sind es gegen Krankheiten und Schädlinge resistente, pflegeleichte Sorten, unter denen der Boden sehr bald verschwindet.

Überlegen Sie frühzeitig, wie groß Ihre Rosen werden können, und halten Sie sich an die vorgegebenen Pflanzabstände, sonst wachsen die Triebe wild durcheinander, was die gewünschte Wirkung mindern würde.

Es gibt verschiedene Gruppen bodendeckender Rosen: Zunächst wurden solche verwendet, die aus Triebknospen an kriechenden Wurzeln Wurzelschösslinge bilden. Dadurch können sie sich flächenhaft ausbreiten, weshalb man sie gern zur Befestigung von Böden und im Kampf gegen Bodenerosion einsetzt.

Bei der zweiten Gruppe handelt es sich um flach wachsende Strauchrosen, die 50–80 cm hoch werden. Zu den erfolgreichsten Arten unter ihnen zählen vor allem die so genannten Deco-Rosen, die besonders in Frankreich beliebt sind.

Zur dritten Gruppe zählen die echten oder kriechenden Bodendecker, die deutlich stärker in die Breite als in die Höhe und so dicht wachsen, dass die Blätter den Boden völlig zudecken. Echte Bodendecker werden nur 30–40 cm hoch.

◀ Die sehr wüchsige 'La Sevillana' – welche Pracht!

▶ Lavendel und Frauenmantel sind hier mit den fuchsiaroten Blüten der berühmten Rose 'Emera' kombiniert. Nicht ohne Grund ist die Sorte 'Emera' derzeit sehr begehrt!

Es gibt Zwergrosen, die nicht höher als 30–40 cm werden und die man in Blumenkästen auf dem Balkon pflanzen kann. Kombinieren Sie das Rosa der 'Bambino' mit der weißen 'Cinderella' oder auch die gelbe 'Golden Globe' mit der roten 'Scarlet Pimpernell'.

Die Wahl der Sorten

Die Firmen Kordes in Deutschland und Poulsen in Dänemark haben sich überwiegend auf die Züchtung bodendeckender Rosen spezialisiert.

Bodendeckende Rosen unter 50 cm

'Avon' ist eine Züchtung von Poulsen, die ungefähr 40 cm hoch und 1 m breit wird. Ihre kleinen weißen oder rosaweißen hübschen Blüten sind halb gefüllt. Die 1996 von Kordes gezüchtete 'Oxfordshire' ist mit etwa 35 cm noch niedriger, wächst aber bis zu 1 m in die Breite. Die becherförmigen rosa Blüten blühen ununterbrochen.

Eine entzückende kleine weiße Rose, die 40 cm hoch und 1,20 m in die Breite wächst, ist 'Snow Ballet'. Sie bekommt gefüllte Blüten und eine schöne Nachblüte. 'Bassino' zählt zu den niedrigsten Sorten, sie wird kaum höher als 30 cm. Ihre kleinen roten Blüten sind halb gefüllt mit goldgelbem Herzen, die Blätter resistent gegen Krankheiten.

Diese kleinen bodendeckenden Rosen lassen sich gut mit anderen Bodendeckern kombinieren, beispielsweise mit immergrünen Pflanzen. In Frage kommen etwa Buchs *(Pachysandra terminalis)* mit den immergrünen, glänzenden Blättern, allerdings sehr unscheinbaren Blüten, ferner Immergrün *(Vinca major und V. minor)* sowie die Elfenblume *(Epimedium bipinnatum)*.

Schön wirkt es ebenfalls, wenn Sie die kleinen bodendeckenden Rosen beispielsweise um größere Teehybriden pflanzen, die ja in Bodennähe oft kahl aussehen.

Bodendeckende Rosen über 50 cm

'Emera' ist eine der flach wachsenden Strauchrosen im Verdia-Programm, die sehr erfolgreich gehandelt werden, weil sie so pflegeleicht sind. Ihre Blüten sind fuchsiarot, die Blätter teilweise immergrün; sie ist außerdem sehr resistent gegen Krankheiten. 'Bordure vive' ist eine Polyantha-Rose, die der 'Emera' sehr ähnelt, aber kleiner ist.

Auch 'The Fairy' ist eine derzeit sehr oft verwendete Rose. Ihre langen überhängenden Triebe eignen sich gut, eine Böschung zu bewachsen oder als kleine Gruppe in einer Wiese. Diese widerstandsfähige Sorte ist sehr wüchsig und hat bräunlich-grüne Blätter.

'Sea Foam' zählt zu den bodendeckenden Rosen, die man wegen ihrer etwa 2,50 m langen Ranken auch den Rambler-Rosen zuordnet. Ihre herrlichen weißen Blüten erscheinen immer wieder.

Das Pflanzen von bodendeckenden Rosen

Am wichtigsten ist es, vor dem Pflanzen den Boden gründlich von Unkraut zu befreien. Wenn die Rosen erst einmal angewachsen sind, wird es wegen des dichten Wuchses und der Stacheln schwierig, die Unkräuter zu entfernen.

Wie bei den anderen Rosen müssen Sie ein Pflanzloch graben, das größer ist als der Wurzelballen. Der Gartenerde können Sie Humus beimischen. Wurzelnackte Rosen müssen von Oktober bis März gepflanzt werden. Die Wurzeln werden gestutzt und eingeschlämmt. Wenn Sie pflanzfertige Rosen kaufen, muss die Verpackung entfernt, aber das Netz belassen und der Ballen eingeschlämmt werden, damit er vor dem Pflanzen gut mit Wasser durchtränkt ist.

▼ 'Emera' ist wegen ihres rustikalen Charakters und ihrer schönen Blüten eine interessante Sorte.

Containerrosen können Sie das ganze Jahr über pflanzen. Entwirren Sie die Wurzeln am gut gewässerten Ballen, damit diese nicht weiter durcheinander wachsen.

Die Pflanzabstände richten sich nach der Endgröße der jeweiligen Sorte und sollten unbedingt eingehalten werden. Ein zu dichtes Pflanzen hat häufig eine schlechtere Entwicklung und einen vermehrten Krankheits- und Schädlingsbefall zur Folge. Eine bessere Bodendeckung erzielt man, wenn die Rosen versetzt gepflanzt werden.

Worauf Sie achten sollten

Informieren Sie sich unbedingt über die voraussichtliche Ausbreitung der Pflanzen und berechnen Sie danach die Pflanzabstände. Bei den höher wachsenden Rosen dürfen Sie sich nicht verleiten lassen, die am Anfang nach oben wachsenden Triebe abzuschneiden. Sie biegen sich allmählich nach unten und bilden so den erwünschten Teppich.

Die Pflege

Bei den Bodendeckern unter 50 cm Höhe, die wie 'Avon' und 'Essex' kleine Büsche bilden, müssen die verwelkten Blüten regelmäßig abgezupft werden. Durch einen Erhaltungsschnitt im März/April kann man sie wieder in Form bringen. Bodendeckende Strauchrosen müssen nicht stark beschnitten werden. Man kann aber die Triebe der Rosen um die Hälfte zurückschneiden, damit es gepflegter aussieht.

▶ Das lebhafte Rot der Sorte 'La Sevillana' kommt vor den schönen dunkelgrünen Blättern vollkommen zur Geltung.

▼ Die 'Magic Meidiland' wird nicht höher als 50 cm.

Die neuen nostalgischen Rosen

Diese als Englische Rosen bekannt gewordenen Sorten wurden vor etwa 30 Jahren von dem Briten David Austin gezüchtet. Es handelt sich um Kreuzungen Alter Rosen mit zarten Farben und zahlreichen duftenden Blütenblättern mit modernen Sorten beispielsweise einer Teehybride oder Floribunda. Häufig stammen dann die Blätter von den modernen Hybriden und die Blüten von den Alten Rosen. Andere Züchter haben sich in ähnlicher Weise mit Kreuzungen befasst, zum Beispiel die Rosenschule Guillot, deren Rosa-Generosa-Gruppe im Handel ist. Von Meilland wiederum ist eine Romantica-Serie im Handel. Diese Rosen sind zwar alle eng miteinander verwandt, wurden aber bisher noch nicht vom Weltverband der Rosenzüchter klassifiziert.

Die Wahl der Sorten

Die Verwendungsmöglichkeiten der nostalgischen Rosen sind außerordentlich groß, aber natürlich auch sortenabhängig. Im Allgemeinen eignen sie sich hervorragend, um in Einfassungen oder größere und kleinere Beete gepflanzt zu werden. Man sollte jedoch nostalgische oder Englische Rosen nicht mit Teehybriden kombinieren, denn die unterschiedlichen Silhouetten passen nicht zusammen. 'Graham Thomas' sieht als Solitärpflanze sehr gut aus; mit ihren harmonisch

▶ Majestätisch schön als Schnittblume ist 'Abraham Darby'.

◀ Elegant sind die gefüllten Blüten der 'Leonardo da Vinci'.

▲ 'Graham Thomas' hat bemerkenswerte, dicht gepackte Blütenblätter.

überhängenden Zweigen hat sie eine prachtvolle Silhouette.

Im Mai/Juni bekommt sie 10 cm breite gelbe Blüten. Mit einem Durchmesser von bis zu 15 cm sind die Blüten von 'Abraham Darby' noch größer. Diese Rose blüht aprikotrosa und duftet intensiv fruchtig.

Die Rosenschule Meilland vertreibt 'Yves Piaget', eine nostalgisch anmutende Rose, die Kenner entzücken wird. Diese Sorte ist bemerkenswert wüchsig und blüht verschwenderisch vor ihren sehr resistenten, leicht matten Blättern. Die Rose wurde mehrfach ausgezeichnet. Die 'Mayflower' ist eine sehr resistente neuere Sorte. Schon seit längerem ist ein vornehmliches Züchtungsziel die Resistenz gegenüber Krankheiten und Schädlingsbefall.

Sorten wie 'Mortimer Sackler', 'Jubilee Celebration' oder 'Generous Gardener' zeigen sich sehr resistent gegenüber Krankheitserregern. 'Glamis Castle' ist eine kleinere Englische Rose, die weniger als 1 m hoch wird. Mit *Lavandula stoechas* und *Geranium psilostemon* kombiniert, besticht sie durch den Kontrast zwischen Weiß – eine seltene Farbe bei Englischen Rosen – und Blau. Abgesehen von einem leichten Rückschnitt beim Lavendel nach der Blüte und auch bei der Rose braucht diese Kombination keine besondere Pflege. Der Duft nach Anis, den 'Glamis Castle' verströmt, passt ausgezeichnet zu dem des Lavendels.

'Toulouse-Lautrec' ('MEIrevolt'), die man ebenfalls bei Meilland findet, besitzt den Charme Alter Rosen mit ihrem leuchtenden Goldgelb und den zahllosen Blütenblättern. Hier handelt es sich um eine wüchsige kompakte Sorte, die höchstens 70–80 cm hoch wird.

Neue Englische Rosen

'Jubilee Celebration': lachsrosa
'The Generous Gardener': blassrosa
'Mortimer Sackler': sehr zartes Blassrosa
'Spirit of Freedom': hell fliederfarben
'Christopher Marlowe': intensives Rotorange

Die bezaubernde 'Leonardo da Vinci' ('MEIdeauri'), ebenfalls von Meilland angeboten, hat feuerrote, leicht duftende Blüten, ist ziemlich unempfindlich gegen Regen und kann 0,70–1,10 m hoch werden. 'Heritage' ist besonders hübsch, wohl wegen der fruchtig duftenden, großen kugeligen hellrosa Blüten. Sie wird ungefähr 1,20 m hoch, ist recht stachelarm und hat glänzende Blätter. Die von Meilland vertriebene 'Traviata' ('MEIlavo'), hat den Charme einer Alten Rose, deren intensives Rot einen harmonischen Kontrast mit den dunkelgrünen Blättern bildet. Ihre Höhe beträgt etwa 1,10–1,20 m, ihre Resistenz gegen Krankheiten ist gut.

So wird gepflanzt

Wie die meisten Rosen brauchen auch die Englischen Rosen vier bis fünf Stunden Sonne täglich. Pflanzen Sie nicht an Stellen, an denen zuvor Rosen standen. Falls der Boden bei Lieferung der Pflanzen sehr nass oder gefroren ist, bewahren Sie sie an einem kühlen, aber nicht frostigen Platz auf. Auf keinen Fall dürfen die Wurzeln vor dem Pflanzen austrock-

▼ Die schöne 'Heritage' erblüht von Juni bis Oktober im Garten.

▶ Die prächtigen Blüten der Sorte 'Yves Piaget' erinnern an Pfingstrosen. Welche Pracht!

nen. Wenn Sie wurzelnackte Pflanzen kaufen, denken Sie daran, die Wurzeln vor dem Pflanzen einzuschlämmen, und pflanzen Sie schnell, indem Sie die Wurzeln umgehend mit Erde bedecken. Falls Sie eine Rose dieser Gruppe im Sommer pflanzen, achten Sie darauf, den Ballen der Pflanze gründlich zu wässern.

▶ Wenn Sie die verwelkten Blüten fleißig entfernen, blüht 'Yves Piaget' bis zum Frost.

Worauf Sie achten müssen

Oft ist es besser, nostalgische Rosen in Gruppen von drei Pflanzen derselben Sorte zu setzen. Sie entwickeln sich zu einem dichten Strauch mit gleichmäßiger Silhouette. Die meisten Sorten brauchen einen Pflanzabstand von 50 cm. Wie bei den anderen Rosen auch, setzt man den Wurzelhals 2–3 cm unter Bodenniveau. Ein kleiner angehäufelter Erdwall schützt die Pflanzen zusätzlich gegen mögliche plötzliche Windstöße.

Um zu vermeiden, dass der Boden zu stark austrocknet, müssen Englische Kletterrosen mit mindestens 50 cm Abstand von der Mauer oder dem Baum, den sie zieren sollen, gepflanzt werden. Hinsichtlich der Resistenz gegen Krankheiten sind nur 'Graham Thomas' und 'Abraham Darby' Sorgenkinder. Pilzkrankheiten müssen sofort behandelt werden.

Mögliche Kombinationen

Die rote 'La Sevillana' passt zur Bergamottzitrone, zu Vexiernelken (*Lychnis coronaria*) und Taglilien (*Hemerocallis flava*).
Die blassrosa 'Yves Piaget' ergibt mit Digitalis (*Digitalis purpurea*) und milchweißen Pfingstrosen (*Paeonia ssp.*) ein raffiniertes Farbenspiel.

Die Pflege nostalgischer Rosen

Um eine kompakte Silhouette zu erhalten und um zu vermeiden, dass die Pflanzen kahl werden, sollten aufrecht wachsende nostalgische Rosen um die Hälfte zurückgeschnitten werden.

Nostalgische Rosen mit offenem Wuchs und überhängenden Zweigen brauchen nur einen leichten Schnitt, um deren Natürlichkeit zu erhalten. Kürzen Sie die Triebe deshalb nur um ein Viertel. Um die Pflanze zu verjüngen, müssen nach ein paar Jahren die ältesten Zweige herausgeschnitten werden.

Von Düften und Gerüchen

Wegen ihres ungewöhnlichen Duftes stehen Rosen auf der Beliebtheitsskala weit über allen anderen Pflanzen. Die Alten Rosen sind in diesem Bereich unschlagbar. Diese Eigenschaft haben die Züchter jahrzehntelang vernachlässigt und sich mehr um Farben und Größe der Blüten gekümmert. Mittlerweile gibt es bei den Rosen wieder eine Fülle von Düften: zum Beispiel leicht, würzig, den Geruch von Pinien, den Duft nach reifen Äpfeln, den Geruch von Myrrhe und sogar den Duft von Babynahrung!

Die Wahl der Sorten

Die allermeisten Rosen duften, wenn man mit der Nase direkt an der Blüte schnüffelt, wenige verströmen ihren Duft in die Umgebung. Der Duft sitzt in den Blütenblättern, und meist sind die besonders intensiv duftenden Blüten gefüllt oder stark gefüllt. Eine Ausnahme gibt es: *Rosa rugosa*, deren einfache Blüten so stark duften wie gefüllte Blüten.

Die am stärksten duftenden Wildrosen sind: *Rosa gallica* mit relativ großen rosa bis roten Blüten; die nach Moschus duftende *Rosa moschata* mit den einfachen weißen Blüten; außerdem *Rosa rugosa* mit rosa und weißen Blüten. Meist haben die Hybriden dieser Arten den ursprünglichen Duft bewahrt.

◀ Nur einmal, aber wunderschön, blüht 'Fantin Latour', eine Centifolia-Rose.

▼ Die Kombination von Blauregen *(Wisteria venusta)* mit 'Mme A. Carrière' spricht alle Sinne an.

Falls Sie Rosenkonfitüre selbst herstellen wollen, pflanzen Sie *R. x damascena* 'Trigintipetala'!

Am stärksten duften die Damaszener-Rosen. Deshalb wurde diese Pflanzengruppe lange Zeit kultiviert, um das Parfum zu extrahieren. Ein Sonderfall ist die Moosrose, entstanden aus einer spontanen Mutation der Zentifolie. Ihr Duft stammt aus Drüsenhaaren, die auf den Kelchblättern, Fruchtknoten und Blütenstielen sitzen.

Wer hat den stärksten Duft?

'Cornelia' verströmt einen pfeffrigen Duft, den man bereits von weitem wahrnimmt. Die 'Comte de Chambord', die betäubend süß nach Damaszener-Rosen duftet, passt auch in einen kleinen Garten, wird sie doch nicht größer als 1,20 m.

'Blush Noisette' ist eine strauchartige, öfter blühende Noisette-Rose mit kugelförmigen, nach Nelken und Klee duftenden blassrosa Blüten. 'Mme Pierre Oger' hat sehr kugelige cremeweiße Blüten – eine öfter blühende Bourbon-Rose mit feinem Duft. 'Great Maiden's Blush' ist eine einmal blühende Alba-Rose mit gefüllten duftenden zartrosa Blüten.

Die Moschata-Hybride 'Queen of the Musk' ist eine kleine Strauchrose mit einfachen nach Muskat duftenden blassrosa Blüten. Die strauchartige 'Sarah Van Fleet' ist wie die meisten Rugosa-Rosen öfter blühend und bekommt große rosa Blüten. 'Kazanlik' ist eine kräftig rosa blühende Damaszener-Rose, die im Mittleren Orient traditionell für die Parfumerie angebaut wird.

'Yolande d'Aragon' hat gleichmäßig rosafarbene üppige Blüten; sie ist eine öfter blühende, aufrecht wachsende Portland-Rose. 'Konrad Ferdinand Meyer' hat gefüllte Blüten in Silberrosa; sie ist die Hybride einer öfter blühenden Rugosa.

Kletterrosen oder Rambler-Rosen

Unter den Alten Rosen findet man die wohlriechendsten. 'Kiftsgate' duftet sehr stark. 'Belle de Londres' ist eine moderne, öfter blühende Sorte mit in Aprikotrosa. Sehr stark duftet 'Belle Portugaise', doch ist diese Sorte nur für südliche Länder geeignet, denn sie verträgt keine feuchte Kälte. 'Mme Alfred Carrière' mit den cremeweißen Blüten duftet zart nach Tee.

Die Rosen mit dem intensivsten Duft

'Mme Isaac Pereire'
'Papa Meilland', 'Fragrant Cloud', 'Margaret Merril'
'Prima Ballerina'
'Centenaire de Lourdes', 'Compassion'

'François Juranville',
eine stark duftende Rambler-Rose.

'Mme Isaac Pereire', hier in guter Gesellschaft
mit Päonien und Clematis.

'Grand Soleil', von höchster Eleganz, ausgezeichnet im Parc de Bagatelle.

'Albertine', die Zwillingsschwester von 'Albéric Barbier', hüllt den ganzen Garten in ihren Duft ein.

Eine der ersten Züchtungen gelang David Austin 1961 mit 'Constance Spry'. Diese Englische Rose hat herrliche zartrosa Blüten, die sehr stark nach Myrrhe duften. 'François Juranville' ist eine alte Rambler-Rose, deren gelbe Blüten ein köstliches Apfelaroma verbreiten. Einen intensiven Duft entfaltet auch 'Mme Isaac Pereire'. 'Zéphirine Drouhin', eine öfter blühende Sorte, bekommt dunkelrosa duftende Blütenbüschel.

Ausdauernde Pflanzen, die zu duftenden Rosen passen: Frauenmantel (*Alchemilla mollis*); Wollziest (*Stachys lanata*); Vexiernelke; Mädchenauge; Geranium 'Johnson's Blue'; Rittersporn.

Die Buschrosen

Großblütige Sorten wie die Teehybriden sind bemerkenswert wegen ihres Duftes. Dies gilt für 'Grand Siècle' mit den stark duftenden zartrosa Blüten, die raffiniert duftende 'Jardin de Bagatelle' , die unvergleichliche 'Papa Meilland', die verführerische 'Antico Amore', die tiefdunkelrote 'Charlotte Rampling'.

Unter den nostalgischen Rosen – aus Kreuzungen mit alten Rosen entstandene moderne Rosen – gibt es hinsichtlich des Geruchs einige wirklich bemerkenswerte Sorten. Die 'Toulouse-Lautrec' wurde auf der Rosenschau von Monza ausgezeichnet. Ebenfalls sei hingewiesen auf 'Auguste Renoir', 'Claudia Cardinale', 'Martine Guillot'.

So pflanzen Sie richtig

Diese Rosen brauchen einen möglichst freien sonnigen Standort, und man sollte ihnen keinen zu sauren oder kalkhaltigen Boden zumuten. Sie sollten so gepflanzt werden, dass Sie ihren Duft maximal genießen können. Spalieren Sie die kletternden Sorten so an einer Hauswand am Fenster entlang an, dass Sie morgens beim Erwachen von dem herrlichen Geruch begrüßt werden. Sie können sie auch neben die Terrasse oder die Veranda pflanzen.

Lockern Sie den Boden vor dem Pflanzen tief auf. Organischer Dünger kann der Pflanzerde beigemischt werden, darf aber nicht direkt ins Pflanzloch kommen.

Was Sie beachten müssen

Ausdauernde Pflanzen passen wunderbar zu Rosen, aber Sie sollten sich für solche ohne Geruch entscheiden. Dadurch vermeiden Sie, dass der Rosenduft verfälscht wird oder sich in unpassender Weise mischt. Duftende Rosen sollten auch nicht mit Heil- und Gewürzpflanzen kombiniert werden, weil Letztere ebenfalls Gerüche freigeben.

▶ Die 'Princesse de Monaco' entzückt durch ihre eleganten Farbnuancen.

Verzeichnis der Sorten von A – Z

Unsere schönsten Rosen

Alle wichtigen Details über die schönsten Rosensorten finden Sie in diesem Kapitel. Zusätzliche Angaben zum Sortennamen, wie der Name des Züchters (soweit bekannt), das Land und das Jahr, in dem die Rose in den Handel kam, sollen mögliche Missverständnisse vermeiden. Neben dem Handelsnamen, der in den einzelnen Ländern unterschiedlich sein kann, finden Sie, falls nicht identisch, die Sortenbezeichnung, die überall gleich ist.

Höhe und Blühzeit können von diesen Angaben abweichen, je nachdem, in welcher Region und welchem Klima die Rosen angepflanzt werden. Auch der Duft ist ein gänzlich subjektives Kriterium, gibt er doch einen im Wesentlichen persönlichen Eindruck wieder.

'Abraham Darby' ('AUScot')
(Austin, Großbritannien, 1985)

Kategorie: starkwüchsige Strauchrose, kletternd
Farbe: aprikotrosa
Blüten: kleine Büschel becherförmiger stark gefüllter Blüten
Blührhythmus: öfter blühend
Duft: intensiv, fruchtig
Höhe: 1,50–2 m
Blühzeit: Sommer
Standort: im Beet mit ebenso wüchsigen Rosen oder kletternd an einem Baumstamm, braucht strengen Rückschnitt, gegen Krankheiten resistent, Ausnahme: Rosenrost

'Albéric Barbier'
(Barbier, Frankreich, 1900)

Kategorie: Rambler-Rose
Farbe: elfenbein, mit gelblicher Mitte
Blüten: kleine Büschel mittelgroßer rosettenförmiger gefüllter Blüten
Blührhythmus: öfter blühend
Duft: schwach nach Äpfeln duftend
Höhe: bis zu 5 m
Blühzeit: Sommer
Standort: sehr wüchsige Rose, die als Kletterrose, Bodendecker oder überhängend als Hochstamm gezogen werden kann, Rückschnitt unerlässlich

'Albertine'
(Barbier, Frankreich, 1921)

Kategorie: moderne Rambler-Rose
Farbe: kupfer-rosa
Blüten: kleine Büschel großer kugeliger gefüllter Blüten
Blührhythmus: einmal blühend
Duft: intensiv
Höhe: 4,50 m
Blühzeit: ab Ende Juni etwa drei Wochen
Standort: anfällig für Echten Mehltau, deshalb sollte sie luftig an einer Pergola oder einem Zaun stehen, kräftiger Rückschnitt erforderlich

'Ashram'
(Tantau, Deutschland, 2002)

Kategorie: großblütige Buschrose
Farbe: kupfer-orange
Blüten: große Blüten
Blührhythmus: öfter blühend
Duft: leicht, fruchtig
Höhe: 70–80 cm
Blühzeit: Juni bis Oktober
Standort: in Beeten und als Schnittblumen

'Ballerina'
(Bentall, Großbritannien, 1937)

Kategorie: dichte wüchsige Polyantha-Rose
Farbe: hellrosa mit weißer Mitte
Blüten: Gruppen zahlreicher flacher einfacher Blüten
Blührhythmus: öfter blühend
Duft: sehr schwach nach Wicken
Höhe: 1,20–1,80 m
Blühzeit: Juni bis Oktober
Standort: zur Hecken- und Beetbepflanzung, als Solitär oder Hochstamm, zur Topfbepflanzung, die grazilen

◀ 'Yolande d'Aragon': Sie duftet so bezaubernd, wie sie aussieht!

überhängenden Zweige nicht beschneiden

'Belle de Crécy'
(Roeser, Frankreich, vor 1848)

Kategorie: Gallica-Rose
Farbe: Mischung aus Rosa-, Grau- und Mauvetönen, kirschrot mit lila Flecken
Blüten: kleine Büschel mittelgroßer geviertelter gefüllter Blüten
Blührhythmus: einmal blühend
Duft: sehr intensiv
Höhe: 1,20 m
Blühzeit: Sommer
Standort: vorteilhaft für Beete oder Einfassungen mit graublättrigen Pflanzen wie Lavendel oder Ziest

▼ 'Bernard Pivot'
(Orard, Frankreich, Neuheit 2001)

Kategorie: Floribunda-Rose, Strauch mit Gruppen von Blüten
Farbe: intensiv gelb
Blüten: becherförmig, in Büscheln stehend
Blührhythmus: öfter blühend
Duft: angenehm
Höhe: 60–70 cm
Blühzeit: Sommer
Standort: für Beete oder Einfassungen

'Bobbie James'
(Sunningdale Nurseries, Großbritannien, 1961)

Kategorie: Kletter- und Ramblerrose, vermutlich Multiflora-Hybride
Farbe: milchweiß
Blüten: große Büschel kleiner schalenförmiger leicht gefüllter Blüten
Blührhythmus: einmal blühend
Duft: intensiv, über dem gesamten Garten schwebend
Höhe: 9 m
Blühzeit: Mitte Juni
Standort: die schnell wachsende Kletterrose ist ideal, um einen abgestorbenen Baum oder eine große Mauer zu verdecken, allerdings braucht sie eine solide Befestigung

'Bonica 82' ('MEIdomonac')
(Meilland, Strobel, Frankreich, 1982)

Kategorie: moderne Strauchrose, Bodendecker
Farbe: rosa
Blüten: große Büschel dicht gefüllter Blüten
Blührhythmus: öfter blühend
Duft: zart
Höhe: 90 cm
Blühzeit: Juni bis Oktober
Standort: einzeln, in Gruppen oder als Hecke, sehr leicht zu kultivierende Rose, die immer von oben bis unten mit Blüten übersät ist, ADR-Auszeichnung

'Canterbury' ('AUSbury')
(Austin, Großbritannien, 1969)

Kategorie: Englische Rose, Kletterrose
Farbe: warmes rosa mit gelben Staubgefäßen
Blüten: becherförmig
Blührhythmus: öfter blühend
Duft: nach Honig duftend
Höhe: 3–4 m
Blühzeit: Juni bis Oktober
Standort: Diese biegsame und wüchsige Kletterrose bringt eine romantische Note in Ihren Garten.

'Cécile Brunner'
(Pernet-Ducher, Frankreich, 1881)

Kategorie: Polyantha-Rose
Farbe: hellrosa
Blüten: große Büschel gefüllter kleiner Blüten
Blührhythmus: öfter blühend
Duft: zart
Höhe: 40–50 cm
Blühzeit: von Juni bis Oktober
Standort: die kleine buschig wachsende Rose eignet sich als Vordergrund für Einfassungen und Blumenkästen, fast stachelfrei

'Centenaire de Lourdes'
(Delbard-Chabert, Frankreich, 1958)

Kategorie: buschige Floribunda-Rose

Farbe: reines Rosa
Blüten: große Büschel becherförmiger halb gefüllter Blüten
Blührhythmus: öfter blühend
Duft: ohne
Höhe: 0,90–1 m
Blühzeit: Sommer
Standort: ergibt prachtvolle Beete, eignet sich auch als Hochstamm, für Töpfe

'Cerise Bouquet'
(Kordes, Deutschland, 1958)

Kategorie: Strauchrose
Farbe: kirschrot
Blüten: große Büschel mittelgroßer gefüllter Blüten
Blührhythmus: einmal blühend
Duft: nach Himbeeren duftend
Höhe: 3,50 m
Blühzeit: Juni bis Juli
Standort: Halbschatten, naturnahe Bepflanzung, als Solitär geeignet

▲ 'Charles de Gaulle' ('MEIlanein')
(Meilland, Frankreich, 1975)

Kategorie: Teehybride
Farbe: fliederfarben
Blüten: kleine Büschel großer gefüllter Blüten
Blührhythmus: einmal blühend
Duft: intensiv, durchdringend
Höhe: 60 cm
Blühzeit: Juni
Standort: liebt sonnigen, warmen Standort, verträgt Trockenheit, für Beete oder Einfassungen geeignet

'Charles de Mills'
(unbekannt, alte Sorte)

Kategorie: Gallica-Rose
Farbe: purpurrot
Blüten: kleine Büschel großer gefüllter, geviertelter Blüten
Blührhythmus: einmal blühend
Duft: intensiv duftend
Höhe: 1,20–1,50 m
Blühzeit: Juni
Standort: wunderschöne Alte Rose, gut kombinierbar mit anderen Gallica-Rosen, verträgt Halbschatten und bildet viele Wurzeltriebe, als Heckenpflanze geeignet

'Clair Matin' ('MEImont')
(Meilland, Frankreich, 1960)

Kategorie: moderne Kletterrose, Strauchrose
Farbe: kräftig rosa
Blüten: große Büschel mittelgroßer, halb gefüllter Blüten
Blührhythmus: öfter blühend
Duft: leichter Geruch nach Wildrosen
Höhe: 2,50–3 m
Blühzeit: Frühling und Herbst
Standort: Halbschatten, auch Schatten, als Spalier an einer Mauer, als hohe Hecke, Solitär; 'Clair Matin' zählt zu den blühfreudigsten Rosen

'Cocktail' ('MEImick')
(Meilland, Frankreich, 1957)

Kategorie: moderne Strauchrose
Farbe: rot
Blüten: Büschel mittelgroßer halb gefüllter Blüten
Blührhythmus: öfter blühend
Duft: würzig, leicht
Höhe: 1,80 m
Blühzeit: Sommer
Standort: einzeln stehend auf einem Rasen oder als Gruppe von drei bis fünf Pflanzen, für Hecken und Töpfe, Halbschatten

'Complicata'
(Abstammung ungeklärt)

Kategorie: Gallica-Rose
Farbe: rosa, in der Mitte aufgehellt
Blüten: kleine Büschel mittelgroßer einfacher Blüten

Blührhythmus: einmal blühend
Duft: angenehm
Höhe: bis 3 m
Blühzeit: Juni
Standort: Hecken, Solitär, Kletterrose

▲ 'Comte de Chambord'
(Robert & Moreau, Frankreich, 1863)

Kategorie: Portland-Rose
Farbe: rosa
Blüten: kleine Büschel großer geviertelter gefüllter Blüten
Blührhythmus: einmal blühend, sehr lang
Duft: intensiv nach Damaszener-Rose
Höhe: 0,90–1 m
Blühzeit: Ende Juni
Standort: eignet sich perfekt für kleine Gärten, um niedrige Hecken zu ziehen, oder für Blumentöpfe

'Cornelia'
(Pemberton, Großbritannien, 1925)

Kategorie: Moschata-Hybride
Farbe: rosa, Blütenknospen sind erdbeerfarben
Blüten: große Büschel mittelgroßer rosettenförmiger gefüllter Blüten
Blührhythmus: öfter blühend
Duft: pfeffrig, schon von weitem erkennbar
Höhe: 1,50 m
Blühzeit: Juni bis Oktober
Standort: gedeiht auch im Halbschatten, die biegsamen Äste müssen zeitweise anspaliert werden, als Heckenpflanze geeignet

▼ 'Côté Jardins'
(Orard, Frankreich, 2000)

Kategorie: Floribunda-Rose
Farbe: perlmuttrosa

Blüten: Büschel mittelgroßer flacher Blüten
Blührhythmus: öfter blühend
Duft: angenehm duftend
Höhe: 90 cm
Blühzeit: Juni bis Oktober
Standort: ideal für die Kultivierung im Container, Rose mit zahlreichen internationalen Auszeichnungen

'Crépuscule'
(Dubreuil, Frankreich, 1904)

Kategorie: Alte Noisette-Rose, kletternd
Farbe: aprikot
Blüten: kleine Büschel mittelgroßer gefüllter Blüten
Blührhythmus: öfter blühend
Duft: köstlicher leichter Duft
Höhe: 1,50 m
Blühzeit: Frühlingsbeginn bis zu den Frösten
Standort: über Pergola, an Gitter oder Zaun, gedeiht am besten in warmen Gegenden

'Crimson Glory'
(Kordes, Deutschland, 1935)

Kategorie: Teehybride, es gibt auch eine Kletterform
Farbe: dunkel karmesinrot
Blüten: große einzelne becherförmige gefüllte Blüten
Blührhythmus: öfter blühend
Duft: süß duftend
Höhe: 60 cm
Blühzeit: Juni bis Oktober
Standort: anfällig für Echten Mehltau, als Kletterpflanze sehr hübsch und wüchsig, farblich gut mit *Clematis x jackmanii* zu kombinieren

'Cuisse de Nymphe Émue'

Kategorie: Alte Rose, Alba-Rose
Farbe: weißrosa, in der Mitte intensiver
Blüten: kleine Büschel mittel-

großer becherförmiger gefüllter Blüten
Blührhythmus: einmal blühend
Duft: intensiv, raffiniert
Höhe: 1,50 m
Blühzeit: Juli
Standort: zierte früher Klostergärten, häufig überhängend von der Blütenlast

'Deuil de Paul Fontaine'
(Fontaine, Frankreich, 1873)

Kategorie: Moosrose
Farbe: dunkelrot bis schwärzlich-purpur
Blüten: kleine Büschel mittelgroßer gefüllter Blüten
Blührhythmus: remontierend
Duft: elegant
Höhe: 1 m
Blühzeit: Sommer
Standort: für Töpfe, als Heckenpflanze geeignet

'Domaine de Courson'

Kategorie: Rambler-Rose
Farbe: blassrosa bis gedämpft karminrot
Blüten: geviertelt
Blührhythmus: öfter blühend
Duft: leicht
Höhe: 2,50 m
Blühzeit: Juni bis Oktober
Standort: hübsche ausladende Rose mit gesundem Blattwerk, überall als Kletterrose geeignet

'Dorothy Perkins'
(Jackson & Perkins, USA, 1901)

Kategorie: Wichuraiana-Rambler
Farbe: hellrosa
Blüten: dichte Gruppen kleiner rosettenförmiger gefüllter Blüten
Blührhythmus: einmal blühend
Duft: leicht
Höhe: 3–5 m
Blühzeit: Juni
Standort: Inbegriff der „Alten Rose", für naturnahe Gärten geeignet, sehr anfällig für Echten Mehltau

'Escapade' ('HARpade')
(Harkness/Rosenunion, Großbritannien, 1967)

Kategorie: Floribunda-Rose
Farbe: rosaviolett
Blüten: große Büschel becherförmiger halb gefüllter Blüten
Blührhythmus: öfter blühend
Duft: schwach
Höhe: 0,80–1,20 m
Blühzeit: Juni bis Oktober
Standort: Halbschatten, für Töpfe, ADR-Auszeichnung

'Euphrosyne'
(Schmitt, Frankreich, 1895)

Kategorie: moderne Kletterrose
Farbe: mittleres Rosa
Blüten: große Büschel stark gefüllter kleiner Blüten
Blührhythmus: einmal blühend
Duft: ausgeprägt
Höhe: 3–4 m
Blühzeit: Juni
Standort: zum Beranken von Pergolen oder an altem Baumstamm, für naturnahe Bepflanzung

'Fantin Latour'
(Abstammung unbekannt, um 1850)

Kategorie: Centifolia-Rose oder Alba-Rose
Farbe: hellrosa
Blüten: kleine Büschel großer becherförmiger bis flacher gefüllter Blüten
Blührhythmus: einmal blühend
Duft: wunderbar
Höhe: 1,20–1,50 m
Blühzeit: Juni
Standort: Inbegriff der Alten Rose, hervorragend für Blumenarrangements geeignet

'Felicia'
(Pemberton, Großbritannien, 1928)

Kategorie: Moschusrose, Moschata-Hybride
Farbe: hellrosa mit einem Hauch Aprikot
Blüten: große Büschel großer dicht gefüllter Blüten
Blührhythmus: öfter blühend
Duft: nach Moschus
Höhe: 1,20 m
Blühzeit: Sommer
Standort: für Töpfe, als Heckenpflanze geeignet, als Solitär

'Félicité et Perpétue'
(Jacques, Frankreich, 1828)

Kategorie: Sempervirens-Hybride, Rambler-Rose
Farbe: cremeweiß
Blüten: große Büschel rosettenförmiger gefüllter kleiner Blüten
Blührhythmus: einmal blühend
Duft: zarter Duft nach Schlüsselblumen
Höhe: 4,50–6 m
Blühzeit: im Juli
Standort: Halbschatten, Mauerbepflanzung, naturnahe Bepflanzung, braucht keinen saisonalen Schnitt, Bodendecker

'François Juranville'
(Barbier, Frankreich, 1906)

Kategorie: Rambler-Rose, Wichuraiana-Hybride
Farbe: lachsrosa
Blüten: kleine Büschel mittelgroßer rosettenförmiger gefüllter Blüten
Blührhythmus: einmal blühend
Duft: sehr angenehm nach Äpfeln
Höhe: 6 m

Blühzeit: Sommer
Standort: zum Beranken einer Pergola oder eines Baums, nicht geeignet als Spalier an einer Mauer, schöner Bodendecker

'Geranium'

(Royal Horticultural Society, Großbritannien, 1938)

Kategorie: Moyesii-Hybride
Farbe: kirschrot bis orangerot
Blüten: einfache, große Blüten
Blührhythmus: einmal blühend
Duft: dezent
Höhe: 2,50 m
Blühzeit: Sommer
Standort: in Beeten oder in Gruppen, naturnahe Bepflanzung, ab August prächtige orangefarbene Hagebutten

▼ 'Ghislaine de Féligonde'

(Turbat, Frankreich, 1916)

Kategorie: Multiflora-Hybride, niedrige Rambler-Rose
Farbe: blasses Orangegelb
Blüten: große Büschel kleiner gefüllter Blüten
Blührhythmus: remontierend
Duft: leicht
Höhe: 2,50 m
Blühzeit: Juni und Oktober
Standort: Halbschatten, anpassungsfähige Sorte, anspaliert (an Mauern, Gittern, Portalen) oder als Strauch

▲ 'Gloire de Dijon'

(Jacotot, Frankreich, 1853)

Kategorie: kletternde Teerose
Farbe: ocker, goldrosé
Blüten: kleine Büschel großer gefüllter Blüten
Blührhythmus: öfter blühend
Duft: nach Tee
Höhe: 1 m
Blühzeit: Sommer
Standort: wirkt toll an einer alten Backsteinmauer, Kombination zum Beispiel mit 'Crystal Palace' oder großblütigen Clematis

'Gloria Dei'

siehe 'Mme A. Meilland'

'Golden Showers'

(Lammerts, USA, 1956)

Kategorie: moderne Kletterrose
Farbe: gelb
Blüten: einzeln oder kleine Büschel großer lockerer Blüten
Blührhythmus: öfter blühend
Duft: angenehm
Höhe: 3 m
Blühzeit: von Juni bis Oktober
Standort: ideal für kleine Gärten mit Halbschatten, Kletterrose oder frei stehender Strauch

'Golden Wings'
(Shepherd, USA, 1956)

Kategorie: Strauchrose
Farbe: blassgelb
Blüten: große fast einfache Schalen
Blührhythmus: öfter blühend
Duft: angenehm
Höhe: 1,10–1,60 m
Blühzeit: Juni bis Oktober
Standort: als naturnahe Bepflanzung, wirkt hübsch als Einfassung

'Graham Thomas' ('AUSmas')
(Austin, Großbritannien, 1983)

Kategorie: Englische Rose
Farbe: gelb
Blüten: kleine Büschel schalenförmiger dicht gefüllter Blüten
Blührhythmus: öfter blühend
Duft: sehr angenehm
Höhe: 1,20 m
Blühzeit: Juni bis Oktober
Verwendung: als Soltär, auch als Hochstamm oder anspaliert an Mauern

'Grand Siècle' ('DELegran')
(Delbart, Frankreich, 1986)

Kategorie: Teehybride
Farbe: cremerosa
Blüten: kleine Büschel großer gefüllter Blüten
Blührhythmus: öfter blühend
Duft: auffallend
Höhe: 1 m
Blühzeit: Sommer bis Herbst
Standort: blüht bis zu den ersten Frösten, für Rabatten gut geeignet, wurde im Parc de Bagatelle (Bois de Boulogne) ausgezeichnet

'Guirlande Fleurie'
(Robichon, Frankreich, 1968)

Kategorie: Kletterrose
Farbe: leuchtendes klares Rot
Blüten: Büschel mittelgroßer halb gefüllter Blüten
Blührhythmus: öfter blühend
Duft: zart
Höhe: 5–8 m
Blühzeit: den ganzen Sommer bis Ende Herbst
Standort: entweder allein oder mit anderen hell blühenden rankenden Pflanzen

'Hansa'
(Schaum & Van Tol, Niederlande, 1905)

Kategorie: Rugosa-Hybride
Farbe: rotviolett
Blüten: kleine Büschel großer gefüllter Blüten
Blührhythmus: remontierend
Duft: intensiv
Höhe: 1,20 m
Blühzeit: Juni und September
Standort: als Hecke, bildet dekorative Früchte, naturnahe Bepflanzung, für Töpfe, verträgt Halbschatten, sehr winterhart

▼ 'Heidetraum'
(Noack, Deutschland, 1988)

Kategorie: Bodendecker
Farbe: fuchsiarot
Blüten: mittelgroß, halbgefüllt
Blührhythmus: öfter blühend
Duft: schwach
Höhe: 60–80 cm
Blühzeit: Ende Mai bis Dezember
Standort: wächst und gedeiht sogar unter schwierigen Bedingungen (Straßenrand, Verkehrsinsel) ausgesprochen gut, sogar an der Küste

'Heritage' ('AUSblush')
(Austin, Großbritannien, 1984)

Kategorie: Englische Rose
Farbe: hellrosa
Blüten: kleine Büschel mittelgroßer schalenförmiger gefüllter Blüten
Blührhythmus: remontierend
Duft: nach Zitrone
Höhe: 1,20 m
Blühzeit: Juni und Oktober
Standort: bevorzugt in Beeten, kann aber auch anspaliert als Kletterrose gezogen werden. Frühjahrsschnitt erforderlich

▼ 'Kimono'
(De Ruiter, Horstmann, Niederlande, 1961)

Kategorie: Floribunda-Rose
Farbe: hell lachsrosa
Blüten: kleine Büschel großer gefüllter Blüten
Blührhythmus: öfter blühend
Duft: dezent
Höhe: 70 cm
Blühzeit: Juni bis September
Standort: sehr vielseitig einsetzbar, gut für Hecken oder Beete

'Kiftsgate'
(Murrell, Großbritannien, 1954)

Kategorie: Gartenform einer Wildrose, Rambler-Rose
Farbe: cremefarben
Blüten: große Gruppen kleiner einfacher Blüten
Blührhythmus: einmal blühend
Duft: angenehm
Höhe: 8 – 9 m
Blühzeit: Juni
Standort: kann leicht eine große Mauer überwuchern, Bodendecker, verträgt Schatten, verdankt ihren Namen dem Herkunftsort (dem Garten von Kiftsgate Court)

'La France'
(Guillot, Frankreich, 1867)

Kategorie: Teehybride
Farbe: seidigrosa
Blüten: kleine Büschel großer stark gefüllter Blüten
Blührhythmus: öfter blühend
Duft: intensiv
Höhe: 0,80 – 1 m
Blühzeit: Juni bis Oktober
Standort: wahrscheinlich die erste Teehybride; blühfreudig, gedeiht in sehr sonnigen Lagen

'La Sevillana' ('MEIgekanu')
(Meilland, Strobel, Frankreich, 1978)

Kategorie: Floribunda-Rose, moderne Strauchrose, Bodendecker
Farbe: zinnoberrot
Blüten: große Büschel mittelgroßer halb gefüllter Blüten
Blührhythmus: öfter blühend
Duft: mittelstark
Höhe: 1,50 m
Blühzeit: Mai/Juni bis Herbst
Standort: für Hecken oder als Bodendecker, für alle Lagen, ADR-Auszeichnung

'Lavender Dream' ('Interlav')
(Interplant, Niederlande, 1986)

Kategorie: Strauchrose
Farbe: rosaviolett
Blüten: kleine Büschel mittelgroßer zierlicher Blüten
Blührhythmus: öfter blühend
Duft: unverwechselbar
Höhe: 60 – 80 cm
Blühzeit: Juni bis Oktober
Standort: gute Krankheitsresistenz, Wuchsform leicht überhängend

'Leonardo da Vinci'
(Meilland, Frankreich, 1994)

Kategorie: Floribunda-Rose
Farbe: klares, leuchtendes Rot
Blüten: kleine Büschel großer stark gefüllter Blüten
Blührhythmus: öfter blühend, bis zu den Frösten
Duft: leicht
Höhe: etwa 70 cm
Blühzeit: Juni bis September
Standort: in Beeten, Hecken oder Einfassungen, gegen Pilzkrankheiten resistent, eignet sich deshalb besonders für Gegenden mit feuchtem, regnerischem Wetter

'Leverkusen'
(Kordes, Deutschland, 1954)

Kategorie: Strauchrose, Kordesii-Hybride
Farbe: zitronengelb
Blüten: kleine Büschel großer halb gefüllter Blüten
Blührhythmus: remontierend
Duft: fruchtig
Höhe: 3 m
Blühzeit: Sommer
Standort: als Kletterrose oder als Strauch, verträgt Halbschatten und sogar Schatten

'Mme Hardy'
(Hardy, Frankreich, 1832)

Kategorie: Damaszener-Rose, historische Rose
Farbe: weiß
Blüten: kleine Büschel großer geviertelter gefüllter Blüten
Blührhythmus: einmal blühend
Duft: stark duftend
Höhe: 1,50 m
Blühzeit: Sommer
Standort: eine der schönsten weißen Rosen, die den Garten aufwertet; die bekannteste Züchtung von Hardy (dem früheren Direktor des Jardin du Luxembourg) wird immer noch kultiviert

'Mme Isaac Pereire'
(Garçon, Frankreich, 1881)

Kategorie: Bourbon-Rose
Farbe: karminrosa mit purpur, leuchtend rosarot
Blüten: kleine Büschel großer stark gefüllter Blüten
Blührhythmus: schwach remontierend
Duft: angenehm
Höhe: 1,50 m
Blühzeit: Sommer
Standort: sehr beliebt wegen ihres Duftes; kann als Kletterer oder als Strauch gezogen werden

'Mme A. Meilland' (Handelsname in Deutschland: 'Gloria Dei')
(Meilland, Frankreich, 1942)

Kategorie: Teehybride
Farbe: gelb, rosa überhaucht
Blüten: kleine Gruppen großer, kugeliger, gefüllter Blüten
Blührhythmus: öfter blühend
Duft: sehr zart
Höhe: 1 – 1,20 m
Blühzeit: Juni bis Oktober
Standort: in Beeten, als Hecken oder Einfassungen, Weltrose 1976, angeblich die berühmteste Rose der Welt, schade, dass der Duft so flüchtig ist.

'Mme Caroline Testout'
(Pernet-Ducher, Frankreich, 1890)

Kategorie: Teehybride
Farbe: seidig rosa
Blüten: Büschel großer, gefüllter Blüten
Blührhythmus: einmal blühend
Duft: schwach
Höhe: 0,80 – 1 m
Blühzeit: Juni
Standort: sehr beliebte Rose wegen ihrer nostalgisch wirkenden Blütenbüschel

'Mme Plantier'
(Plantier, Frankreich, 1835)

Kategorie: Alte Alba-Rose
Farbe: rahmweiß
Blüten: große Büschel flacher stark gefüllter Blüten
Blührhythmus: einmal blühend
Duft: nach Babynahrung
Höhe: bis zu 3 m
Blühzeit: Juni
Standort: bevorzugt Halbschatten, Nordlagen, in Bäumen bis zu 6 m, für Heckenbepflanzung geeignet, als Kletterrose, prachtvoll im berühmten Weißen Garten des Parks von Sissinghurst

'Magic Meidiland' ('MEIbonrib')
(Meilland, Frankreich, 1994)

Kategorie: Strauchrose, Bodendecker
Farbe: kräftig dunkelrosa
Blüten: kleine Büschel mittelgroßer, stark gefüllter Blüten
Blührhythmus: öfter blühend
Duft: nach Weißdorn
Höhe: 40 – 50 cm
Blühzeit: Juni bis Oktober
Standort: sehr wüchsiger Bodendecker, verbreitet in mediterranen Gärten

'Marguerite Hilling'
(Hilling, Großbritannien, 1959)

Kategorie: Moyesii-Hybride, Strauchrose
Farbe: kräftig rosa
Blüten: kleine Büschel großer einfacher Blüten
Blührhythmus: einmal blühend
Duft: leicht
Höhe: 2,50 m
Blühzeit: Spätfrühling
Standort: blühfreudige Rose, kann sehr schön einzeln stehen oder mit der weißen 'Nevada' kombiniert werden, als Heckenbepflanzung, für naturnahe Bepflanzung

'Marie Curie' ('MEIlomit')
(Meilland, Frankreich, 1997)

Kategorie: Meilland-Floribundarose
Farbe: kupfergelb
Blüten: kleine Gruppen großer Blüten
Blührhythmus: öfter blühend
Duft: würziger Nelkenduft, zieht Bienen an
Höhe: 70 cm
Blühzeit: Juni, Nachblüte im September

Standort: Sorte mit dunkelgrünem Blattwerk, kann mit Rosen im gleichen Farbton kombiniert werden, ist sehr krankheitsresistent

'Mermaid'
(Paul, Großbritannien, 1917)

Kategorie: Kletterrose, Bracteata-Hybride
Farbe: hellgelb
Blüten: kleine Büschel großer, einfacher Blüten
Blührhythmus: öfter blühend
Duft: leicht
Höhe: 3–4 m
Blühzeit: Juni bis Oktober
Standort: kann nur an sehr geschützten Standorten kultiviert werden; braucht Winterschutz; braucht keinen Schnitt, sollte aber regelmäßig aufgebunden werden, damit die Silhouette harmonisch bleibt.

'Michelangelo' ('MACtemaik')
(McGredy, Neuseeland, 1995)

Kategorie: Floribunda-Rose
Farbe: orange-creme gestreift
Blüten: kleine Büschel großer gefüllter Blüten
Blührhythmus: öfter blühend
Duft: leicht
Höhe: 1,10–1,30 m
Blühzeit: Juni bis Oktober
Standort: robuste, krankheitsresistente Rose, geeignet für Beete und Ziergärten

'Monte Cristo'
(Eve, 2001)

Kategorie: moderne Hybride
Farbe: himbeerfarben
Blüten: üppige Büschel mit etwa zwölf halb gefüllten Blüten
Blührhythmus: öfter blühend
Duft: nach Himbeeren
Höhe: 1,20–1,60 m
Blühzeit: Juni bis Oktober
Standort: krankheitsresistente Rose, am besten als Solitärpflanze geeignet

'Moustique'
(2002)

Kategorie: Zwergrose
Farbe: cremeweiß
Blüten: kleine flache Blüten
Blührhythmus: öfter blühend
Duft: intensiv
Höhe: 35–40 cm
Blühzeit: Juni bis Oktober
Standort: als Topfpflanze, für Einfassungen, Steingärten, eher seltene Farbe

'Mozart'
(Lambert, Deutschland, 1937)

Kategorie: Moschata-Hybride, Strauchrose
Farbe: karminrot mit weißem Herz
Blüten: große Büschel kleiner einfacher Blüten
Blührhythmus: öfter blühend
Duft: leicht
Höhe: 1,40–1,60 m
Blühzeit: Juni bis Oktober
Verwendung: starkwüchsige und öfter blühende Strauchrose, kann in Dreiergruppen gepflanzt werden (zum Beispiel um einen Weg zu markieren), im Frühjahr um 0,80–1 m zurückschneiden, benötigt nicht viel Pflege.

▼ 'Nevada'
(Dot, Spanien, 1927)

Kategorie: Moyesii-Hybride
Farbe: weiß
Blüten: große, einfache einzelne Blüten
Blührhythmus: leicht remontierend
Duft: leicht
Höhe: 2,20 m
Blühzeit: Mai/Juni, Nachblüte im Herbst
Standort: blühfreudige Strauchrose, die einen sonnigen Standort braucht, für naturnahe Bepflanzungen und Hecken geeignet

'New Dawn'

(Somerset Rose Company, USA, 1930)

Kategorie: Wichuraiana-Rambler, Kletterrose
Farbe: blass permuttrosa
Blüten: kleine Büschel großer gefüllter Blüten
Blührhythmus: nicht immer remontierend
Duft: zart
Höhe: 3–4 m
Blühzeit: Sommer
Standort: kann mit anderen Kletterpflanzen kombiniert werden (zum Beispiel mit der Clematis 'Perle d'Azur' zum Beranken einer steinernen Mauer), eine der weltweit meistkultivierten Rosen

'Nozomi'

(Onodera, Japan, 1968)

Kategorie: Miniatur-Kletterrose
Farbe: blass zartrosa
Blüten: große Büschel winziger flacher ungefüllter Blüten
Blührhythmus: öfter blühend
Duft: dezent
Höhe: 0,45–1,50 m
Blühzeit: Juni bis Oktober
Standort: vorzüglicher Bodendecker, passt perfekt in einen japanischen Garten, eignet sich auch für niedrige Mauern, Blumenkästen und andere Behälter.

'Nuits de Young'

(Laffay, Frankreich, 1845)

Kategorie: Moosrose
Farbe: dunkles Karmesinrot-Purpur mit goldenen Staubfäden
Blüten: kleine Büschel kleiner flacher gefüllter Blüten
Blührhythmus: einmal blühend
Duft: angenehm
Höhe: 1,20 m

Blühzeit: Juni
Standort: zählt zu den dunkelsten Rosen, für Töpfe und Hecken, mitunter öfter blühend

▲ 'Paul Ricard' ('MEInivoz')

(Meilland, Frankreich, 1994)

Kategorie: Teehybride
Farbe: bernsteingelb
Blüten: kleine Büschel großer gefüllter Blüten
Blührhythmus: öfter blühend
Duft: stark würzig
Höhe: 1 m
Blühzeit: Juni bis Oktober
Standort: als Beet oder Hecke, das dichte Blattwerk ist gegen Krankheiten resistent

'Paul's Himalayan Musk Rambler'

(Paul, Großbritannien, vermutlich spätes 19. Jahrhundert)

Kategorie: Rambler-Rose

Farbe: blassrosa
Blüten: große Büschel kleiner rosettenförmiger gefüllter Blüten
Blührhythmus: einmal blühend
Duft: nach Moschus
Höhe: 6 m
Blühzeit: Ende Juni
Standort: mit ihrem dunkelgrünen Blattwerk und dem grazilen Wuchs eignet sich diese Rose gut als Kletterer an einem Baum, verträgt Halbschatten, sehr winterhart

'Penelope'
(Pemberton, Großbritannien, 1924)

Kategorie: Moschata-Hybride, Moschus-Rose
Farbe: blasses Cremerosa
Blüten: dichte Büschel großer halb gefüllter Blüten
Blührhythmus: öfter blühend
Duft: angenehm parfümiert
Höhe: 1,50 m
Blühzeit: Juni bis Oktober
Standort: perfekt für eine herrliche Trennhecke, erste Triebe stützen, damit die Pflanze sich gut entwickelt, Rückschnitt im März, bevorzugt Halbschatten

'Phyllis Bide'
(Bide, Großbritanien, 1923)

Kategorie: kletternde Polyantha-Rose, Rambler
Farbe: rosa überhauchtes Gelb
Blüten: große Büschel kleiner unregelmäßig gefüllter Blüten
Blührhythmus: remontierend
Duft: zart
Höhe: 1,80 – 2 m
Blühzeit: Sommer
Standort: lässt sich auch als Strauch kultivieren, bevorzugt Halbschatten, Nordlage

▲ 'Pierre de Ronsard'
(Meilland, Frankreich, 1987)

Kategorie: moderne Kletterpflanze
Farbe: rosa, in der Mitte dunkler
Blüten: kleine Gruppen kugeliger gefüllter Blüten
Blührhythmus: ja
Duft: sehr flüchtig
Höhe: etwa 3 m
Blühzeit: Juni bis Oktober
Standort: Um sich entwickeln zu können, braucht diese Kletterrose viel Platz, man kann sie an einer Säule oder als Strauch wachsen lassen; die Blüten wirken zart wie Porzellan

'Pink Cloud'
(Boerner, USA, 1952)

Kategorie: Kletterrose, moderne Hybride
Farbe: rosa
Blüten: große Büschel gefüllter großer Blüten
Blührhythmus: öfter blühend
Duft: leicht nach Teerosen
Höhe: 2 – 3 m
Blühzeit: ab Juni
Standort: äußerst blühfreudig, ziert sehr bald einen Zaun oder eine Mauer

'Pink Grootendorst'
(Grootendorst, Niederlande, 1923)

Kategorie: Rugosa-Hybride
Farbe: hellrosa mit gekräuselten Kronblättern
Blüten: große Büschel kleiner rosettenförmiger gefüllter Blüten
Blührhythmus: remontierend
Duft: angenehm
Höhe: 1,30 m
Blühzeit: Juni und Oktober
Standort: die rosafarbenen, wie Nelken wirkenden Blüten lassen sich schön mit Gräsern wie dem rotblättrigen Riedgras kombinieren, Rückschnitt im Frühjahr

'Pink Robusta' ('KORpinrob')
(Kordes, Deutschland, 1986)

Kategorie: Strauchrose
Farbe: reinrosa
Blüten: halb gefüllte mittelgroße Blüten
Blührhythmus: einmal

blühend
Duft: angenehm
Höhe: 1,50–2 m
Blühzeit: Sommer
Standort: in Gruppen oder als Hecken, seltener einzeln stehend

'Raubritter'
(Kordes, Deutschland, 1936)

Kategorie: Strauchrose, Macrantha-Hybride
Farbe: rosa
Blüten: Büschel schalenförmiger halb gefüllter Blüten
Blührhythmus: einmal blühend
Duft: gering
Höhe: 1 m
Blühzeit: Sommer
Standort: Bodendecker, Böschungen, Halbschatten

'Reine des Violettes'
(Millet–Malet, Frankreich, 1860)

Kategorie: Remontant-Hybride
Farbe: purpurviolett
Blüten: kleine Gruppen großer geviertelter gefüllter Blüten
Blührhythmus: öfter blühend
Duft: sehr angenehm
Höhe: 1,50–2 m
Blühzeit: Juni bis Oktober
Standort: um die Blüte zu verlängern, möglichst in humusreichen Boden pflanzen

R. banksiae lutea
(China, um 1825)

Kategorie: kletternde Wildrose
Farbe: gelb
Blüten: Dolden mit kleinen gefüllten Blüten
Blührhythmus: einmal blühend
Duft: angenehm nach Veilchen duftend
Höhe: bis zu 6 m
Blühzeit: Mai
Verwendung: schöne Zierde von Mauern oder Zäunen, gedeiht am besten in warmen Regionen an der Südseite, ausgesprochen starkwüchsig

R. foetida
(Asien, 16. Jahrhundert oder früher)

Kategorie: Wildrose
Farbe: hellgelb
Blüten: becherförmige ungefüllte Blüten
Blührhythmus: einmal blühend
Duft: würzig
Höhe: 1,50 m
Blühzeit: Juni
Standort: lebhaft gefärbte Rose, die gut mit späten scharlachroten Tulpen kombiniert werden kann

R. laevigata
(China, 1759)

Kategorie: kletternde Wildrose
Farbe: weiß
Blüten: einzelne große flache ungefüllte Blüten
Blührhythmus: einmal blühend
Duft: ja
Höhe: bis 6 m
Blühzeit: Sommer
Standort: in Beeten oder Gruppen, in mildem Klima ist die Pflanze immergrün, sehr kälteempfindlich

'Rose à Parfum de L'Haÿ'
(Gravereaux, Frankreich, 1901)

Kategorie: Rugosa-Hybride
Farbe: dunkel purpurrot
Blüten: kleine Büschel großer kugeliger Blüten
Blührhythmus: remontierend
Duft: sehr angenehm
Höhe: 1,20 m
Blühzeit: Juni
Standort: für naturnahe Bepflanzung und Töpfe geeignet, Halbschatten

'Rose de Cornouaille'
(Harkness, Großbritannien, Neuheit 2003)

Kategorie: Englische Rose
Farbe: pastellrosa
Blüten: Büschel becherförmiger geviertelter Blüten
Blührhythmus: öfter blühend
Duft: intensiv
Höhe: 80–90 cm
Blühzeit: Juni bis Oktober
Standort: wegen des Blütenflors und der hübschen dunkelgrünen, glänzenden Blätter hinreißend als einzeln stehende Pflanze; als Schnittblume geeignet

'Rose de Tavel'
(Reuter, Frankreich, 2002)

Kategorie: Buschrose mit Blütenbüscheln
Farbe: tiefrosa
Blüten: Büschel becherförmiger Blüten
Blührhythmus: öfter blühend
Duft: leicht
Höhe: 70–80 cm
Blühzeit: Juni bis Oktober
Standort: Beete und Einfassungen

'Royal Brompton Rose' ('MEIvildo')
(Meilland, Frankreich, 1985)

Kategorie: Teehybride
Farbe: dunkelrosa
Blüten: große einzelne gefüllte Blüten
Blührhythmus: öfter blühend
Duft: süß, angenehm
Höhe: 0,80–1 m
Blühzeit: Sommer, Herbst
Standort: wegen der Wüchsigkeit als Hintergrund in Beeten

R. rugosa 'Alba'
(vor 1870)

Kategorie: Wildrose, als Gartenrose geeignet

Farbe: weiß, Knospen blassrosa
Blüten: große einfache Blüten
Blührhythmus: remontierend
Duft: angenehm
Höhe: 2 m
Blühzeit: Sommer
Standort: in Beeten oder als Hecken, für Halbschatten geeignet, ist leicht zu halten, da sie keine Wurzeltriebe bildet

R. rugosa 'Rubra'

Kategorie: Wildrose
Farbe: purpurrot
Blüten: einfache große Blüten
Blührhythmus: remontierend
Duft: angenehm
Höhe: 1,80 m
Blühzeit: Sommer
Standort: als blühende Hecken oder gruppenweise im Beet, lässt sich vor allem mit *R. rugosa alba* kombinieren

R. sericea f. pteracantha

Kategorie: Wildrose
Farbe: weiß
Blüten: Büschel einfacher flacher Blüten
Blührhythmus: einmal blühend
Duft: dezent
Höhe: 3 m
Blühzeit: Juni
Standort: geeignet als Hecke zur Abgrenzung oder als Spalier, außergewöhnliche Rose wegen ihrer schönen Stacheln

'Rush' ('LENmobri')
(Lens, Belgien, 1989)

Kategorie: Strauchrose
Farbe: rosa mit weißem Herz
Blüten: große Büschel mittelgroßer einfacher Blüten
Blührhythmus: öfter blühend
Duft: angenehm
Höhe: 1,50 m
Blühzeit: Ende Mai bis zu den Frösten
Standort: wegen der langen Blühzeit und des geringen Aufwands an Pflege für freie Hecken geeignet

'Salet'
(Lacharme, Frankreich, 1854)

Kategorie: Moosrose
Farbe: hellrosa
Blüten: kleine Büschel mittelgroßer flacher gefüllter Blüten
Blührhythmus: einmal blühend
Duft: wohlriechend nach Muskat
Höhe: 1,20 m
Blühzeit: Sommer
Standort: eignet sich vor allem für die Topfkultur und für kleine Gärten

'Scabrosa'
(Harkness, Großbritannien, 1950)

Kategorie: Rugosa-Hybride
Farbe: kirschrot
Blüten: kleine Büschel großer einfacher Blüten
Blührhythmus: remontierend
Duft: gering
Höhe: 1,80 m
Blühzeit: Ende Mai und im Herbst
Standort: endgültige Größe schon zwei Jahre nach dem Pflanzen, für Hecken geeignet, Halbschatten

'Schneeflocke' ('NOAschnee')
(Noack, Deutschland, 1991)

Kategorie: Floribunda-Rose, Bodendecker
Farbe: rein weiß
Blüten: Dolden halb gefüllter Blüten
Blührhythmus: öfter blühend
Duft: angenehm
Höhe: 50 cm
Blühzeit: Juni bis Oktober
Standort: wurde als „Rose des Jahres" ausgezeichnet, eignet sich für Beete und als Stammrose, sehr gesund.

'Schneewittchen' ('KORbin')
(Kordes, Deutschland, 1958)

Kategorie: Floribunda-Rose
Farbe: cremeweiß bis reinweiß
Blüten: große Büschel mittelgroßer becherförmiger gefüllter Blüten
Blührhythmus: öfter blühend
Duft: leicht
Höhe: 1,20–1,50 m
Blühzeit: Juni bis Oktober
Standort: als Solitär, zur Gruppenbepflanzung

'Snow Carpet' ('MACcarpe')
(McGredy, Neuseeland, 1980)

Kategorie: Zwergrose, Bodendecker
Farbe: weiß
Blüten: kleine Büschel mit kleinen kugelförmigen gefüllten Blüten
Blührhythmus: öfter blühend
Duft: dezent
Höhe: 90 cm
Blühzeit: Sommer
Standort: guter Bodendecker, zur Topfbepflanzung, für Halbschatten geeignet

'Sonia Meilland'
(Meilland, Frankreich, 1974)

Kategorie: Teehybride
Farbe: lachsrosa
Blüten: kleine Gruppen großer gefüllter Blüten
Blührhythmus: öfter blühend
Duft: zart
Höhe: 1,50 m
Blühzeit: Sommer
Standort: beliebte Gewächshausrose

'Sourire d´Orchidée'
(Croix, Frankreich, 1985)

Kategorie: Strauchrose
Farbe: blassrosa, fast weiß
Blüten: Büschel großer einfacher Blüten
Blührhythmus: öfter blühend
Duft: angenehm
Höhe: 2 m
Blühzeit: Sommer
Standort: schöne romantische Rose, kann auch als Kletterrose kultiviert werden oder in größeren lockeren Gruppen, die nicht höher als 1,60–1,80 m werden sollen

'The Fairy'
(Bentall, Großbritannien, 1932)

Kategorie: Polyantha-Rose, Bodendecker
Farbe: hellrosa
Blüten: große Büschel kleiner rosettenförmiger gefüllter Blüten
Blührhythmus: öfter blühend
Duft: leicht
Höhe: 60–90 cm
Blühzeit: im Sommer und bis zu den ersten Frösten
Standort: für Terrassen, Blumenkästen und Töpfe, Gräber, für Halbschatten geeignet

'Zéphirine Drouhin'
(Bizot, Frankreich, 1868)

Kategorie: kletternde Bourbon-Rose
Farbe: dunkelrosa
Blüten: Büschel locker becherförmiger gefüllter Blüten
Blührhythmus: öfter blühend
Duft: angenehm
Höhe: 3 m
Blühzeit: Sommer und Herbst
Standort: als Kletterrose am Spalier, vorzugsweise im Halbschatten, damit die Blüten nicht ausblassen

Anhang

Alphabetisches Verzeichnis der Rosen und ihrer Farben

Abraham Darby	aprikotrosa
Albéric Barbier	elfenbein
Albertine	kupfer-rosa
Ashram	kupfer-orange
Ballerina	rosa
Belle de Crécy	rosa, grau, mauve
Bernard Pivot	gelb
Blanc double de Coubert	weiß
Bleu de Coubert	malvenfarbig
Bobbie James	weiß
Bonica 82	rosa
Canterbury	cremegelb
Cécile Brunner	rosa
Centenaire de Lourdes	rosa
Cerise Bouquet	kirschrot
Charles de Gaulle	fliederfarben
Charles de Mills	purpurrot
Clair Matin	rosa
Cocktail	rot
Complicata	rosa
Comte de Chambord	rosa
Cornelia	rosa
Côté Jardins	rosa
Crépuscule	aprikot
Crimson Glory	karmesinrot
Cuisse de Nymphe Émue	weißrosa
Deuil de Paul Fontaine	dunkelrot
Domaine de Courson	blassrosa
Dorothy Perkins	hellrosa
Emera	fuchsienrot
Escapade	rosaviolett
Euphrosyne	rosa
Fantin Latour	hellrosa
Felicia	rosa
Félicité et Perpétue	cremeweiß
François Juranville	lachsrosa
Geranium	kirschrot
Ghislaine de Féligonde	orangegelb
Gloire de Dijon	goldrosé
Golden Showers	gelb
Golden Wings	blassgelb
Graham Thomas	gelb
Grand Siècle	cremerosa
Guirlande Fleurie	rot
Hansa	rotviolett
Heidetraum	fuchsienrot
Heritage	hellrosa
Kiftsgate	cremefarben
Kimono	lachsrosa
La France	seidigrosa
La Sevillana	zinnoberrot

Lavender Dream	rosaviolett
Leonardo da Vinci	rot
Leverkusen	zitronengelb
Magic Meidiland	dunkelrosa
Marguerite Hilling	rosa
Marie Curie	kupfergelb
Mermaid	hellgelb
Michelangelo	orange-creme gestreift
Mme A. Meilland	gelb, rosa überhaucht
Mme Caroline Testout	rosa
Mme Hardy	weiß
Mme Isaac Pereire	rosa
Mme Plantier	weiß
Monte Cristo	himbeerfarben
Moustique	cremeweiß
Mozart	karminrot
Nevada	weiß
New Dawn	blass perlmutt-rosa
Nozomi	rosa
Nuits de Young	purpurrot
Paul Ricard	bernsteingelb
Paul's Himalayan Musk Rambler	blassrosa
Penelope	cremerosa
Phyllis Bide	gelb
Pierre de Ronsard	rosa
Pink Cloud	rosa
Pink Grootendorst	hellrosa
Pink Robusta	rosa
Raubritter	rosa
Reine des Violettes	purpurviolett
R. banksiae 'Lutea'	gelb
R. foetida	gelb
R. laevigata	weiß
R. rugosa 'Alba'	weiß
R. rugosa 'Rubra'	purpurrot
R. sericea f. pteracantha	weiß
Rose à Parfum de L'Haÿ	purpurrot
Rose de Cornouaille	pastellrosa
Rose de Tavel	tiefrosa
Royal Brompton rose	dunkelrosa
Rush	rosa
Salet	hellrosa
Scabrosa	kirschrot
Schneeflocke	weiß
Schneewittchen	weiß
Snow Carpet	weiß
Sonia Meilland	lachsrosa
Sourire d'Orchidée	blassrosa
The Fairy	hellrosa
Zéphirine Drouhin	dunkelrosa

Rosen nach Farben geordnet

Weiße Rosen

Albéric Barbier
Blanc double de Coubert
Bobbie James
Félicité Perpétue
Kiftsgate
Mme Hardy
Moustique
Nevada
R. laevigata
R. rugosa 'Alba'
R. sericea f. pteracantha
Schneeflocke
Schneewittchen
Snow Carpet

Orangefarbene Rosen

Ashram
Marie Curie
Michelangelo

Purpurfarbene Rosen

Charles de Mills
Nuits de Young

Gelbe Rosen

Bernard Pivot
Canterbury
Ghislaine de Féligonde
Golden Showers
Golden Wings
Graham Thomas
Leverkusen
Mermaid
Mme A. Meilland
Paul Ricard
Phyllis Bide
R. foetida

Rote Rosen

Cerise Bouquet
Charles de Gaulle
Cocktail
Crimson Glory
Deuil de Paul Fontaine
Geranium
Guirlande Fleurie
Hansa
Heidetraum
La Sevillana
Leonardo da Vinci
Mozart
Rose à Parfum de L'Haÿ
R. rugosa 'Rubra'
Scabrosa

Rosa Rosen

Abraham Darby
Albertine
Ballerina
Belle de Crécy
Bonica 82
Cécile Brunner
Centenaire de Lourdes
Clair Matin
Complicata
Comte de Chambord
Cornelia
Côté Jardins
Crépuscule
Cuisse de Nymphe Émue
Domaine de Courson
Dorothy Perkins
Escapade
Euphrosyne
Fantin Latour
Felicia
François Juranville
Gloire de Dijon
Grand Siècle
Heritage
Kimono
La France
Lavender Dream
Magic Meidiland
Marguerite Hilling
Mme Caroline Testout
Mme Isaac Pereire
Monte Cristo
New Dawn
Nozomi
Paul's Himalayan Musk Rambler
Penelope
Pierre de Ronsard
Pink Cloud
Pink Grootendorst
Raubritter
Reine des Violettes
Rose de Cornouaille
Rose de Tavel
Royal Brompton Rose
Rush
Salet
Sonia Meilland
Sourire d'Orchidée
The Fairy
Zéphirine Drouhin

Malvenfarbene Rosen

Bleu de Coubert

Glossar

Achsel
Winkel zwischen Spross und einem Blatt(stiel) oder zweitem Spross, über dem eine Knospe (Auge) sitzt.

Anhäufeln
Einen kleinen Erdwall um den Wurzelhals einer Pflanze aufschütten, beispielsweise zum Schutz gegen Frost.

Auge
Sprossknospe einer Pflanze.

Bewurzelungspräparat
Mittel, meist in Pulverform, das die Bewurzelung anregt.

Blütenstand
Art der Anordnung von Blüten bei einer Pflanze.

Chlorose
oder Bleichsucht. Tritt bei Mangel an Chlorophyll (Blattgrün) auf, hervorgerufen durch Eisenmangel, Lichtmangel oder genetische Defekte und führt zur Entfärbung der Pflanzen. Diese werden fahlgelb oder weißlich.

Dolde
Von einem Punkt des Blütenstandes gehen mehrere Achsen aus, die eine Blüte tragen.

Epidermis
Oberhaut einer Pflanze.

Fungizid
Mittel zur Behandlung von Pilzerkrankungen.

Gattung
Bestimmte Rangstufe in der Systematik von Pflanzen, die weniger gemeinsame Merkmale haben als die Familie.

◀ Die wunderbare 'City Girl' blüht den ganzen Sommer über.

Hagebutten
Früchte der Rosen.

Handelsname
Name einer Rose, der in verschiedenen Ländern unterschiedlich sein kann.

Haustorien
Saugorgane, meistens umgewandelte Wurzelteile, mit denen parasitische Pflanzen in die Wirtspflanze eindringen.

Hybride
Mischlingspflanze, die durch Kreuzung verschiedenartiger Eltern entstanden ist.

Insektizid
Mittel zur Vernichtung von Insekten.

Kreuzung
Befruchtung von Pflanzen verschiedener Arten, Varietäten oder Individuen.

Mutation
Plötzliche Veränderung der genetischen Merkmale eines Individuums, sei es bei den Nachkommen oder einem Teil des Pflanzensystems.

Okulieren
oder Pfropfen. Vermehrungsmethode, bei der das so genannte Auge einer Pflanze auf eine andere Pflanze (Unterlage) übertragen wird. Als Ergebnis entsteht eine neue Pflanze mit den Eigenschaften beider Eltern.

Paläobotanik
Lehre, die sich mit ausgestorbenen Pflanzen beschäftigt.

Pfropfreis
oder Edelreis. Knospen tragender Pflanzenteil, der zum Pfropfen (Okulieren) verwendet wird.

Rambler
Englische Bezeichnung für Kletterrosen mit biegsamem Trieben.

Remontierend
Rosen, die nach einer ersten Blüte im Frühsommer eine Nachblüte hervorbringen.

Schössling oder Wurzeltrieb
Spross (oder Adventivspross), der direkt aus einer Wurzel wächst und der Vermehrung der Pflanze dient.

Sortenbezeichnung
Die Sortenbezeichnung, die es seit etwa 50 Jahren gibt, ist ein international geschützter Name, der in der ganzen Welt gültig ist. Die Sorte muss zuvor vom Sortenamt geprüft werden. Die Anfangsbuchstaben kennzeichnen jeweils den Züchter und müssen groß geschrieben werden, beispielsweise (MEIrevolt). Nicht alle Rosenschulen geben diese Namen gerne der Öffentlichkeit preis. Manche Sortenbezeichnungen fehlen daher.

Sortenrein
Durch vegetative Vermehrung entstandene Pflanzen, die ihrer Mutterpflanze beispielsweise in Aussehen und Krankheitsanfälligkeit gleichen.

Stacheln
Spitze Auswüchse aus der Oberhaut von Pflanzen. Dagegen sind Dornen umgewandelte Organe. Rosen haben keine Dornen, sondern Stacheln. Es gibt aber auch stachelarme Rosen.

Steckling
Von einer Pflanze abgetrenntes Stück, das eingepflanzt wird, um sich zu bewurzeln. Es entsteht ein Setzling.

Varietät
Bezeichnung für eine Pflanze, die sich von den Individuen ihrer Art durch ihren Wuchs, die Form oder Färbung ihrer Blätter oder die Zahl der Merkmale unterscheidet.

Wasserreis
Häufig senkrecht wachsender Zweig, der sich auf Kosten benachbarter Sprosse entwickelt.

Adressen

Auswahl von Rosenschulen

RosenWelt Tantau
Tornescher Weg 13
25436 Uetersen
Tel.: (0 41 22) 70 84
Fax: (0 41 22) 70 87
E-Mail: tantau@rosen-tantau.com
www.rosen-tantau.com

W. Kordes' Söhne
Rosenschulen GmbH & Co KG
Rosenstraße 54
25365 Klein Offenseth-Sparrieshoop
Tel.: (0 41 21) 4 87 00
Fax: (0 41 21) 8 47 45
E-Mail: info@kordes-rosen.com
www.kordes-rosen.com

Rosenunion e.G.
Steinfurther Hauptstraße 27
61231 Bad Nauheim (Steinfurth)
Tel.: (0 60 32) 96 53 01
Fax: (0 60 32) 8 62 20
E-Mail: info@rosenunion.de
www.rosen-union.de

Verbände, Vereine

Verein deutscher Rosenfreunde (VDR)
Geschäftsstelle:
Hanni Bartetzko
Waldseestraße 14
76530 Baden-Baden
Tel.: (0 72 21) 3 13 02
Fax: (0 72 21) 3 83 37
E-Mail: info@rosenfreunde.de

◀ 'Paul Noël' ist eine interessante Sorte: Als Hochstammrose blüht sie verschwenderisch.

Adressen von Rosarien, deren Besuch lohnt

Deutsches Rosarium Dortmund
An der Buschmühle 3
44139 Dortmund
Tel.: (0231) 5026116

Europa Rosarium Sangerhausen
Steinberger Weg 3
06526 Sangerhausen
Tel.: (03464) 572522
Fax: (03464) 578739

Rosarium Park Rosenhöhe
Bessunger Straße 125
64295 Darmstadt

Rosengarten im GRUGA-Park
Lührmann Straße 82
45131 Essen

Rosengarten im Schlosspark
Ockershäuser Allee 15
35037 Marburg

Die berühmtesten Rosenzüchter

David Austin (Großbritannien) hat eine neue Klasse von Rosen gezüchtet: die Englischen Rosen.
Barbier (Frankreich): Aus der Baumschule Barbier & Cie in Orléans sind zwischen 1900 und 1933 berühmte Hybriden wie 'Albéric Barbier' und 'Albertine' hervorgegangen.
Georges Delbard (Frankreich): Seit den fünfiziger Jahren haben Delbard und Chabert einige berühmte Sorten geschaffen, zum Beispiel 'Centenaire de Lourdes', 'Vol de Nuit' oder 'Delbard Orange'.
Jean-Baptiste Guillot (Frankreich) schuf 1867 die berühmte Rose 'La France', wahrscheinlich die erste Teehybride. Auch heutzutage entwickelt und produziert die Baumschule Guillot neue Sorten.
Harkness (England): Diese berühmte Rosenschule, die bereits seit 1879 existiert, wird von Jack Harkness geleitet. Er hat mehr als 100 Rosensorten gezüchtet, darunter 'Escapade' und 'Amber Queen'. Wilhelm Kordes (Deutschland) hat die weltbekannte Firma Kordes gegründet, von der unter anderem *Rosa x Kordesii* und berühmte Sorten wie 'Crimson Glory' und 'Schneewittchen' stammen.
Louis Lens (Belgien): Dieser berühmte belgische Züchter kultiviert immer noch die Sorte 'Pascali'.
Meilland (Frankreich) ist ein berühmter Name in der Rosenwelt. Antoine Meilland ist der Firmengründer, seinem Sohn Francis verdanken wir die weltberühmten Rosen 'Mme A. Meilland' und 'Baccarat'. Seine Frau Marie-Louise und der Sohn Alain entwickelten unter anderem die Sorten 'Clair Matin', 'Papa Meilland' und 'Sonia'. Inzwischen hat sich die Firma Meilland auf Miniaturrosen und mediterrane Rosen spezialisiert. Die Firma Meilland-Richardier wird von Francis Meillands Kindern geleitet.
Onodera Susumu (Japan) züchtet die sehr interessante Bodendeckerrose 'Nozomi'.
Joseph Pernet-Ducher (Frankreich) war ein sehr kreativer Züchter neuer Sorten. Er brachte 1887 die schöne 'Mme Caroline Testout' heraus.
Poulsen (Dänemark) ist eine ganze Dynastie von Rosenzüchtern. Derzeit sind sie auf Bodendeckerrosen und Rosen für Patios spezialisiert.
Vibert (Frankreich), Chennevière-sur-Marne, war einer der produktivsten Züchter neuer Sorten im 19. Jahrhundert. Zu seinen schönsten Kreationen zählen 'Duchesse d'Angoulême' und 'Aimée Vibert'.

Stichwortverzeichnis

Ebenfalls in dieser Reihe erschienen:

Die japanische Bonsai-Kultur erfreut sich auch bei uns immer größerer Beliebtheit. Von der Auswahl des ersten Bäumchens bis zur Züchtung spezieller Arten werden alle Fragen des Bonsai-Liebhabers geklärt: Wie man einen Bonsai pflegt, wann der beste Zeitpunkt für den Schnitt ist, wie man ihn vermehrt und vor Krankheiten schützt.

Alain Barbier · Erika Laïs

Bonsai

Richtig auswählen, schneiden und pflegen
120 Seiten im robusten Flexcover, Format: 15,8 × 24,4 cm
ISBN-10: 3-8112-2606-1 · ISBN-13: 978-3-8112-2606-7

Sie sind anspruchslos und bestechen durch ihre skurrile Schönheit: Kakteen und Sukkulenten gibt es in den verschiedensten Formen und Arten. Praktische Anleitungen über Auswahl, Pflege und Erhaltung und viele nützliche Tipps machen den Band unentbehrlich für Hobbygärtner.

Yves-Marie Allain · Jean-François Doré

Kakteen und Sukkulenten

Richtig auswählen, vermehren und pflegen
120 Seiten im robusten Flexcover, Format: 15,8 × 24,4 cm
ISBN 3-8112-2608-8 · ISBN-13: 978-3-8112-2608-1

Orchideen bezaubern durch ihre Farbenpracht und filigrane Schönheit. Welche Art für den Einstieg empfehlenswert ist, wo sich die Pflanzen am wohlsten fühlen und wie man die exotischen Kostbarkeiten pflegt, vor Krankheiten schützt und geschickt vermehrt, zeigt dieser praktische Ratgeber.

Françoise und Philippe Lecoufle

Orchideen

Richtig auswählen, vermehren und pflegen
144 Seiten im robusten Flexcover, Format: 15,8 × 24,4 cm
ISBN-10: 3-8112-2607-X · ISBN-13: 978-3-8112-2607-4

D1932103

DR. OETKER

KOCHEN

FÜR JUNGE LEUTE

DR. OETKER

KOCHEN FÜR JUNGE LEUTE

Unipart Verlag · Stuttgart

VOR
„WORT

Gut essen will jeder. Aber wer hat schon Lust, für ein gemütliches Mahl mit Freunden den ganzen Tag dampfend in der Küche zu stehen?
Ein nettes „Sößchen“ zu rühren ist ja noch ganz spaßig, aber spätestens beim Zwiebelschneiden und Abwaschen hört die Liebe auf. Viel leichter geht alles, wenn die Arbeit nach individuellen Talenten verteilt wird und gemeinsam etwas Neues ausprobiert wird. Und das ist heute zwischen jungen Leuten angesagt.
Wobei jung sein nicht auf die geringe Anzahl der Lebensjahre bezogen sein muß. Jung sein bedeutet vor allem, nicht in Gewöhnung zu verknöchern, sondern sich Neuem und Schönem mit all seinen Sinnen offen zu halten.
Damit viel öfter ganz spontan ein unvergeßliches Essen zu Zweit entsteht oder eine Einladung nicht zum Streß wird, haben wir dieses Kochbuch zusammengestellt.
Wir widmen es allen unkonventionellen Menschen, die gerne gut essen, dafür nicht unbedingt immer ausgehen möchten, und vor allem ihre Zeit lieber kürzer am Herd und dafür länger am Tisch verbringen wollen.
Die Rezepte in den folgende Kapiteln sind leicht und sicher nachzumachen. Die Abbildungen zeigen, was Sie erwartet, und die Beschreibungen sind auch für Ungeübte gut verständlich. Und die Hauptsache: Alles schmeckt umwerfend frisch und gut. Wir wünschen Ihnen viel Spaß beim Durchblättern und für Ihre erste Entscheidung guten Appetit!

INHALT

INHALT

FERNÖSTLICHER ABEND

PARTY

COCKTAILS

SPÄTES FRÜHSTÜCK FÜR MORGENMUFFEL

Drei Rezepte, die selbst bei hartnäckigen Fällen von Morgenmuffelei Wirkung zeigen: Pikante Spargelschnitten, Kräuterfrischkäse im Kressebett und bunter Früchtesalat. Die Wirkung kann noch verstärkt werden, indem man dieses Frühstück im Bett serviert!

SPÄTES FRÜHSTÜCK

FÜR MORGEN MUFFEL

Wer schon vor Tau und Tag hochmunter aus den Federn springt und mit einem Liedchen auf den Lippen ins Bad trabt, kann sie nicht verstehen – die Qualen, die ein Morgenmuffel durchmacht. Weckerrasseln erzeugt bei ihm Daseinskrisen, denen weder durch gutes Zureden noch durch kaltes Duschen beizukommen ist.

Einzig das magische Wort „Frühstück“ vermag den Hauch eines angedeuteten Lächelns auf seine verschlafenen Züge zu zaubern. Wobei unter Frühstück eine möglichst üppig bestückte Tafel zu verstehen ist.

Das folgende Kapitel enthält einige todsichere Anti-Morgenmuffel-Rezepte. Sie wirken sowohl beim melancholischen als auch beim mißmutigen Morgenmuffel und sogar der schlimmste Typ – der streitlustige Morgenmuffel – soll sich unter dem Einfluß von „Pikanten Spargelschnitten“ schon in einen charmanten Plauderer verwandelt haben.

BUNTER FRUCHTSALAT

3 Kiwi, 2 Birnen, 300 g Erdbeeren, 300 g blaue Weintrauben, 4 Eßl. Zitronensaft, 2 Eßl. Orangenlikör, 3 Eßl. Zucker, 1 Honigmelone.
Für die Sauce: 1 Becher (150 g) Crème fraîche, 4 Eßl. Eierlikör, 1 Teel. Vanillin-Zucker.

Kiwi schälen, längs halbieren, in Scheiben schneiden. Birnen schälen, vierteln, das Kerngehäuse herausschneiden, das Fruchtfleisch in Scheiben schneiden. Erdbeeren waschen, gut abtropfen lassen, entstielen, evtl. halbieren oder vierteln. Weintrauben waschen, gut abtropfen lassen, von den Stielen zupfen, halbieren, die Kerne mit einem spitzen Messer entfernen. Die Früchte vorsichtig mit Zitronensaft, Orangenlikör und Zucker vermengen, etwa 30 Minuten durchziehen lassen. Honigmelone halbieren, die Kerne mit einem Löffel herauskratzen. Den Fruchtsalat in die Honigmelonenhälften füllen.
Für die Sauce: Crème fraîche mit Eierlikör und Vanillin-Zucker verrühren, die Sauce über den Fruchtsalat geben oder getrennt dazu reichen.

PIKANTE SPARGELSCHNITTEN

4 Scheiben Toastbrot, Butter, 4 Blätter Endiviensalat, 4 Scheiben Roastbeefaufschnitt, etwa 375 g gekochte Spargelspitzen, 4 Eßl. Salatmayonnaise, 2–3 Eßl. Schlagsahne, 4 Cocktailtomaten, Petersiliensträußchen.

Toastbrot toasten, mit Butter bestreichen, mit Endiviensalatblättern und Roastbeef belegen. Gekochte Spargelspitzen auf dem Roastbeef anrichten. Salatmayonnaise mit Schlagsahne verrühren, über den Spargel verteilen, die Schnitten mit Cocktailtomaten und Petersilie garnieren.

MATJESFILET BORNHOLM

1 säuerlicher Apfel, 100 ml Weißwein, 4 Matjesfilets, 4 Eßl. Preiselbeeren (aus dem Glas), 1 Becher (150 g) Crème fraîche, Dillzweige.

Apfel schälen, mit einem Apfelausstecher das Kerngehäuse ausstechen, den Apfel in vier Scheiben schneiden. Weißwein erhitzen, die Apfelscheiben darin fast weichdünsten (sie dürfen nicht zerfallen), in dem Weißwein erkalten lassen.

Auf ein Sieb geben, abtropfen lassen, auf eine Platte legen. Matjesfilets aufrollen, jeweils hochkant auf einer Apfelscheibe anrichten. Jeweils 1 Eßlöffel Preiselbeeren in jedes Matjesröllchen geben. Crème fraîche mit etwas von dem Weißwein verrühren, kurz vor dem Servieren über die Matjesfilets verteilen. Die Matjesfilets mit Dillzweigen garnieren.
Dazu Graubrot und Butter reichen.

KRÄUTER FRISCHKÄSE IM KRESSEBETT

75 g Butter, 200 g Doppelrahmfrischkäse, 1 Eßl. Crème fraîche, etwas abgeriebene Zitronenschale (unbehandelt), 1 kleine Knoblauchzehe, 1 Teel. Thymianblättchen, 1 Eßl. gehackte Petersilie, 1 Eßl. Schnittlauchröllchen, 1 Eßl. gehackte Borretschblätter, 1 Eßl. gehackte Zitronenmelisseblättchen, Salz, weißer Pfeffer aus der Mühle, 1-2 Kästchen Kresse, 1 Radieschen

Butter zerlassen, abkühlen lassen, mit Frischkäse, Crème fraîche und Zitronenschale geschmeidig rühren. Knoblauchzehe abziehen, durchpressen, mit den Kräutern unter die Käsecreme rühren, mit Salz und Pfeffer würzen, Käse in eine kleine Schüssel geben, 4–5 Stunden kalt stellen. Kresse abschneiden, abspülen, trockentupfen, einen Teller damit auslegen. Den Käse mit einem Eßlöffel in Nocken abstechen, auf das Kressebett geben, mit Radieschenscheiben garnieren.

CHILI CON CARNE

75 g durchwachsener Speck, 2–3 Zwiebeln, 1 Knoblauchzehe, 1 kleine grüne Paprikaschote, 500 g Rindergehacktes, etwa 250 g Tomaten (aus der Dose), etwa 600 g Kidneybeans (aus der Dose), 3 Eßl. Chilisauce, 2 Teel. Chilipulver, Salz, Zucker.

Speck in Würfel schneiden. Zwiebeln und Knoblauchzehe abziehen, fein würfeln, in dem Speckfett glasig dünsten lassen. Die Paprikaschote halbieren, entstielen, die weißen Scheidewände entfernen, in kleine Würfel schneiden, mit dem Gehackten zu den Zwiebeln geben, unter ständigem Rühren 7 Minuten braten lassen.

Die Tomaten auf ein Sieb geben, abtropfen lassen, kleinschneiden, mit der Flüssigkeit, den abgetropften Bohnen und der Chilisauce zu dem Gehackten geben, mit Chilipulver, Salz und Zucker würzen, zum Kochen bringen, in etwa 15 Minuten gar kochen lassen. Das gare Chili eventuell nochmals mit den Gewürzen abschmecken. Dazu Roggenstangenbrot oder kräftiges Bauernbrot reichen.

SUPPEN

Wann immer ein großer Suppenkessel auf dem Herd brodelt, darf man sich auf eine echte Stärkung freuen.
Denn seltsamerweise weckt gerade diese Art der flüssigen Ernährung beim Esser neue Kräfte. Berühmtestes Beispiel für die magische Wirkung der Suppe aber ist der Suppenkessel von Asterix und Obelix. Denn was darin brodelt, wird zwar gerne als Zauber-Trank bezeichnet, nach eingehender Recherche aber sind wir sicher: Es war eine Zauber-Suppe! Guten Appetit.

KARTOFFEL SAMTSUPPE MIT AVOCADOS

500 g mehlig-festkochende Kartoffeln, 1 l Fleischbrühe, Pfeffer aus der Mühle, Kreuzkümmel, 3–4 Stengel glatte Petersilie, ½ Teel. abgeriebene Zitronenschale (unbehandelt), 200 g saure Sahne, 1 große, reife Avocado.

Kartoffeln waschen, schälen, in Würfel schneiden und mit der Brühe, Pfeffer und etwas Kreuzkümmel zum Kochen bringen.
Nach etwa 30 Minuten, wenn die Kartoffeln samtweich sind, die Suppe in einen Mixer geben. Petersilie abspülen, Blättchen abzupfen, mit der abgeriebenen Zitronenschale in den Mixer geben, alles sehr fein pürieren. Die Suppe wieder erhitzen (nicht kochen), saure Sahne vorsichtig unterziehen. Avocado halbieren, entkernen, schälen und in Spalten schneiden. Avocado etwa 3 Minuten in der heißen Suppe ziehen lassen. Suppe auf 4 Tassen oder Suppenteller verteilen und mit Pfeffer bestreuen.

KNOBLAUCH SUPPE

4 Knoblauchzehen, 6 Eßl. Olivenöl, ½ altbackenes Stangenweißbrot, 1 Teel. Paprika edelsüß, 750 ml (¾ l) Fleischbrühe, Salz, Pfeffer aus der Mühle, 1 Bund Schnittlauch.

Knoblauchzehen abziehen. Das Olivenöl in einem Topf erhitzen und die Knoblauchzehen darin goldgelb dünsten. Das Stangenweißbrot in hauchdünne Scheiben schneiden, in das Knoblauchfett geben und goldgelb rösten. Mit dem Paprikapulver bestreuen und mit der Fleischbrühe auffüllen. Bei mittlerer Hitze 6–8 Minuten köcheln lassen. Mit Salz und Pfeffer kräftig würzen und mit frisch geschnittenem Schnittlauch bestreut servieren. Vor dem Servieren den Knoblauch aus der Suppe nehmen.

SCHNELLE LAUCHSUPPE

1 Zwiebel, 4 Eßl. Olivenöl, 2 Stangen Lauch, 250 g Kartoffeln, 500 ml (½ l) Fleischbrühe, Salz, Pfeffer aus der Mühle, gerebelter Thymian, geriebene Muskatnuß, 1 Becher (150 g) Crème fraîche, 2 Eigelb.

Zwiebeln abziehen, fein würfeln. Das Olivenöl in einem Topf erhitzen und die Zwiebeln darin andünsten. Den Lauch putzen, waschen, in dünne Streifen schneiden, zu den Zwiebeln geben und kurz mitdünsten. Die Kartoffeln schälen, grob würfeln, zum Gemüse geben und mitdünsten. Mit der Fleischbrühe auffüllen und zum Kochen bringen. Mit Salz, Pfeffer, Thymian und Muskat würzen und bei mäßiger Hitze 20–25 Minuten köcheln lassen. Die Lauchsuppe mit dem Pürierstab oder im Mixer pürieren und noch einmal in einem Topf erhitzen. Crème fraîche und Eigelb verrühren, die Suppe damit abziehen (nicht mehr kochen lassen). Die Suppe nochmals mit den Gewürzen kräftig abschmecken.

MAISTOPF MIT PAPRIKA

2 Dosen Thunfisch im eigenen Saft (je 185 g), 2 Dosen Zuckermais (Einwaage je 340 g), 500 ml (½ l) Gemüsebrühe, 3 Eßl. Zitronensaft, 125 ml (⅛ l) trockener Weißwein, 1 Knoblauchzehe, 1 Zwiebel, 2 rote Paprikaschoten, 30 g Butter, 1 Teel. Paprika edelsüß, 1–2 Eßl. Pfeffer.

Thunfisch und Zuckermais mit Brühe, Wein und Zitronensaft erwärmen. Knoblauchzehe und Zwiebel abziehen, sehr fein würfeln. Paprika halbieren, entstielen, entkernen, Scheidewände entfernen, Schoten waschen und auf einem entsprechenden Hobel in feine Streifen schneiden. Zwiebel, Knoblauch und Paprika in Butter zart andünsten, nach etwa 3 Minuten, wenn das Gemüse noch knackig ist, Paprikapulver zugeben und alles unter die Suppe ziehen. Suppe mit grünem Pfeffer würzen, heiß servieren.

ZWIEBELSUPPE

FAVOREL
Favorel ist ein flacher, zartbrauner Käselaib mit 45% Fett in der Trockenmasse. Der Käse ist gleichmäßig erbsgroß gelocht. Er reift 14 Wochen, dann hat er einen lieblich-würzigen Geschmack.

500 g Zwiebeln, 40 g Butter, 1 Eßl. Weizenmehl, 1 l Fleischbrühe, Pfeffer aus der Mühle, Weißwein, 8 Scheiben Weißbrot, 150 g Käse, z.b. Favorel, ½ Bund Petersilie.

Zwiebeln abziehen, halbieren, in feine Streifen schneiden. Butter zerlassen, die Zwiebeln darin glasig dünsten. Mit Mehl bestäuben und anrösten. Fleischbrühe hinzugießen, mit einem Schneebesen durchschlagen, die Suppe 10 Minuten köcheln lassen. Mit Pfeffer und Weißwein abschmecken. Weißbrot toasten, in Suppentassen bröckeln. Käse raspeln, in die Tassen geben. Mit der kochendheißen Suppe auffüllen. Petersilie abspülen, trockentupfen. Die Blättchen von den Stengeln zupfen, fein hacken, auf die Suppe streuen.

ENDIVIENCREME

Endiviensalat putzen, in breite Streifen schneiden, waschen und trockenschleudern. In einem großen Topf Butter zerlassen, Salat darin andünsten, Brühe angießen, Reis zugeben. Die Suppe aufkochen, dann etwa 30 Minuten bei kleiner Hitze ziehen lassen. Suppe sehr fein pürieren und wieder erhitzen. Sahne unterziehen und mit Zitronensaft und -melisse abschmekken. Heiß oder kalt servieren.

▶ TIP: Statt Endivien kann man auch jede andere Sorte Blattsalat verwenden. Wer keinen Mixer oder Schnellmixstab hat, passiert die Suppe durch ein Sieb.

500 g Endiviensalat, 20 g Butter, 1 l Fleisch- oder Gemüsebrühe, 150 g gekochter Reis, 100 ml Schlagsahne, 1 Eßl. Zitronensaft, 2 Eßl. gehackte Zitronenmelisse.

TOMATEN SUPPE

Den Speck in feine Würfel schneiden. Die Zwiebel abziehen, fein hacken. Knoblauchzehe abziehen, durch die Presse drücken. Butter zerlassen, Speck-, Zwiebelwürfel und Knoblauch darin glasig dünsten. Den Tomatensaft zufügen, die Tomaten mit einer Gabel zerdrücken, ebenfalls zufügen. Brühe und Tomatenmark zugeben, mit Lorbeerblatt, Pfeffer, Thymian, Oregano würzen und 30 Minuten bei geringer Hitze köcheln lassen. Die Suppe vom Herd nehmen. Das Lorbeerblatt aus der Suppe entfernen. Sahne und geriebenen Käse unterrühren.

▶ TIP: Die Suppe mit gerösteten Brotwürfeln servieren.

50 g durchwachsener Speck, 1 mittelgroße Zwiebel, 1 Knoblauchzehe, 30 g Butter, 1 große Dose geschälte Tomaten, 250 ml ($\frac{1}{4}$ l) Fleischbrühe, 3–4 Eßl. Tomatenmark, 1 Lorbeerblatt, Pfeffer aus der Mühle, gerebelter Thymian, gerebelter Oregano, 1 Becher (150 g) saure Sahne, 100 g Holland-Gouda (alt).

CHAMPIGNON CREME

250 g weiße Champignons, 1 Teel. Zitronensaft, 30 g Butter, 750 ml ($\frac{3}{4}$ l) Hühnerbrühe, Salz, Fenchelsamen, 125 ml ($\frac{1}{8}$ l) Schlagsahne, 1–2 Eßl. Anisschnaps (z. B. Pernod oder Ouzo), 1 Eßl. feingeschnittener Schnittlauch.

Champignons putzen, mit Küchenpapier abreiben. 4 Köpfe zum Garnieren beiseite legen, die restlichen Champignons in dünne Scheiben schneiden, mit Zitronensaft beträufeln. Butter erhitzen, die Champignons darin kurz anbraten. Hühnerbrühe hinzugießen. Salz und Fenchelsamen hinzufügen, die Champignons bei schwacher Hitze in etwa 20 Minuten garen. Die Sahne steif schlagen. Die Champignons mit dem Schnellmixstab pürieren, die Sahne (bis auf 4 Teelöffel) mit dem Anisschnaps darunterrühren. Die Creme in heiße Suppentassen gießen. Die zurückbehaltenen Champignonköpfe in feine Scheiben schneiden, mit dem Schnittlauch und der restlichen Sahne auf der Suppe verteilen.

375 g Schweineschnitzel, 375 g Zwiebeln, 250 g Äpfel, 3–4 Eßl. Speiseöl, 1 Eßl. Weizenmehl, Salz, Zucker, Paprika edelsüß, 2 Teel. Currypulver, 750 ml (¾ l) Fleischbrühe, 25 g Rosinen, 1 Becher (150 g) Crème fraîche, abgezogene, gehobelte, gebräunte Mandeln.

CURRY-RAHM SUPPE

Schweineschnitzel unter fließendem kaltem Wasser abspülen, trockentupfen, in Streifen schneiden. Zwiebeln abziehen, halbieren, in Scheiben schneiden. Äpfel schälen, vierteln, entkernen, in Stücke schneiden. Öl erhitzen, das Fleisch von allen Seiten gut darin anbraten, mit Mehl bestäuben. Zwiebelscheiben und Apfelstücke hinzufügen, mit Salz, Zukker, Paprika, Currypulver würzen. Fleischbrühe hinzugießen, 15–20 Minuten kochen lassen. Rosinen verlesen, in die Suppe geben, weitere 5 Minuten kochen. Crème fraîche unter die Suppe rühren. Die Suppe eventuell nochmals mit den Gewürzen abschmecken, mit den Mandeln bestreuen.

CHINESISCHE KÜRBISSUPPE

2 Schalotten, 2 Knoblauchzehen, 2 Eßl. Sojaöl, 700 g vorbereitetes, fein gewürfeltes Kürbisfleisch, 2 Eßl. Reiswein, 2 Eßl. Sojasauce, 1 Teel. Chinagewürz, 1 Teel. frischer, geriebener Ingwer, Zucker, 1 Eßl. Langkornreis (parboiled), 500 ml (½ l) Hühnerbrühe, Cayennepfeffer, Glutamat, 1 Bund Schnittlauch.

Schalotten abziehen, würfeln. Knoblauch abziehen, in dünne Scheiben schneiden. Öl erhitzen, Schalotten und Knoblauch darin glasig dünsten lassen, Kürbisfleisch hinzufügen, kurz anbraten. Mit Reiswein, Sojasauce, Chinagewürz, Ingwer und Zucker würzen. Reis und Hühnerbrühe dazugeben, den Topf abdecken. Bei milder Hitze 25 Minuten garen lassen. Die Suppe mit dem Schnellmixstab pürieren, durch ein Sieb streichen. Mit Cayennepfeffer und Glutamat vorsichtig abschmecken. Schnittlauch abspülen, trockentupfen, fein schneiden, die Suppe damit bestreuen.

400 g frisches Brot mit Kruste, 250 g Weintrauben, 2 Knoblauchzehen, 12 abgezogene Mandeln, 5 Eßl. Olivenöl, 4 Eßl. Sherry Fino, 2 Eßl. Sherry-Essig, 2 Eier, Salz, 500–750 ml (½–¾ l) Wasser.

WEISSER GAZPACHO MIT TRAUBEN

Brot ohne Kruste in Wasser einweichen. Trauben waschen, halbieren, entkernen. Knoblauchzehen abziehen. Mandeln, Knoblauchzehen, Öl, Sherry, Essig, Eier und Salz im Mixer oder einer Küchenmaschine verrühren. Das feuchte Brot in Stücken hinzufügen und rühren, bis eine geschmeidige Masse entstanden ist. Die Masse nach und nach mit so viel Wasser verdünnen, bis die Suppe die gewünschte Konsistenz hat. Die Trauben hinzufügen und die Suppe 3–4 Stunden in den Kühlschrank stellen. Fest abgedeckt hält sich der Gazpacho 2–3 Tage.

APRIKOSEN-SUPPE MIT QUARKKLÖSSEN

200 g getrocknete Aprikosen, 400 ml trockener Weißwein, 500 ml (½ l) Aprikosennektar, 2 Päckchen Vanillin-Zucker, 2–3 Eßl. Apricot-Brandy.
Für die Quarkklöße:
25 g Butter, 2 Eigelb, 250 g Magerquark, Salz, 75 g Semmelmehl, 30 g Sonnenblumenkerne, 1 Eiweiß.

Aprikosen, Weißwein und Aprikosennektar in einen Topf geben und abgedeckt 10 Minuten kochen. Mit dem Schnellmixstab pürieren, mit Vanillin-Zukker und Aprikot-Brandy abschmecken. Für die Klöße Butter mit einem Handrührgerät mit Rührbesen schaumig rühren, Eigelb nach und nach unterrühren, Quark, Salz und Semmelmehl hinzufügen. Sonnenblumenkerne hakken und ohne Fett in einer Pfanne leicht anrösten. Eiweiß steif schlagen und mit den Sonnenblumenkernen unter die Masse heben. Mit einem Eßlöffel kleine Klöße abstechen. Die Klöße in Salzwasser 10 Minuten gar ziehen lassen (Wasser muß sich leicht bewegen). Quarkklöße in der heißen Suppe servieren. Die Suppe evtl. mit Sonnenblumenkernen bestreuen.

MANGOLD CREME

2 Stauden Mangold (etwa 800 g), 750 ml (¾ l) Fleischbrühe, Pfeffer aus der Mühle, geriebene Muskatnuß, 1 Zwiebel, 30 g Butter, 30 g Weizenmehl, 250 ml Schlagsahne, 50 g Roquefort-Käse.

Strunk vom Mangold abschneiden, die einzelnen Blätter waschen und von den Blattrippen lösen. Rippen in 2 cm breite Stücke schneiden, mit der Hälfte der Blätter in die Brühe geben, mit Pfeffer, Muskat würzen. Zwiebel abziehen, in die Brühe geben, Rippen in etwa 35 Minuten weich kochen lassen. Zwiebel entfernen. Suppe mit dem Schnellmixstab oder im Mixer fein pürieren. Butter mit Mehl gut verkneten, zu kleinen Kugeln formen, in die kochende Suppe rühren und unter ständigem Rühren etwa 5 Minuten kochen, bis sie sich ganz aufgelöst haben. Die Sahne unterziehen, zerkleinerten Roquefort hinzufügen. Restliche Mangoldblätter in feine Streifen schneiden, in der Suppe etwa 5 Minuten ziehen lassen, die Suppe servieren.

KICHER ERBSENSUPPE „SCHORBA"

1 kleine Dose Kichererbsen (Einwaage 250 g), 2 Eßl. Speiseöl, 4 Schalotten, 1 Knoblauchzehe, 4 Tomaten, 1 Teel. Harissa oder scharfer Paprika, 1 Teel. Koriandersamen, 1 Zweig Thymian, 1 Zweig Rosmarin, 750 ml (¾ l) Fleischbrühe, Salz, Pfeffer aus der Mühle, 50 g Suppennudeln, gehackte Petersilie.

Kichererbsen auf ein Sieb geben, abtropfen lassen. Öl erhitzen, die Kichererbsen darin kurz anbraten. Schalotten und Knoblauch abziehen, fein würfeln. Tomaten in kochendes Wasser legen (nicht kochen lassen), in kaltem Wasser abschrecken, enthäuten, halbieren, die Stengelansätze herausschneiden, die Tomaten in Würfel schneiden. Schalotten, Knoblauch und Tomatenwürfel zu den Kichererbsen geben. Wenn die Schalotten glasig sind, Harissa und Koriander hinzufügen. Die Kräuter abspülen, trockentupfen, zu den Kichererbsen geben, die Brühe hinzugießen. Mit Salz und Pfeffer abschmecken. Bei mäßiger Hitze 25 Minuten kochen lassen. Nudeln in die kochende Suppe geben, nach Packungsaufschrift garen. Die Kräuterzweige aus der Suppe nehmen. Die Suppe nochmals mit den Gewürzen abschmecken, mit Petersilie bestreuen, heiß servieren.

ALTER GOUDA
Alter Gouda ist ein Schnittkäse mit 40% Fett in der Trockenmasse. Er ist mindestens 8 Monate gereift. Nach längerer Reifezeit (bis zu 36 Monaten) ist er leicht bis stark bröckelig. Er schmeckt kräftig und ist ideal zum Überbacken und Würzen.

BROCCOLICREME

Broccoli bei Zimmertemperatur auftauen lassen oder 4 Minuten in sehr wenig Salzwasser erwärmen. Die Röschen abtrennen, beiseite stellen. Stiele in feine Scheiben schneiden. Kartoffeln und Möhren schälen, waschen, Zwiebel abziehen. Kartoffeln und Zwiebel halbieren. Die 3 Zutaten auf dem Gemüsehobel in feine Scheiben hobeln. Butter zerlassen, die Zwiebeln darin andünsten. Currypulver darüberstäuben, kurz mitdünsten. Mit der Brühe ablöschen. Kartoffeln und Möhren hinzufügen. Abgedeckt 10 Minuten köcheln lassen. Broccolistiele hinzugeben, weitere 10 Minuten köcheln lassen. Zwei Schaumlöffel voll Gemüse beiseite stellen. Das restliche Gemüse mit dem Schnellmixstab fein pürieren. Zusammen mit dem unpürierten Gemüse wieder erhitzen. Milch und Crème fraîche in die Suppe hineinrühren, geriebenen Gouda unterziehen. Mit Salz und Pfeffer abschmecken. Broccoliröschen zugeben und kurz gar ziehen lassen.

1 Packung (300 g) tiefgekühlter Broccoli, 2 mittelgroße Kartoffeln, 2 junge Möhren, 1 Zwiebel, 1 Eßl. Butter, 1 Teel. Currypulver, 750 ml (¾ l) Hühnerbrühe, 75 ml Milch, 2 Eßl. Crème fraîche, 150 g alter, geriebener Holland-Gouda, Salz, Pfeffer aus der Mühle.

2 kleine Zwiebeln, 80 g durchwachsener Speck, 2 Eßl. Speiseöl, 1 Eßl. Weizenmehl, 1 kg Tomaten, 500 ml (½ l) Fleischbrühe, Salz, Pfeffer aus der Mühle, 100 g Champignons (aus der Dose), 100 g Erbsen (aus der Dose), 2 Eigelb, 125 ml (⅛ l) Schlagsahne, 4 Eßl. Sherry Fino, feingehackte Petersilie.

ANDALUSISCHE TOMATENCREME

Zwiebeln abziehen, fein würfeln. Speck in feine Würfel schneiden. Öl erhitzen, Zwiebeln und Speck darin andünsten. Mit Mehl bestäuben, kurz erhitzen. Tomaten kurze Zeit in kochendes Wasser legen (nicht kochen lassen), in kaltem Wasser abschrecken, enthäuten, die Stengelansätze herausschneiden, die Tomaten in Würfel schneiden, zu der Zwiebel-Speck-Masse geben, kurz mitdünsten lassen. Brühe hinzugießen, mit Salz und Pfeffer würzen, 10 Minuten kochen lassen. Die Suppe durch ein Sieb streichen. Die Suppe wieder erhitzen. Champignons und Erbsen abtropfen lassen, in die Suppe geben, kurz miterhitzen. Eigelb und Sahne verschlagen, die Suppe damit abziehen (nicht mehr kochen lassen). Die Suppe mit Sherry abschmecken, mit Petersilie bestreuen.

KARTOFFEL RAHM-SUPPE MIT SHIITAKE

Kartoffeln schälen, waschen, in etwa 1 cm dicke Scheiben schneiden. Hühnerbrühe zum Kochen bringen, die Kartoffeln darin in etwa 10 Minuten weichkochen. Die Shiitake-Pilze putzen, mit Küchenpapier abreiben und in Scheiben schneiden. Petersilie abspülen, trockentupfen und die Blättchen abzupfen. Die Kartoffeln mit den Rührbesen des Handrührgerätes durschschlagen. 15 g Butter zerlassen, die Shiitake-Scheiben darin 5–10 Minuten andünsten. Mit Salz, Pfeffer und Zucker würzen. Die Kartoffelsuppe nochmals erhitzen, die Sahne hinzufügen (nicht mehr kochen lassen). Die Suppe mit dem Schnellmixstab aufschlagen, die restliche Butter in kleinen, eiskalten Stückchen hinzufügen. Shiitake-Pilze in die Suppe geben, die Suppe evtl. nochmals mit Salz, Pfeffer und Zucker abschmecken. Mit den Petersilienblättchen garniert servieren.

140 g mehlig-kochende Kartoffeln, 300 ml Hühnerbrühe, 100 g Shiitake-Pilze, 2 Stengel Petersilie, 65 g Butter, Salz, Pfeffer aus der Mühle, Zucker, 125 ml ($\frac{1}{8}$ l) Schlagsahne.

ANDALUSISCHE MANDELSUPPE

100 g abgezogene, gemahlene Mandeln, 10 g Butter, 750 ml (¾ l) kräftige Hühnerbrühe oder Geflügelfond (aus dem Glas), 2 Eßl. abgezogene, gehobelte Mandeln, 4 Eigelb, 300 ml Schlagsahne, Salz, weißer Pfeffer aus der Mühle, 4 Eßl. Sherry Fino, Petersilie.

Mandeln bei schwacher Hitze ohne Fett unter Rühren in einem Topf erhitzen. Butter darin schmelzen lassen. Hühnerbrühe hinzugießen und etwa 10 Minuten bei schwacher Hitze kochen lassen. Gehobelte Mandeln in einer trockenen Pfanne etwas anrösten. Eigelb und 200 ml Schlagsahne verschlagen, die Suppe damit abziehen (nicht mehr kochen lassen). Die Suppe mit Salz, Pfeffer, Sherry abschmecken. Restliche Sahne halbsteif schlagen. Suppe in Teller füllen, 1 Eßlöffel Sahne in jeden Teller geben. Petersilie abspülen, trockentupfen, die Suppe damit garnieren.

▶ TIP: Dazu paßt ein Sherry Fino.

REISSUPPE MIT FISCH

1 Kochbeutel (125 g) Langkornreis, 300 bis 400 g Schollenfilets, Salz, 1 Eßl. Zitronensaft, Schale von 1 Zitrone (unbehandelt), 1 Tomate, 1 Zucchini, 40 g Butter, 1 l Gemüsebrühe, Basilikum.

Reis nach Packungsaufschrift garen, auf ein Sieb geben, abtropfen lassen. Fischfilets unter fließendem kaltem Wasser abspülen, trockentupfen. Salzen, mit Zitronensaft beträufeln, etwa 30 Minuten stehenlassen. Zitronenschale dünn abschälen, in feine Streifen schneiden. Tomate kurze Zeit in kochendes Wasser legen (nicht kochen lassen), in kaltem Wasser abschrekken, enthäuten, die Stengelansätze herausschneiden, die Tomate in Würfel schneiden. Zucchini putzen, waschen, in dünne Stifte schneiden. Butter erhitzen, den Fisch darin andünsten, Brühe hinzugießen, die Zucchini hinzufügen und bei schwacher Hitze etwa 10 Minuten garen. Tomatenwürfel, Zitronenschale und Reis unterrühren, die Suppe evtl. mit Salz abschmecken. Basilikum abspülen, trockentupfen, die Blättchen von den Stengeln zupfen, in Streifen schneiden, die Suppe damit garnieren.

ARTISCHOCKENSUPPE

1 Dose Artischockenböden (Einwaage etwa 200 g), 1 Teel. Zitronensaft, 500 ml (½ l) Hühnerbrühe, 4 Schalotten, 40 g Butter, 2 gestr. Eßl. Weizenmehl, 125 ml (⅛ l) Schlagsahne, Salz, Pfeffer aus der Mühle, 2 Scheiben Toastbrot, 1 Teel. gehackte Petersilie.

Artischockenböden auf ein Sieb geben, gut abtropfen lassen, mit Zitronensaft beträufeln, 2 Eßl. Hühnerbrühe hinzufügen, mit dem Schnellmixstab fein pürieren. Schalotten abziehen, fein würfeln. 25 g Butter zerlassen, die Schalotten darin glasig dünsten, mit Mehl bestäuben, kurz miterhitzen, die restliche Hühnerbrühe hinzugießen, die Suppe zum Kochen bringen. Artischockenböden und Sahne hinzugeben und 5 Minuten leise köcheln lassen. Die Suppe mit Salz und Pfeffer abschmecken, in vorgewärmte Suppentassen geben. Toastbrot in kleine Würfel schneiden, in einer Pfanne ohne Fett anrösten, die restliche Butter hinzufügen, kurz durchschwenken, auf die Suppe geben. Petersilie ebenfalls über die Suppe streuen.

(4–6 Portionen)
2 Fleischtomaten,
3 kleine feste Zucchini,
½ Staudensellerie,
3 Zwiebeln, 250 g grüne Bohnen, 250 g ausgepalte weiße Bohnen,
1 ½ l Gemüsebrühe,
1 Kochbeutel (125 g) Langkornreis.
Für den Pesto: 4 große Knoblauchzehen,
3 Bund Basilikum,
Salz, Pfeffer, 4 Eßl. geriebener alter Holland-Gouda,
125 ml (⅛ l) Olivenöl.

GEMÜSESUPPE MIT PESTO

Tomaten kurze Zeit in kochendes Wasser legen (nicht kochen lassen), in kaltem Wasser abschrecken, enthäuten, halbieren, die Stengelansätze herausschneiden, Tomaten vierteln. Zucchini und Staudensellerie waschen, in Scheiben schneiden. Zwiebeln abziehen, vierteln. Grüne Bohnen evtl. abfädeln, waschen, in Stücke brechen. Brühe zum Kochen bringen, das gesamte Gemüse bis auf die Tomaten hineingeben, bei mittlerer Hitze 30 Minuten köcheln lassen. Die Bohnen probieren, evtl. noch etwas länger garen. Tomaten vierteln, 5 Minuten vor Garzeitende zugeben. Den Reis nach Packungsvorschrift garen. Für den Pesto die Knoblauchzehen abziehen. Basilikum abspülen, trockentupfen, die Blätter von den Stengeln zupfen. Zusammen mit dem Knoblauch, Salz und Pfeffer in einen Mixer geben, zu einer Paste verrühren. Gouda darunterarbeiten, das Öl nach und nach hinzufügen. Kurz vor dem Servieren den abgetropften Reis in die Suppe geben. Beim Essen je nach Geschmack 1 oder 2 Teelöffel Pesto in die Suppe rühren. Dazu Baguette servieren.

GEMÜSESUPPE MIT „BISS"

250 g Tofu, 2 Eßl. Zitronensaft, 1 Stück Schale von 1 Zitrone (unbehandelt), 125 ml (1/8 l) japanische Sojasauce, 500 ml (1/2 l) Gemüsebrühe, 1 Eßl. trockener Sherry, 400 g gemischtes, zerkleinertes Gemüse wie Möhren, Kohlrabi und Broccoli (geputzt gewogen), 2 Eßl. Öl, 50 g Spinat, 1 Bund Schnittlauch.

Tofu würfeln, mit Zitronensaft, der feingehackten Schale der Zitrone und 3 Eßlöffeln Sojasauce mischen und zugedeckt 2 Stunden marinieren. Die restliche Sojasauce mit der Gemüsebrühe und dem Sherry aufkochen. Das Gemüse darin bißfest garen. Öl erhitzen, den Tofu unter Wenden darin braten und auf Suppenteller verteilen. Den Bratenfond und den verlesenen, gewaschenen Spinat in die Suppe geben, in die Teller füllen. Schnittlauch abspülen, trockentupfen, fein schneiden. Die Suppe mit den Schnittlauchröllchen bestreuen.

BUSIN
LUNCH

Wer jemals von einem üppigen Mittagessen in tiefen, friedlichen Büroschlaf versetzt worden ist, weiß die Vorzüge des sogenannten Business-Lunch zu schätzen.
Leicht und vital heißt hier die Devise und vor allem schnell. Denn wer außer den Franzosen hat schon Zeit und Muße, mittags zwei bis drei Stunden zu tafeln?
Das verschiebt man lieber auf den Abend und begnügt sich zur Mittagszeit mit ein paar lukullischen Kleinigkeiten.

ESS

So leicht, so gut: Bei einem Pariser Salat und einem Bunten Fleischteller gedeihen Geschäftsbesprechungen gleich noch mal so gut. Und auch die Florentiner Spinatsuppe sorgt dafür, daß man sich grün ist.

FLORENTINER SPINATSUPPE

2 Eßl. Butter, 1 Ei, 75 g Spinat, 1 Zwiebel, 15 g Weizenmehl, 500 ml (½ l) Fleischbrühe, Salz, Pfeffer aus der Mühle, geriebene Muskatnuß, 2 Eßl. Crème fraîche.

1 Eßlöffel Butter in einer Pfanne zerlassen. Das Ei vorsichtig aufschlagen, von beiden Seiten braten, abkühlen lassen, in Streifen schneiden, beiseite stellen. Spinat sorgfältig verlesen und waschen, in wenig kochendes Wasser geben. Kurz aufkochen, abtropfen lassen, fein hacken. Zwiebel abziehen, fein würfeln. Die restliche Butter zerlassen, die Zwiebelwürfel darin glasig dünsten. Mehl darüberstäuben, Fleischbrühe hinzugießen, mit einem Schneebesen durchschlagen. Darauf achten, daß keine Klumpen entstehen. Unter Rühren zum Kochen bringen, etwa 10 Minuten kochen lassen, den Spinat hinzufügen, miterhitzen, mit Salz, Pfeffer, Muskatnuß würzen, die Eistreifen und Crème fraîche vorsichtig unterrühren.

PARISER SALAT

375 g blaue und grüne Weintrauben, 175 g gedünstete Champignons, 250 g gebratenes Hähnchenbrustfilet, 200 g Schnittkäse, z. B. Gouda.
Für die Mayonnaise:
1 Eigelb, 1–2 Teel. Senf, Salz, Pfeffer aus der Mühle, Zucker, 1–2 Eßl. Essig, 125 ml (⅛ l) Salatöl, 3 Eßl. Joghurt.
Zum Garnieren: nach Belieben Weintrauben, gedünstete Champignons, Liebstöckel.

Weintrauben waschen, halbieren, entkernen. Champignons in Scheiben schneiden. Hähnchenfleisch in Streifen schneiden. Käse zuerst in Scheiben, dann in kleine Quadrate schneiden. Eigelb mit Senf, Salz, Pfeffer, Zucker, Essig zu einer dicklichen Masse schlagen, nach und nach das Öl unterschlagen, Joghurt unterrühren. Die Mayonnaise mit den Salatzutaten vermengen. Den Salat nach Belieben mit Weintrauben, Champignons, Liebstöckel garnieren.

BUNTER FLEISCHTELLER

375 g grüne Bohnen, 250 ml (¼ l) kochendes Salzwasser, 375 g Tomaten.
Für die Salatsauce:
1 Zwiebel, 1 Knoblauchzehe, 2 Eßl. Olivenöl, 2 Eßl. Zitronensaft, Salz, Pfeffer, Zukker, 8 große Scheiben (etwa 300 g) Rindersaftschinken.

Bohnen evtl. abfädeln, waschen, abtropfen lassen, in Stücke schneiden. In kochendes Salzwasser geben, zum Kochen bringen, 10–15 Minuten kochen und abtropfen lassen. Tomaten waschen, abtrocknen, halbieren, entkernen, die Stengelansätze entfernen, Tomaten in Würfel schneiden. Für die Salatsauce die Zwiebel abziehen, fein würfeln, Knoblauchzehe abziehen, zerdrücken, beide Zutaten mit Olivenöl und Zitronensaft verrühren, mit Salz, Pfeffer, Zucker abschmekken, mit den Bohnen vermengen, gut durchziehen lassen. Tomatenwürfel unterheben, Salat mit Salz, Pfeffer, Zucker abschmekken, auf einem großen Teller anrichten. Den Schinken aufrollen, auf dem Salat anrichten. Dazu Roggenbrötchen und Butter reichen.

FEIGEN SORBET

200 g Zucker, 250 ml (¼ l) Weißwein, 1 Vanilleschote, 4 frische Feigen, 2 Eiweiß.

100 g Zucker mit Weißwein verrühren, die Vanilleschote hineingeben, einen Sirup daraus kochen. Die Vanilleschote herausnehmen, das Mark herauskratzen, das Mark in den Sirup geben, abkühlen lassen. Die Feigen halbieren, das Fruchtfleisch herauslösen, mit dem Sirup pürieren, das Mus in einen Behälter geben. In das Gefrierfach stellen. Sobald sich Eiskristalle bilden (nach etwa 30 Minuten), Eiweiß mit dem restlichen Zucker steif schlagen, unter das Halbgefrorene ziehen, wieder in das Gefrierfach stellen. Die Masse alle 30 Minuten mit einem Schneebesen durchschlagen, bis sich festes Eis gebildet hat. Mit einem Eisportionierer Kugeln abstechen, in Schälchen servieren.

SALATE

Es gibt Salate, die sind einfach nur kalt und naß: Traurig schwimmt da das eine oder andere Salatblatt in einer lieblosen Einheitsmarinade, begleitet höchstens von einer schlaffen Gurke und einem Büschel Petersilie.
Und dann gibt es da noch die anderen Salate: Knackige, farbenfrohe Vitaminbomben aus dem Besten, was der Garten hergibt. Genau von dieser Art Salate – und anderen ideenreichen Überraschungen – handelt das folgende Kapitel.

Krabben in die Mitte eines großen Tellers häufen. Eier pellen, längs halbieren. Das Eiweiß grob hacken, als Kranz um die Krabben streuen, das Eigelb durch ein Sieb streichen, als weiteren Kranz um das Eiweiß geben, Kresse putzen, waschen, abtropfen lassen, um das Eigelb streuen. Rote Bete abtropfen lassen, als Kranz um die Kresse legen.

Für die Dillsahne Crème fraîche mit Dill verrühren, mit Salz, Pfeffer, Zucker abschmecken. Die Dillsahne getrennt zu der Salatplatte reichen. Dazu Vollkornbrot oder Toast und Butter reichen.

200 g Krabbenfleisch (frisch oder aus der Dose), 3–4 hartgekochte Eier, 1 Kästchen Kresse, 300 g eingelegte Rote Bete.
Für die Dillsahne:
1– 1 ½ Becher (150–225 g) Crème fraîche, 2-3 Eßl. gehackter Dill, Salz, Pfeffer aus der Mühle, Zucker.

SALAT PLATTE FISCHER ART

1 Knoblauchzehe,
1 Schalotte, 3 Eßl. Weinessig, 1 Teel. Senf,
5 Eßl. Walnußöl, Salz,
Pfeffer aus der Mühle,
1 Radicchio, 100 g Löwenzahn, 1 Chicorée,
1 kleiner Friséesalat (nur das Herzstück verwenden), 100 g Frühstücksspeck (Bacon).

Knoblauchzehe und Schalotte abziehen und fein würfeln, mit Essig und Senf verrühren. Öl unterschlagen, so daß eine cremige Sauce entsteht, mit Salz und Pfeffer abschmecken. Den Salat verlesen, waschen, trockenschleudern und in mundgerechte Stücke zupfen. Speck in sehr feine Streifen schneiden und bei schwacher Hitze knusprig braten. Salat und Sauce gut vermengen. Den heißen Speck mit dem Fett darübergeben.

BUNTER BLATTSALAT

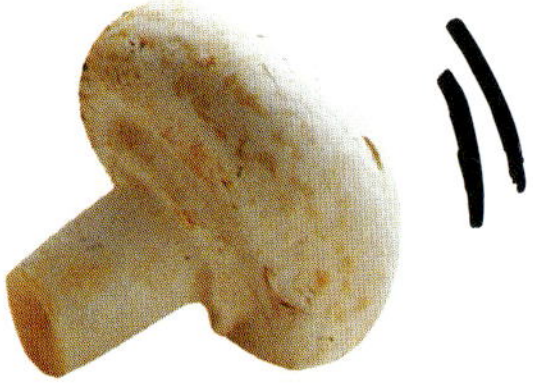

CHICORÉESALAT

2 Äpfel (Starking oder Starkrimson), 1 Eßl. Zitronensaft, 2 Chicoréestauden, 125 g Champignons, 40 g Walnußkerne.
Für die Sauce:
½ Teel. Dijon-Senf,
½ Teel. Zucker, Salz,
2 Eßl. Weinessig,
2 Teel. Walnußöl,
6–8 Eßl. Schlagsahne,
Pfeffer aus der Mühle.

Äpfel schälen, vierteln, entkernen und würfeln. Rasch mit Zitronensaft beträufeln. Chicorée putzen, längs halbieren, waschen und gründlich abtropfen lassen. Den harten Innenkern keilförmig herausschneiden und die Stauden quer in Streifen schneiden. Die Champignons putzen, nicht waschen, dann in dünne Scheiben schneiden. Die Walnußkerne grob hacken. Alles miteinander vermischen und auf Teller verteilen.
Senf, Zucker und Salz mit dem Essig verrühren, nach und nach das Öl und die Sahne unterrühren. Die Sauce über den Salat träufeln und mit Pfeffer übermahlen (grüner Pfeffer ist zarter im Geschmack).

KOHL SALAT

500 g Weißkohl, Salz, Pfeffer aus der Mühle, ¼ Teel. Zucker, 2 Eßl. Apfelessig, 4 Eßl. Sonnenblumenöl, 1 Becher (150 g) saure Sahne, 2 Eßl. geriebener Meerrettich, 2 Äpfel, 2 Eßl. Kürbiskerne.

LAUWARMER RATATOUILLE SALAT

2 Zwiebeln, 2 Knoblauchzehen, 2 Eßl. Olivenöl, 4 Tomaten (ca. 300 g), je 1 grüne und rote Paprikaschote (ca. 300 g), 1 Aubergine (ca. 300 g), 1–2 Zucchini (300 g), Salz, Pfeffer aus der Mühle, Zucker, 2 mittelgroße Bananen, 1 Eßl. gehackte Kräuter (Petersilie, Basilikum, Thymian).

Zwiebeln und die Knoblauchzehen abziehen, fein hacken. Das Öl im Topf erhitzen, Zwiebeln und Knoblauchzehen darin andünsten. Tomaten kurze Zeit in kochendes Wasser legen (nicht kochen lassen), in kaltem Wasser abschrecken, enthäuten, entkernen und grob würfeln. Das Fleisch der Tomaten zu den Zwiebeln geben. Die Paprikaschoten halbieren, entstielen, entkernen, die weißen Scheidewände entfernen, die Schoten waschen, in grobe Würfel schneiden. Die Aubergine und die Zucchini waschen, putzen, evtl. längs halbieren, in Scheiben schneiden, mit den Paprikawürfeln zu den Tomaten geben, würzen und unter mehrmaligen Rühren 10 Minuten dünsten. Die Bananen schälen, in Scheiben schneiden und vorsichtig unter die Ratatouille mischen. Alles mit Salz, Pfeffer und Zucker abschmecken. Den Salat lauwarm mit den feingehackten Kräutern servieren.

▶ TIP: Schmeckt auch kalt gut.

Kohl putzen, die äußeren Blätter und den Strunk entfernen. Den Kohl waschen, so fein wie möglich hobeln. In kochendem Salzwasser 1 Minute blanchieren, abgießen und gut abtropfen lassen. Pfeffer, Zucker und Essig verrühren, Öl, Sahne und Meerrettich darunterziehen. Äpfel waschen, Kerngehäuse entfernen, Äpfel würfeln, sofort in die Sauce geben, damit sie sich nicht verfärben. Alles mit dem Weißkohl vermengen und auf Weißkohlblättern anrichten. Kürbiskerne ohne Fett in der Pfanne rösten und über den Salat streuen.

ROHKOST SALAT

1 Kopf Eisbergsalat, 250 g Möhren, 1 Kohlrabi, 1 Salatgurke. Für die Sauce: 150 g Holland-Gouda, alt, 200 g Doppelrahmfrischkäse, 2 Becher (300 g) Joghurt, je 1 Bund Schnittlauch und Petersilie, 2 Knoblauchzehen (nach Belieben), Salz, weißer Pfeffer aus der Mühle, 1 Kästchen Kresse.

Zuerst das Gemüse vorbereiten: Den Eisbergsalat putzen und in mundgerechte Stücke zerpflücken. Waschen und abtropfen lassen. Möhren und Kohlrabi schälen, waschen und auf dem Gemüsehobel grob raspeln. Die Gurke waschen und auf dem Hobel in dünne Scheiben schneiden.

Für die Sauce den Käse fein reiben. Zusammen mit Frischkäse und Joghurt cremig rühren. Schnittlauch und Petersilie abspülen, trockentupfen, fein hacken. Unter die Sauce rühren. Den Knoblauch abziehen und durch die Presse in die Sauce drücken. Gründlich verrühren. Mit wenig Salz und Pfeffer abschmecken. Das Gemüse auf einer Platte anrichten oder auf Portionstellern verteilen. Kresse aus dem Kästchen nehmen und mit einer Küchenschere abschneiden, waschen und trockentupfen. Den Rohkostsalat mit der Kresse dekorieren und die Sauce getrennt dazu reichen. Frisch aufgebackenes Stangenweißbrot schmeckt am besten dazu.

▶ TIP: Geriebener alter Gouda ist eine ideale Zugabe zu Salatsaucen. Er würzt kräftig und rundet den Geschmack ab. Salz ist kaum noch nötig. Deshalb: Zuerst den Käse unterrühren, dann abschmecken.

WIRSINGSALAT

1 kleiner junger Wirsing, 3 Eßl. milder Essig, 3 Eßl. Speiseöl, 1 säuerlicher Apfel, 100 g gemischter Käse, z. B. Meerlander, Gouda, 2 Eßl. geriebene, geröstete Haselnußkerne, Salz, Pfeffer aus der Mühle.

Den Kohl putzen, von den welken Blättern befreien, vierteln, den Strunk herausschneiden und in feine Streifen schneiden. Reichlich Wasser mit 1 Eßlöffel Essig zum Kochen bringen, den Kohl darin 3 Minuten blanchieren, kalt abschrecken und gut abtropfen lassen. Den Essig mit Öl, Salz und Pfeffer in einer Schüssel gut verrühren. Den Apfel schälen, raspeln, den Käse in feine Streifen schneiden, die Nüsse mit dem Kohl dazugeben. Alles gut vermischen und kurz ziehen lassen. Schwarzbrot dazu reichen.

MEERLANDER
Meerlander ist ein Schnittkäse vom Maasdamer-Typ mit 45% Fett in der Trockenmasse. Typisch sind die kirschgroßen Löcher in diesem Käse. Er reift 5 Wochen. Sein Geschmack ist mild, leicht nußartig. Er eignet sich gut als Zutat für Salate.

KÄSE-ANANAS SALAT

250 g Käse, z. B. Meerlander, 300 g Ananasscheiben, 100 g Mandelstifte, 1 Eßl. Butter.
Für die Sauce: 1 Becher (150 g) Crème fraîche, 4 Eßl. Zitronensaft, Salz, weißer Pfeffer aus der Mühle, Cayennepfeffer.
Einige schöne Kopfsalatblätter.

Meerlander und Ananas in feine Stifte schneiden. Die Mandelstifte in einer Pfanne in der heißen Butter goldbraun rösten. Auf ein Küchenpapier geben und die Butter abtropfen lassen.
Für die Sauce Crème fraîche mit Zitronensaft, Salz, Pfeffer und wenig Cayennepfeffer abschmekken. Meerlander und Ananas mit der Sauce vermischen. Kopfsalatblätter waschen und abtropfen lassen. Die Salatblätter auf eine große Platte geben. Den Salat darauf anrichten. Mit den gerösteten Mandeln bestreut servieren.

FENCHELSALAT

2 Fenchelknollen (400 g), 2 Scheiben Ananas, 2 Orangen, 1 Eßl. Rosinen, 2 Eßl. Mayonnaise (aus dem Glas), 1 Eßl. Haferflokken, 1 Eßl. gehacktes Fenchelgrün, Salz, Pfeffer aus der Mühle, Paprika edelsüß.

Die Fenchelknollen putzen, von den welken äußeren Blättern befreien und in feine Streifen schneiden und waschen. Eventuell kurz blanchieren. Eine der Orangen auspressen. Den Saft in einer Salatschüssel mit der Mayonnaise verrühren. Die Sauce mit Salz, Pfeffer und Paprika abschmecken. Die andere Orange schälen, die Spalten trennen und in kleine Stücke schneiden. Die Ananasscheiben in kleine Würfel schneiden und mit der Orange und den gewaschenen Rosinen in die Schüssel geben. Das Gemüse dazu geben, gut vermischen und kurz ziehen lassen. Die Haferflocken ohne Fett in einer Pfanne rösten und mit dem Fenchelgrün über den Salat streuen. Dazu geröstetes Weißbrot servieren.

1 Kopf Eisbergsalat, 2–3 Orangen, 200 g Kassleraufschnitt.
Für die Sauce: 2 Becher (300 g) Crème fraîche, 2–3 Eßl. tiefgekühltes Orangensaftkonzentrat, Salz, Pfeffer aus der Mühle, Zucker.
Außerdem: 1 Eßl. gehackte Haselnußkerne.

EISBERG SALAT

Eisbergsalat putzen, zerpflücken, waschen, gut abtropfen lassen, Orangen schälen, filieren, in Stücke schneiden.
Für die Sauce: Crème fraîche mit Orangensaftkonzentrat verrühren, mit Salz, Pfeffer, Zucker würzen. Kurz vor dem Servieren die Sauce mit den Salatzutaten vermengen, mit Haselnußkernen bestreuen.

SELLERIE-APFEL SALAT

Für die Sauce: 100 g Mayonnaise (aus dem Glas), 3–4 Eßl. Schlagsahne, 1 Eßl. Zitronensaft, Salz, Pfeffer aus der Mühle, Zucker.
2 Äpfel (ca. 300 g), ½ Staudensellerie (ca. 300 g), 100 g Walnußkerne, 4 Scheiben französischer Kochschinken (nicht zu dünn geschnitten, insgesamt ca. 300 g), einige Blätter Frisée-Salat (krause Endivie).

ORIENTALISCHER MÖHRENSALAT

500 g Möhren, 1 Kopf Salat, 2 Eßl. Öl, 1 Eßl. Sesampaste (Tahin), 2 Eßl. milder Essig, ¼ Teel. Salz, 1 Bund frische gemischte Küchenkräuter, 1 Teel. geröstete Sesamkörner.

Die Möhren putzen, schälen, waschen und in Salzwasser weich dünsten. Den Salat putzen, gründlich waschen und die gut abgetrockneten Blätter kranzartig auf Teller verteilen. Das Öl mit der Sesampaste, dem Essig und dem Salz gut verrühren. Die gekochten Möhren in Scheiben schneiden und noch warm mit der Sauce vermischen. Die Möhren auf den Salat verteilen. Zum Schluß mit den abgespülten, kleingehackten Küchenkräutern und den frischgerösteten Sesamkörnern bestreuen.

Mayonnaise mit Sahne dickflüssig verrühren, mit Zitronensaft, wenig Salz, etwas frisch gemahlenem Pfeffer und 1 Prise Zucker pikant süß-sauer abschmecken. Äpfel schälen, das Kerngehäuse entfernen, Äpfel in feine Stifte schneiden oder mit der Gemüseraffel grob reiben, gleich mit der Mayonnaisen-Sauce vermischen. Staudensellerie waschen, die groben Fäden abziehen und die einzelnen Stangen quer in feine Streifen schneiden, Nüsse grob hacken (vier schöne Hälften zur Verzierung zurückbehalten), alles unter die Sauce mischen, nochmals abschmecken. Je 2 Eßlöffel in die Schinkenscheiben füllen, zusammenrollen und auf einem Bett von gewaschenem, trockengeschleudertem Frisée-Salat anrichten.

BRUNNEN KRESSESALAT

Brunnenkresse verlesen, waschen, gut abtropfen lassen. Weißbrot in kleine Würfel schneiden, in der Butter rösten, etwas abkühlen lassen, mit der Brunnenkresse vermengen.
Für die Sauce: Crème fraîche mit Limettensaft verrühren, mit Salz, Pfeffer, Zucker würzen, gehackte Kräuter unterrühren, Eier pellen, fein hacken, unter die Sauce rühren, die Sauce über die Salatzutaten geben.

2 Bund Brunnenkresse, 4 Scheiben Weißbrot, 75 g Butter.
Für die Sauce: 1 Becher (150 g) Crème fraîche, 1–2 Eßl. Limettensaft, Salz, Pfeffer, 2 Eßl. feingehackte Petersilie, 2 Eßl. feingehackter Dill, 2 hartgekochte Eier.

WALDORF SALAT

Äpfel und Sellerie schälen. Äpfel in Stifte schneiden, Sellerie fein hobeln, Ananas würfeln, Walnüsse grob hacken. Zitronensaft, Salz, Zucker und Pfeffer verrühren, Mayonnaise und saure Sahne unterziehen und mit den Zutaten vermengen. Den Salat mindestens 4 Stunden durchziehen lassen.

250 g Äpfel, 250 g Sellerieknolle, 3 Scheiben Ananas, 125 g Walnußkerne, 2 Eßl. Zitronensaft, Salz, 1 Teel. Zukker, Pfeffer aus der Mühle, 1 Eßl. Mayonnaise (aus dem Glas), 2 Eßl. saure Sahne.

500 g Rotkohl, Salz, 2 Eßl. Essig, 1 Teel. flüssiger Honig, 2 Eßl. Zitronensaft, 1 Eßl. Rotwein-Essig, Pfeffer aus der Mühle, 2 Hähnchenbrustfilets (etwa 300 g), 1 Teel. Butter, 10 Walnußkernhälften.

ROTKOHLSALAT MIT HÄHNCHENBRUST

Vom Rotkohl den Strunk und die äußeren Blätter entfernen, Rotkohl waschen und in sehr feine Streifen schneiden. Salzwaser mit dem Essig aufkochen. Den Kohl darin etwa 1 Minute blanchieren, abgießen und gut abtropfen lassen. Honig, Zitronensaft, Essig, Salz und Pfeffer verrühren und unter den noch warmen Salat mengen. Etwa 1 Stunde marinieren, dabei öfter umrühren. Hähnchenbrust abspülen, trockentupfen, in zerlassener Butter bei milder Hitze von jeder Seite etwa 3 Minuten braten, salzen und pfeffern.
Den Rotkohlsalat auf vier Teller verteilen. Die Hähnchenbrüste in Scheiben schneiden, neben dem Salat anrichten. Walnüsse hacken, über den Salat streuen.

SALATTELLER MIT EICHBLATT UND AVOCADO

Den Eichblattsalat zerzupfen, waschen und gut trocknen. Die Avocado schälen, vom Kern lösen, in Streifen schneiden und mit 1 Eßlöffel Zitronensaft beträufeln. Die Champignons putzen, mit Küchenpapier abreiben, in dünne Scheiben schneiden und ebenfalls mit Zitronensaft beträufeln. Den Essig mit Pfeffer, Salz, Zucker und Haselnußöl verrühren. Die Salatblätter darin wenden und auf vier Teller verteilen. Avocados und Champignons darauf legen, den Käse in feinen Spänen darüberraspeln.

1 Kopf Eichblattsalat, 1 reife Avocado, 125 g frische feste Champignons, 2 Eßl. Zitronensaft, 2 Eßl. Weinessig, Pfeffer, Salz, Zucker, 4 Eßl. Haselnußöl, 100 g Käse, z.B. alter Gouda.

SPINATSALAT MIT WARMEN PILZEN

Spinat putzen, gründlich waschen und trockenschleudern. Bacon in feine Streifen schneiden, in einer Pfanne ohne Fett langsam knusprig braten und herausnehmen. Die Pilze mit Küchenpapier abreiben und in Scheiben schneiden. Steinpilze waschen, trockentupfen. Butter zum Speckfett geben, erhitzen und die Pilze darin andünsten. Essig, Salz und Pfeffer verrühren. Schalotte abziehen, würfeln und hinzufügen. Öl darunterschlagen. Vinaigrette und Spinat vermengen und auf Portionsteller verteilen. Pilze und Speckstreifen darauf anrichten.

200 g Spinat, 50 g Frühstücksspeck (Bacon), 150 g rosa Champignons, Steinpilze oder Austernpilze, 20 g Butter, 2 Eßl. Apfel-Essig, Salz, Pfeffer aus der Mühle, 1 Schalotte, 4 Eßl. Nußöl.

4-BOHNEN SALAT MIT HONIG VINAIGRETTE

200 g weiße Bohnen (aus der Dose), 200 g rote Bohnen (aus der Dose), 200 g Flageolets (aus der Dose), 3 Eßl. Distelöl, 2 Eßl. Weinessig, 1 Eßl. Honig, Salz, Paprika edelsüß, Pfeffer aus der Mühle, 200 g dünne grüne Bohnen (aus der Dose), 1 Teel. gerebeltes Bohnenkraut.

Bohnen auf ein Sieb geben, abtropfen lassen, in einer Schüssel vermischen. Öl, Essig und Honig in einen kleinen Topf geben, gut vermischen und leicht erwärmen. Mit Salz, Pfeffer und Paprika abschmecken. Die Bohnen mit der Hälfte der Sauce vermengen und gleich auf die Teller verteilen. Mit den grünen Bohnen umranden, mit der restlichen Vinaigrette übergießen und mit Bohnenkraut bestreuen.

NIZZAER SALAT

500 g Tomaten, Salz, 1 Salatgurke, 1 grüne Paprikaschote, 2 Frühlingszwiebeln, 4 Eier, 12 Sardellenfilets (aus dem Glas), 1 Dose große weiße Bohnen (Einwaage 220 g), 150 g schwarze Oliven, 6 Eßl. Olivenöl, Pfeffer aus der Mühle, frische Basilikumblätter.

Tomaten waschen, Stengelansätze entfernen, Tomaten vierteln und mit Salz bestreuen. Gurke schälen und in Scheiben schneiden. Paprikaschote vierteln, entstielen, entkernen, weiße Scheidewände entfernen, waschen und in dünne Streifen schneiden. Zwiebeln abziehen und in feine Ringe schneiden. Eier 8 Minuten kochen, abschrecken, pellen und achteln. Sardellenfilets unter fließendem kaltem Wasser abspülen, halbieren und aufrollen. Weiße Bohnen auf einem Sieb abtropfen lassen. Alle vorbereiteten Salatzutaten einschließlich der Oliven auf einem großen Teller anordnen. Öl, Salz und Pfeffer über den Salat geben. Basilikum abspülen, trockentupfen, in Streifen schneiden und über den Salat geben.

EIERSALAT

Eier hartkochen, pellen und achteln. Tomaten waschen und würfeln. Kapern abtropfen lassen. Zwiebeln abziehen und in feine Ringe schneiden. Eier, Tomatenwürfel, Kapern und Zwiebelringe auf einem Teller anrichten. Essig, Senf, Sahne, Salz, Zucker und Pfeffer verrühren und über die Salatzutaten geben. Mit Basilikumblättchen bestreuen.

6 Eier, 2 Fleischtomaten, 30 g Kapern, 2 Frühlingszwiebeln, 1 Eßl. Essig, 2 Teel. Dijon-Senf, 100 ml Schlagsahne, Salz, Zucker, Pfeffer aus der Mühle, Basilikumblättchen.

KOPFSALAT MIT HÄHNCHEN

½ Hähnchen gebraten oder gegrillt, 1 kleine Fenchelknolle, 2 Fleischtomaten, 1 Bund glatte Petersilie, 1 Kopfsalat, 1 Ei, 2 Eßl. Dijon-Senf, ½ Teel. Weinessig, 125 ml (⅛ l) Salatöl, Pfeffer aus der Mühle, Salz.

Das Hähnchen häuten, Fleisch von den Knochen lösen und in kleine Stücke schneiden. Die Fenchelknolle putzen, waschen, halbieren und in dünne Scheiben schneiden. Die Tomaten waschen, Stengelansätze entfernen und achteln. Die Petersilie waschen, trocknen und in Blättchen zerzupfen. Den Salat waschen, Blätter in kleine Stücke zupfen und trocknen. Alles in einer Salatschüssel mischen. Das Ei mit dem Essig verquirlen. Senf zugeben und dann das Öl einschlagen (mit dem Mixer oder Handrührgerät). Mit Pfeffer und Salz abschmecken und über den Salat gießen. Erst bei Tisch mischen.

TINTENFISCHSALAT MIT AUSTERNPILZEN

Tintenfische in schmale Ringe schneiden. Eine Zwiebel abziehen, vierteln und mit den Tintenfischen, dem Lorbeerblatt, den Pfefferkörnern und etwas Salz in einen Topf geben. Mit Wasser bedecken und zugedeckt 30 Minuten bei geringer Hitzezufuhr kochen. Die Austernpilze mit einem Küchenpapier abreiben, von den festen Strunkteilen befreien und in ½ cm breite Streifen schneiden. In heißer Butter portionsweise anbraten. Den Knoblauch zerdrücken und dazugeben. Die Paprikaschote halbieren, entstielen, entkernen, die weißen Scheidewände entfernen, die Schote waschen, in feine Würfel schneiden. Die Gurke schälen, entkernen und würfeln. Die zweite Zwiebel abziehen und fein hacken. Aus Essig, Salz, Pfeffer und Öl mit dem Schneebesen eine cremige Marinade rühren. Alle Zutaten darin wenden. Die Kresse abschneiden, waschen und unterheben.

(4 Portionen als Hauptgericht, 8 Portionen als Vorspeise)
600 g küchenfertige Tintenfische, 2 Zwiebeln, 1 Lorbeerblatt, 1 Teel. Pfefferkörner, Salz, 500 g Austernpilze, 2 Eßl. Butter, 2 Knoblauchzehen, 1 rote Paprikaschote, ½ Salatgurke, 3 Eßl. Weißwein-Essig, Pfeffer aus der Mühle, 4 Eßl. Olivenöl, 1 Kästchen Kresse.

GEFLÜGEL SALAT

1 geräucherte oder gekochte Hähnchenbrust, 1 reife Avocado, 1 Fleischtomate, 10 schwarze Oliven, 1 Bund glatte Petersilie, 20 g Edelpilzkäse, Salz, Pfeffer aus der Mühle, 1 Eßl. Essig, 4 Eßl. Olivenöl, 30 g Cachewkerne.

Hähnchenbrustfleisch von den Knochen lösen, enthäuten und würfeln. Avocado halbieren, entkernen, schälen, das Fruchtfleisch würfeln. Tomate waschen, Stengelansatz entfernen, Tomate in Würfel schneiden. Oliven entkernen und in Streifen schneiden. Petersilie abspülen, trockentupfen, Blättchen abzupfen und hacken. Die Zutaten vorsichtig mischen. Käse mit einer Gabel zerdrücken, Salz, Pfeffer, Essig und Öl verrühren und über den Salat träufeln. Cashewkerne über den Salat geben.

EXOTISCHER REISSALAT

2 Kochbeutel (à 125 g) 8 Minuten-Reis, 1 kleine Zwiebel, 250 g geräucherte Putenbrust, 100 g geschälte Shrimps, 4 Ananasringe, in Stückchen geschnitten, 40 g geröstete Cashewnüsse.
Für die Marinade:
1 Eßl. Mayonnaise, 1 Becher (150 g) Joghurt, 1 Eßl. Mango Chutney, 1 Teel. Currypulver, Cayennepfeffer, Salz, einige Tropfen Zitronen- oder Ananassaft.
Außerdem: Radicchio- oder Salatblätter, 1 Mango in Spalten, 1–2 Kiwis in Scheiben.

8 Minuten-Reis nach Packungsaufschrift kochen und abtropfen lassen. Zwiebel abziehen, fein würfeln. Putenbrust in Streifen schneiden. Zwiebelwürfel, Putenstreifen, Shrimps, Ananas und Nüsse unter den Reis mischen. Alle Zutaten für die Marinade verrühren und gut würzen. Unter den Salat ziehen oder extra dazureichen. Eine Platte mit gewaschenen Radicchioblättern (oder anderen Salatblättern) auslegen. Darauf den Salat füllen, mit Mangospalten und Kiwischeiben anrichten.

HÄHNCHENSALAT

500 g gekochtes Hähnchenfleisch, 200 g Champignons, 2 Eßl. Rotwein-Essig, 3 Eßl. Distelöl, Salz, Pfeffer, Zucker, 3–4 Stengel Staudensellerie, 1 Bund Radieschen, 3–4 Tomaten.
Für die Sauce: 2 Becher (300 g) Crème fraîche, 2–3 Eßl. Tomaten-Ketchup, Weinbrand.

Hähnchenfleisch in Stücke schneiden. Champignons putzen, mit Küchenpapier abreiben, in Scheiben schneiden. Essig, Öl, Salz, Pfeffer und Zucker verrühren, die Champignons sofort in die Marinade legen. Staudensellerie putzen, waschen, in ½ cm dicke Scheiben schneiden.

Radieschen putzen, waschen, vierteln. Tomaten waschen, abtrocknen, die Stengelansätze entfernen, achteln. Die Champignons aus der Marinade nehmen, mit den übrigen Zutaten vermengen.
Für die Sauce: Crème fraîche mit Tomaten-Ketchup verrühren, mit Salz, Pfeffer, Zucker, Weinbrand abschmecken, über die Salatzutaten geben.

FRISÉE-SALAT „GRENOBLE“

3 Scheiben Toastbrot, 50 g Butter, 1 Frisée-Salat, 1 große rote Zwiebel, 150 g Walnußkerne, 2 Eßl. Weißwein-Essig, Pfeffer aus der Mühle, Salz, 4 Eßl. Walnußöl.

Toastbrot entrinden und würfeln. In der Butter von jeder Seite goldbraun braten, beiseite stellen. Den Salat in Streifen schneiden, gründlich waschen und gut trockenschleudern. Die Zwiebel abziehen und in dünne Ringe schneiden. Salat mit den Zwiebelringen und den Nüssen mischen. Essig, Pfeffer, Salz und Nußöl gut verrühren und unter den Salat heben. Mit den Brotwürfeln bestreuen.

LAUCH-MÖHREN SALAT

500 g Möhren, 100 g Sellerieknolle, 1 kleine Stange Lauch, 100 g Walnußkerne, 4 Eßl. Zitronensaft, 1 Teel. Honig, Salz, Pfeffer aus der Mühle, 125 ml Schlagsahne. Außerdem: Salatblätter.

Möhren und Sellerie schälen, waschen und fein raspeln. Lauch putzen, den weißen Teil in ganz feine Ringe schneiden, gündlich waschen und abtropfen lassen. Walnußkerne grob hacken. Zitronensaft, Honig, Salz, Pfeffer und Schlagsahne zu einer Sauce verrühren. Sauce mit den Salatzutaten vermengen und den Salat auf den Salatblättern anrichten.

SPARGELSALAT

500 g grüner und weißer Spargel, 250 ml ($\frac{1}{4}$ l) Wasser, 1 gestr. Teel. Butter, 1 Teel. Salz, Zucker.
Für die Vinaigrette:
1 Schalotte, 2 Eßl. Weinessig, 1 Eßl. Zitronensaft, $\frac{1}{2}$ Teel. Zucker, Pfeffer aus der Mühle, 5 Eßl. Sonnenblumenöl, 2 Eier, 1 Bund Petersilie, $\frac{1}{2}$ Kopfsalat.

Spargel schälen und in Stücke brechen und in Wasser mit Butter, Salz und Zucker in etwa 12 Minuten knapp gar kochen.
Für die Vinaigrette die Schalotte abziehen und fein hacken, mit Essig, Zitronensaft, Zucker und Pfeffer verrühren. Öl hinzufügen und über den abgetropften, noch warmen Spargel gießen. Zugedeckt einige Stunden durchziehen lassen.
Eier hartkochen, abschrekken, pellen und hacken.
Petersilie abspülen, trockentupfen und fein hacken.
Beides über den Spargel streuen. Salat verlesen, waschen, abtropfen lassen, in Streifen schneiden und auf Teller verteilen. Den Spargelsalat darauf anrichten.

150 g durchwachsener Speck, 10 g Butter, 3 Scheiben altbackenes Toastbrot, 1 Knoblauchzehe, 2 Frühlingszwiebeln, 3 Eßl. Himbeer- oder Weinessig, Salz, weißer Pfeffer aus der Mühle, 3 Eßl. Walnußöl, 3 Eßl. neutrales Planzenöl, ½ Kopf Eichblattsalat, ½ Kopf Friséesalat, 150 g weiße Champignons, 150 g braune Champignons.

EICHBLATT SALAT MIT PFIFFERLINGEN

1 Kopf Eichblattsalat, 200 g Pfifferlinge, 70 g fetter geräucherter Speck, 10 g Butter, 1 Schalotte, 3 Eßl. Sherry-Essig, 6 Eßl. Nußöl, Salz, Pfeffer aus der Mühle.

Den Salat putzen, waschen und trockenschleudern. Pfifferlinge putzen und ganz kurz abbrausen, damit sie kein Wasser aufsaugen können.
Speck in sehr feine Streifen schneiden, ohne Fett in einer Pfanne auslassen, aus der Pfanne nehmen und auf Küchenpapier abtropfen lassen. Anschließend etwas Butter zum Speckfett geben, zerlassen und die Pilze etwa 1 Minute darin unter Wenden anbraten. Schalotte abziehen und hakken. Aus Schalotte, Essig und Nußöl eine Sauce rühren, mit Salz und Pfeffer abschmecken. Die Hälfte sofort unter die Pilze rühren, die andere Hälfte mit den Salatblättern vermengen. Salat und Pilze auf Portionstellern anrichten und den warmen Speck darüber streuen.

CHAMPIGNON SALAT

Speck in feine Streifen schneiden und in der Butter langsam auslassen. Die Brotscheiben mit der abgezogenen, halbierten Knoblauchzehe einreiben, fein würfeln und zum Speck geben. Unter häufigem Rühren goldbraun rösten. Frühlingszwiebeln putzen, waschen und in ganz feine Ringe schneiden. Essig mit Salz und Pfeffer verrühren, mit dem Öl zu einer Sauce mischen. Beide Salatsorten putzen, waschen, abtropfen lassen und zerpflükken. Auf Serviertellern anrichten und mit etwas Sauce beträufeln. Die Champignons putzen, mit Küchenpapier abreiben, in dünne Scheiben schneiden und in die Mitte der Salatteller häufen. Mit der restlichen Sauce überziehen. Mit Pfeffer übermahlen. Knoblauch-Croûtons und den gut abgetropften Speck darüber verteilen und mit den Zwiebelringen garnieren. Den Salat als Vorspeise oder als Beilage zu dunklem Fleisch servieren.

ZUCCHINI SPINAT-SALAT

Das Gemüse putzen und waschen. Die Zucchini längs halbieren. Zucchini und Radieschen in Scheiben schneiden. Das Öl mit etwas Essig, Senfpulver, wenig Salz und Pfeffer verrühren. Das Gemüse mit der Salatsauce vermengen, kurz durchziehen lassen. Inzwischen die Knoblauchzehe abziehen, halbieren und das Brot kräftig damit bestreichen. Anschließend das Brot in kleine Würfel schneiden und in einer beschichteten Pfanne ohne Fett goldbraun rösten. Den Salat anrichten. Die Croûtons über den Zucchini-Spinat-Salat streuen.

1 kleine Zucchini (150 g), 125 g Blattspinat, ½ Bund Radieschen, 1 Eßl. Olivenöl, Rotwein-Essig, Senfpulver, Salz, Pfeffer, 1 kleine Scheibe (40 g) Vollkornbrot, 1 Knoblauchzehe.

Maissalat, eingelegter Schafskäse und dazu ein knuspriger Brötchenkranz schmecken nicht nur bei einem Picknick auf der Themse, sondern auch auf einer Fahrradtour durch Sommerwiesen. Und der Geheimtip schlechthin: Picknick im eigenen Garten.

PI

CK

NICK

Die Meister des Picknicks sind die Engländer. Eigentlich erstaunlich, wo doch ihre Insel im Ruf steht, zwei Drittel des Jahres in Nebel oder Regen zu versinken.
Darum weiß man, daß zu einem gelungenen Picknick nicht nur ein gut gefüllter Korb gehört, sondern vor allem eins: Flexibilität!
Kaum kommt einmal die Sonne hervor, packt der gewiefte Picknicker seinen Korb mit allerlei fix zubereiteten Köstlichkeiten, und ab geht die Post! Bereitsein ist alles.

MAISSALAT

250 g Tomaten,
275 g Maiskörner (aus der Dose), 250 g frisch gepulte Krabben.
Für die Sauce: 1 Zwiebel, 3 Eßl. Speiseöl, 2 Eßl. Essig, 4 Teel. Wasser, Pfeffer, Zucker, 1 Bund gehackte Petersilie, 1 Bund feingeschnittener Schnittlauch.

Tomaten kurze Zeit in kochendes Wasser legen (nicht kochen lassen), in kaltem Wasser abschrekken, enthäuten, in Würfel schneiden. Die Maiskörner auf ein Sieb geben, abtropfen lassen. Die beiden Zutaten mit den Krabben vermengen.
Die Zwiebel abziehen, würfeln, mit Öl, Essig und Wasser verrühren, mit Salz, Pfeffer, Zucker abschmecken. Petersilie und Schnittlauch unter die Sauce rühren. Die Sauce über die Salatzutaten geben, vermengen, evtl. nochmals mit den Gewürzen abschmecken.

BRÖTCHENKRANZ

250 g Roggenmehl (Type 1150), 250 g Weizenmehl (Type 1050), 2 gestr. Teel. Salz, 1 Beutel Sauerteigextrakt, 1 Päckchen Trocken-Backhefe, 350 ml lauwarmes Wasser, 100 g lauwarmer Sirup.
Zum Bestreuen: Kernige Getreideflokken, Sesamsamen, Mohn, Leinsamen, gehobelte Haselnußkerne.

Roggenmehl, Weizenmehl, Salz, Sauerteig-Extrakt und Trocken-Backhefe in einer Schüssel gut vermischen. Wasser und Sirup hinzufügen, mit einem Handrührgerät mit Knethaken auf höchster Stufe in etwa 5 Minuten zu einem Teig verarbeiten, sollte er kleben, noch etwas Mehl hinzufügen (aber nicht zu viel, der Teig muß weich bleiben). Den Teig abgedeckt so lange an einem Ort stehenlassen, bis er sich sichtbar vergrößert hat. Den Teig aus der Schüssel nehmen, auf der bemehlten Tischplatte nochmals durchkneten. Den Teig in 10 Stücke teilen, aus jedem Stück ein rundes Brötchen formen. Die Brötchen als Kranz auf ein gefettetes Backblech legen. Jedes Brötchen kreuzweise einschneiden, mit Wasser bestreichen, die Brötchen nach Belieben mit Getreideflocken, Sesamsamen, Mohn, Leinsamen, gehobelten Haselnußkernen bestreuen. Den Teig nochmals an einem warmen Ort so lange gehen lassen, bis er sich sichtbar vergrößert hat. Das Backblech in den kalten Backofen schieben, bei 175–200 Grad (Heißluft 160–170, Gas Stufe 3–4) etwa 30 Minuten backen.

Schinken durch die feine Scheibe des Fleischwolfes drehen. Butter geschmeidig rühren, Schinken, Tomatenmark und Sahne unterrühren, mit Salz und Pfeffer abschmecken. Gelatine mit Wasser anrühren, 10 Minuten zum Quellen stehenlassen. Fleischbrühe erhitzen, von der Kochstelle nehmen, die Gelatine hineingeben, so lange rühren, bis sie gelöst ist. Portwein hinzufügen, mit Salz und Pfeffer würzen, etwas abkühlen lassen. 6 Eßlöffel von der Flüssigkeit unter die Schinkenmasse rühren. In eine mit Wasser ausgespülte Kastenform (30 mal 11 cm) so viel von der übrigen Aspikflüssigkeit gießen, daß der Boden etwa 1 cm hoch bedeckt ist, im Kühlschrank erstarren lassen. Die Aspikschicht mit Oliven und Petersilie garnieren, vorsichtig einige Eßlöffel von der Aspikflüssigkeit darübergießen, erstarren lassen. Die Schinkenmasse in der Größe der Kastenform formen, auf die erstarrte Aspikschicht geben, vorsichtig mit einem in kaltes Wasser getauchten Messer glattstreichen, kalt stellen. Die restliche Aspikflüssigkeit auf einen flachen Teller gießen, erstarren lassen, in Würfel schneiden, die Schinkenmousse stürzen, mit den Aspikwürfeln garnieren.

SCHINKEN MOUSSE

500 g gekochter Schinken, 125 g Butter, 125 ml (⅛ l) Schlagsahne, 2 gestr. Eßl. Tomatenmark (aus der Tube), Salz, Pfeffer aus der Mühle, 1 Päckchen weiße gemahlene Gelatine, 5 Eßl. kaltes Wasser, 375 ml (⅜ l) Fleischbrühe, 3 Eßl. Portwein, halbierte, entkernte, schwarze Oliven, Petersilie.

EINGELEGTER SCHAFSKÄSE

300 g bulgarischer Schafskäse, 2 rote Zwiebeln, 2 gelbe Zwiebeln, 1 Knoblauchzehe, 100 g schwarze Oliven, 2 Lorbeerblätter, 2 Chilischoten, 1 Teel. gerebelter Oregano, Salz, Pfeffer aus der Mühle, 250 ml (¼ l) Olivenöl.

Schafskäse in grobe Würfel schneiden. Zwiebeln abziehen, in Ringe schneiden. Knoblauchzehe abziehen. Alle Zutaten in ein Gefäß geben. Das Olivenöl darüber verteilen, zugedeckt etwa 7 Tage kühl stellen.

Ein Snack ist das, was man ißt, wenn man keinen Bärenhunger hat, aber dennoch ein Häppchen vertragen könnte. Einfach so aus Lust. Und da sind solche kleinen Appetizer wie zum Beispiel Welsh Rarebits genau richtig.
Zudem haben alle Herrlichkeiten im folgenden Kapitel noch einen anderen unschätzbaren Vorteil:
Man braucht, um sie zu genießen, keinen großartig gedeckten Tisch, sondern bewältigt sie zur Not auch stehend vom Papptellerchen. Und damit sind sie durchaus partyfähig.

TOMATEN MIT KÄSESCHAUM

Tomaten waschen, abtrocknen, jeweils einen Deckel abschneiden, die Tomaten aushöhlen, auf Küchenpapier etwas abtropfen lassen. Milch erhitzen. Käse zerdrücken, in die Milch geben. Mit einem Schneebesen verrühren, bis der Käse aufgelöst ist. Speisestärke mit Wasser anrühren, die Käsemilch damit binden, etwas abkühlen lassen. Eigelb verschlagen, unter die Käsemilch rühren. Eiweiß steif schlagen (ein Messerschnitt muß sichtbar bleiben). Den Eischnee unter die Käse-Milch-Masse heben, mit Salz, Pfeffer würzen. Estragonblättchen unterrühren. Die Masse in die Tomaten füllen, die Deckel darauf legen. Die Tomaten in eine gefettete, feuerfeste Form setzen. Die Form auf dem Rost in den kalten Backofen schieben, bei 225 Grad (Heißluft etwa 180 Grad, Gas etwa Stufe 5) 15 Minuten backen.

8 große Tomaten, 125 ml (⅛ l) Milch, 100 g Blauschimmelkäse, 2 Teel. Speisestärke, 2 Eßl. Wasser, 2 Eigelb, 2 Eiweiß, Salz, Pfeffer aus der Mühle, 1 Eßl. gehackte Estragonblättchen. Außerdem: Butter.

SNACKS

LANGOSTINOS AUF CHICORÉE

24 Langostinos, 1 Bund Suppengrün, 1 Lorbeerblatt, 5 Pfefferkörner, Salz, 8 Chicoréestauden, 2 Schalotten, 80 g Butter, 1 Eßl. Weizenmehl, 200 ml Schlagsahne, geriebene Muskatnuß.

Langostinos gründlich unter fließendem kaltem Wasser abbürsten. Suppengrün putzen, waschen und grob zerkleinern. Langostinos mit Suppengrün, Lorbeerblatt und Pfefferkörnern in kochendes Salzwasser geben und 10–15 Minuten kochen. Langostinos herausnehmen, die Schwänze ausbrechen und das Fleisch warmstellen.
Chicorée waschen, einige Außenblätter abnehmen, beiseite legen, Chicoréestauden in grobe Streifen schneiden. Schalotten abziehen und fein würfeln. Die Butter zerlassen und Schalotten darin andünsten. Mehl darüber stäuben und die Sahne angießen. Chicoréestreifen dazugeben und 3–5 Minuten unter Rühren kochen. Sauce mit Salz, Pfeffer und Muskat würzen. Zurückbehaltene Chicoréeblätter sternförmig auf Tellern anrichten, Gemüse darüber geben und die Langostinos darauf anrichten.

BLÄTTERTEIG ROLLEN

2 Scheiben tiefgefrorener Blätterteig, 75 g frische Champignons, 1 Teel. Zitronensaft, 2 Eigelb, 4 Scheiben geräucherter Schinken, 4 Scheiben Käse, z. B Meerlander.

Den Blätterteig nach Packungsaufschrift auftauen lassen. Die Champignons putzen, waschen und kleinhacken. Mit Zitronensaft beträufeln und zur Seite stellen. Die Blätterteigscheiben zu Streifen von etwa 15 cm Breite und 30 cm Länge ausrollen und quer halbieren. Jedes Quadrat mit etwas verquirlten Eigelb bestreichen, dann mit einer Scheibe Käse und einer Scheibe Schinken belegen. Die Champignonmasse in der Mitte verteilen und die Quadrate zusammenrollen, die Enden fest zusammendrücken. Die Rollen mit Eigelb bepinseln, auf ein mit Back-Papier belegtes Backblech legen, in den kalten Backofen schieben, bei 200–225 Grad (Heißluft 180–190 Grad, Gas Stufe 4–5) 25 Minuten goldgelb backen.

LACHSTOAST MIT KIWI

2 Neuseelandkiwis,
40 g weiche Butter,
2 Teel. Meerrettich aus dem Glas,
4 Scheiben Roggentoast, 4 Scheiben Lachs (à 30 g),
Zitronenmelisse oder Dillfähnchen

Die Kiwis schälen, davon eine halbe pürieren. Mit der Butter und dem Meerrettich verrühren. Die Toasts rösten und mit der Kiwi-Meerrettich-Butter bestreichen. Die Lachsscheiben darauflegen. Die restlichen Kiwis in Scheiben schneiden, diese vierteln und auf den Lachs legen. Mit Zitronenmelisse oder Dillfähnchen garnieren.

ROASTBEEF RÖLLCHEN

Die Roastbeefscheiben ausgebreitet auf eine Platte legen. Das Ei pellen, klein hacken, die Minzeblätter waschen, abtrocknen und in feine Streifen schneiden. Beides mit der Mayonnaise verrühren und mit Zitronensaft, Salz und Pfeffer herzhaft abschmecken. Die Eimasse auf die Roastbeefscheiben streichen und diese zu Röllchen aufrollen: Auf 4 Teller verteilen und mit je einem Minzesträußchen garnieren.

4 Scheiben kaltes Roastbeef, 1 hartgekochtes Ei, 8–10 frische Minzeblätter, 2 Eßl. Mayonnaise (aus dem Glas), 1 Teel. Zitronensaft, Salz, weißer Pfeffer, 4 Minzesträußchen zum Garnieren.

LACHSBÄLLCHEN UND SUSHIRÖLLCHEN

(4–6 Portionen)
1 Packung (à 250 g) Eßstäbchen-Reis.
Zutaten für die Lachsbällchen: die Hälfte des zuvor gekochten Eßstäbchen-Reis, 3 Eßl. Crème double, 2–3 Eßl. Mirin (süßer Reiswein), Zitronensaft, Salz, Pfeffer, Zucker, 6–8 dünne Scheiben roher oder geräucherter Lachs.

Zutaten für die Sushiröllchen: Restlicher gekochter Eßstäbchen-Reis, 3–4 Eßl. Mirin (süßer Reiswein), 2–3 Eßl. Reis-Essig oder Weinessig, ca. 150 g Lachsfilet (Schwanzstück), Salz und Pfeffer aus der Mühle, Zitronensaft, 1 (15 g) Schalotte, 1 Eßl. Butter, 125 ml (⅛ l) Reis- oder Weißwein, 3 Nori-Blätter (getrocknete Algenblätter).

Reis nach Packungsaufschrift garen, abtropfen lassen. Die Hälfte des Reis mit Crème double, Mirin und Zitronensaft vermischen und mit Salz, Pfeffer und Zucker abschmekken. Die Lachsscheiben halbieren (rohen Lachs mit Zitronensaft, Salz und Pfeffer marinieren) nacheinander auf einem dünnen Tuch ausbreiten und jeweils einen Eßlöffel Reismasse daraufgeben. Mit Hilfe des Tuches zu Bällchen drehen. Die andere Hälfte des Reis mit Mirin und Reis-Essig abschmekken. Lachsfilet waschen, trockentupfen, salzen, pfeffern und mit Zitronensaft beträufeln. Schalotte abziehen und fein würfeln. Butter erhitzen, Schalotte andünsten und das Lachsfilet zufügen. Mit Wein ablöschen und den Lachs im geschlossenen Topf etwa 5 Minuten pochieren. Danach abtropfen lassen und in 3 längliche Streifen schneiden. Jeweils ein Nori-Blatt auf ein Tuch legen und mit etwa einem Drittel der Reismenge dick bestreichen. Jeweils mit einem Streifen Lachs belegen und mit Hilfe des Tuches fest aufrollen. Die Rollen in jeweils 1–2 cm dicke Scheiben schneiden (am besten mit einem elektrischen Messer). Ergibt ca. 15 Stücke. Zu den Lachsbällchen und den Sushiröllchen reicht man Sojasauce mit Reiswein vermischt, diese gewürzt mit Meerrettich.

GEFÜLLTE CHAMPIGNONS

Die Petersilie waschen, abtrocknen, grob hacken, Zwiebel und Knoblauchzehe abziehen, fein hacken. Die Pilze putzen und waschen. Aus den Pilzen durch sanftes Umknicken und Drehen die Stiele herauslösen. Die Stiele fein hacken. Zwiebel, Knoblauch, gehackte Pilzstiele und Petersilie in Butter 5 Minuten ohne Deckel andünsten. Abkühlen lassen. Den Käse fein reiben. 3 Eßlöffel davon und Crème fraîche unter die Pilzmasse rühren. Mit Salz und Pfeffer würzen. Eine feuerfeste Form mit Butter gut auspinseln. Die Masse mit einem Teelöffel in die Pilzköpfe füllen. Die Köpfe in die Form setzen und mit dem restlichen Käse bestreuen. Die Form in den kalten Backofen schieben, bei 200 Grad (Heißluft 160–170 Grad, Gas Stufe 3–4) 10 Minuten backen.

▶ TIP: Wenn Sie die Champignons herzhafter mögen, braten Sie 30 g durchwachsenen Speck mit den Pilzstielen aus.

1 Bund Petersilie, 1 kleine Zwiebel, 1 Knoblauchzehe, 20 gleichgroße frische Champignons, 40 g Butter, 100 g Pikantje van Gouda, 4 Eßl. Crème fraîche, Salz, Pfeffer aus der Mühle.

PARMA SCHINKEN MIT MELONE

(6 Portionen)
2 Honigmelonen,
12 Scheiben Parmaschinken (dünn geschnitten, evtl. halbiert),
schwarzer Pfeffer aus der Mühle.

Melone einige Stunden kühlen. Halbieren, Kerne entfernen und in je 6 Spalten schneiden. Auf jede Melonenspalte ein oder zwei Schinkenscheiben legen. Darüber schwarzen Pfeffer mahlen.

Je 1 rote, gelbe und grüne Paprikaschote, Salz, Pfeffer aus der Mühle, 2 Knoblauchzehen, 3 Stengel glatte Petersilie, 2 Eßl. Zitronensaft, 6 Eßl. Olivenöl.

MARINIERTE PAPRIKA

Paprikaschoten waschen und abtrocknen. Auf einem Backblech im Backofen etwa 15 Minuten bei 250 Grad (Heißluft 190 bis 200 Grad, Gas Stufe 5) rösten, bis die Haut dunkel wird und Blasen wirft. Danach 5 Minuten in ein feuchtes Tuch legen und anschließend die Haut abziehen. Die Schoten halbieren, entkernen, weiße Scheidewände entfernen. Den auslaufenden Saft auffangen. Die Paprika in etwa 3 cm breite Streifen schneiden und auf einer Platte anrichten. Mit Salz und Pfeffer würzen. Knoblauch abziehen und durch die Presse drücken. Petersilie waschen, trockentupfen und hacken. Beides über die Paprika geben. Mit Zitronensaft, Paprikasaft und Öl begießen, mehrere Stunden marinieren.

▶ TIP: Mit Crème fraîche und Kapern anrichten.

MARINIERTE AUBERGINEN

300 g Auberginen, Salz, 125 g passierte Tomaten (Fertigprodukt), 2 Knoblauchzehen, Pfeffer aus der Mühle, ½ Teel. gerebelter Oregano, ½ Bund glatte Petersilie.
Außerdem: Speiseöl zum Braten.

Auberginen waschen und putzen, in daumendicke Scheiben schneiden und etwa 10 Minuten in Salzwasser legen. Danach trockentupfen und würfeln. Öl in einer Pfanne erhitzen und die Auberginen unter gelegentlichem Wenden goldbraun braten. Passierte Tomaten dazugeben. Knoblauch abziehen und darüber pressen. Mit Salz, Pfeffer und Oregano würzen. Einmal aufkochen lassen und auf einer Platte bei Zimmertemperatur abkühlen lassen. Petersilie waschen, trockentupfen, hacken und darüber streuen.

MARINIERTE BOHNEN

Die Bohnen auf einem Sieb abtropfen lassen. Für die Salatsauce die Zwiebel abziehen und würfeln, mit Salz bestreuen und etwa 10 Minuten ziehen lassen. Knoblauch abziehen und darüber pressen. Senf, Pfeffer, Oregano, Essig und Öl hinzufügen, Petersilie waschen, trockentupfen und hacken. Alles unter die Bohnen mischen und einige Stunden durchziehen lassen.

Je 1 Dose rote und weiße Bohnen (Einwaage je 450 g), 1 Zwiebel, Salz, 2 Knoblauchzehen, 1 Teel. Senf, Pfeffer aus der Mühle, ½ Teel. gerebelter Oregano, 4 Eßl. Rotwein-Essig, 5 Eßl. Olivenöl, 1 Bund glatte Petersilie.

MARINIERTE ARTISCHOCKENHERZEN

1 Dose Artischockenherzen (400 g, etwa 8–12 Stück), Salz, weißer Pfeffer, 2–3 Eßl. Sherry- oder milder Weinessig, 4 Stengel Estragon, 1–2 Knoblauchzehen, 1 Stückchen (etwa 2 cm lang) dünn geschälte Schale einer Zitrone (unbehandelt), knapp 125 ml (⅛ l) kaltgepreßtes Olivenöl.

Artischockenherzen auf einem Sieb abtropfen lassen. Salz und Pfeffer mit dem Essig verrühren, bis sich das Salz gelöst hat. Estragon abspülen, trockenschwenken und die Blättchen von den Stielen pflücken. Zusammen mit den abgezogenen, in hauchdünne Scheibchen geschnittenen Knoblauchzehen und der Zitronenschale hineingeben und tropfenweise das Öl einschlagen. Die Artischockenherzen darin mindestens 4–5 Stunden — besser aber über Nacht — marinieren. Dann im Sud servieren.

HUMMER KRABBEN MIT KRÄUTERN

32 Hummerkrabben (ohne Kopf, ungeschält), 1 Bund Thymian, 1 Bund Majoran, 1 Bund Basilikum, 4 Fleischtomaten, 2 Zwiebeln, 2 Knoblauchzehen, 4 Eßl. Speiseöl, 100 g Butter, Salz, Pfeffer aus der Mühle.

Die Hummerkrabben abspülen, trockentupfen, auf vier Grillspieße stecken. Die Kräuter abspülen, trockentupfen, fein hacken. Tomaten kurze Zeit in kochendes Wasser legen (nicht kochen lassen), in kaltem Wasser abschrecken, enthäuten, die Stengelansätze herausschneiden, die Tomaten entkernen und in grobe Würfel schneiden. Zwiebeln und Knoblauchzehen abziehen und fein würfeln. Öl erhitzen, die Hummerkrabben von jeder Seite etwa 5 Minuten darin braten, herausnehmen und warmstellen. Das Öl abgießen und die Butter zerlassen. Zwiebeln und Knoblauch darin dünsten. Tomaten zugeben, in der Butter schwenken, mit den Kräutern, Salz und Pfeffer abschmecken, über die Hummerkrabben geben. Frische Baguette dazu reichen.

Für die Marinade:
1 Knoblauchzehe, 1 Schalotte (30 g), 4 frische kleine rote Peperoni, 2 Teel. Zitronensaft, 1 Teel. Zitronen-Julienne (in feine Streifen geschnittene Zitronenschale), ½ Teel. Salz, 1 Eßl. gehackte Kräuter (Rosmarin, Thymian, Salbei), 125 ml (⅛ l) feines Pflanzenöl, 4 cl Osborne Brandy, 2 Lorbeerblätter, 8 Scampi in der Schale, 2 Tomaten (100 g).

MARINIERTE HERINGSRÖLLCHEN

Heringsfilets abspülen, trokkentupfen, zusammenrollen, mit Holzspießchen zusammenstecken. Die Zwiebeln abziehen und in Ringe schneiden. Möhren putzen, waschen, schälen und in Scheiben schneiden. Heringsröllchen, Zwiebeln und Möhren in ein Glas schichten. Essig, Sherry und 3 Eßlöffel Wasser mit Zukker und den Gewürzen aufkochen und noch warm über die Heringsröllchen gießen. Die Röllchen etwa 1 Tag im Kühlschrank ziehen lassen. Vollkornbrot und Butter dazu reichen.

16 Heringsfilets, 2 rote Zwiebeln, 2 Möhren, 100 ml milder Wein-Essig, 200 ml Sherry (medium), 50 g Zucker, 20 g Senfkörner, 20 g weiße Pfefferkörner, 20 g Pimentkörner, 2 Lorbeerblätter, 4 Nelken.
Außerdem: Holzspießchen.

MARINIERTE SCAMPISPIESSE

Die Knoblauchzehe und die Schalotte abziehen, in sehr feine Würfelchen schneiden oder noch besser mit dem Wiegemesser zerkleinern. Zwei Peperoni längs halbieren, mit einem kleinen spitzen Messer die Kerne auskratzen. Die Hälften kurz waschen, mit Küchenpapier trockentupfen und in kleinste Würfelchen schneiden. (Vorsicht bei dieser Arbeit, die Peperoni können scharf sein und man sollte auf keinen Fall mit den Händen an die Augen kommen.) Diese Zutaten mit Zitronensaft, Zitronen-Julienne, Salz, Kräutern, Öl und dem Brandy verrühren. Diese Marinade mit den Lorbeerblättern und 2 ganzen Peperoni in eine Schale, in der die Scampi nebeneinander Platz haben, geben. Die Scampi unter fließendem kaltem Wasser waschen, mit Küchenpapier trockentupfen und in die Marinade legen, dabei einmal umdrehen und zugedeckt 2–3 Stunden marinieren lassen. Jeweils 2 Scampi auf einen Spieß stecken und auf einem Gitter abtropfen lassen. Die Tomaten halbieren, Tomatenhälften mit der Schnittfläche in die Marinade legen. Die Spieße und die Tomaten unter dem vorgeheizten Grill von jeder Seite 3–5 Minuten grillen. Dazu frisch aufgebackenes Weißbrot reichen.

MOZZARELLA IM SCHINKENHEMD

(6 Portionen)
600 g Mozzarella,
100 g Parmaschinken,
3–5 Frühlingszwiebeln oder 1 Bund Schnittlauch, Basilikumblättchen zum Garnieren.

Den Käse in knapp fingerdicke Streifen schneiden. Jeden Streifen mit einer längs doppelt gefalteten Scheibe Schinken umwickeln, so daß oben und unten noch ein Stück Käse sichtbar bleibt. Den Schinken mit einem Frühlingszwiebelstreifen oder einem abgespülten Schnittlauchhalm umwickeln und ein Basilikumblättchen einbinden.

WELSH RAREBITS

250 ml (¼ l) Milch,
50 g Butter, Salz,
150 g Weizenmehl,
30 g Speisestärke,
4–6 Eier, 1 gestr. Teel. Backpulver, 125 g Schinken (roh oder gekocht), 125 g geriebener Käse, z.B. alter Gouda, runde Weißbrotscheiben, Butter.

Milch, Butter und Salz am besten in einem Stieltopf zum Kochen bringen. Mehl und Speisestärke mischen, sieben, auf einmal in die von der Kochstelle genommene Flüssigkeit schütten, zu einem glatten Kloß rühren. Unter Rühren etwa 1 Minute erhitzen, den heißen Kloß sofort in eine Rührschüssel geben, nach und nach die Eier mit einem Handrührgerät mit Knethaken auf höchster Stufe unterarbeiten. Weitere Eizugabe erübrigt sich, wenn der Teig stark glänzt und so von einem Löffel abreißt, daß lange Spitzen hängenbleiben. Backpulver in den erkalteten Teig arbeiten. Schinken in feine Streifen schneiden, mit dem geriebenen Käse zu der Masse geben. Weißbrotscheiben mit Butter bestreichen. Käsemasse möglichst dick daraufhäufen.
Auf ein gefettes Backblech setzen, auf der obersten Schiene in den kalten Backofen schieben, bei 200–225 Grad (Heißluft 170–180 Grad, Gas Stufe 4–5) 20–30 Minuten backen.
Mit einem Glas Rotwein servieren.

EDELPILZ NUSSTÖRTCHEN

300 g tiefgekühlter Blätterteig, 150 g Edelpilzkäse, 50 g gehackte Walnußkerne, 3 Eigelb, 125 g Speisequark (40%).
Außerdem: Fett für die Form.

Den Blätterteig auftauen lassen und anschließend etwa 3 mm dick ausrollen. Tortelett-Förmchen fetten. Den Teig rund ausstechen (um ein Drittel größer als der Durchmesser der Förmchen) und die Förmchen damit auskleiden. Käse durch ein Sieb streichen und mit Nüssen, Eigelb (1 Teel. Eigelb zurückbehalten) und Quark verrühren. In die Förmchen füllen. Aus den Teigresten dünne Streifen schneiden und als Gitter über die Füllung legen. Restliches Eigelb mit 1 Eßl. Wasser verquirlen und die Teigoberfläche damit bestreichen. Die Törtchen auf unterer Schiene in den kalten Backofen schieben, bei 225 Grad (Heißluft 180 Grad, Gas Stufe 4) etwa 30 Minuten backen.
Dazu schmeckt Cumberlandsauce oder Preiselbeerkompott.

2 Zwiebeln, 100 g Frühstücksspeck (Bacon), 10 g Butter, 500 g gekochter Reis oder Risotto, 3 Eßl. frischgeriebener Käse, z.B. alter Gouda, 2 kleine Eier, 150 g Mozzarella-Käse, geriebene Muskatnuß. Außerdem: Semmelmehl, Speisöl oder Pflanzenfett zum Fritieren.

REIS BÄLLCHEN

Die Zwiebeln abziehen und fein hacken. Den Speck fein würfeln. Die Butter zerlassen und beide Zutaten darin unter Rühren glasig braten. Den gekochten Reis hinzufügen und unterrühren. Reis in eine Schüssel füllen. Käse und die verquirlten Eier untermengen und mit Muskat abschmekken. Den Mozzarella würfeln. Etwa 1 Eßlöffel Reisteig in die hohle Hand füllen, in der Mitte etwas eindrücken und ein Stückchen Mozzarella hineingeben. 1 Eßlöffel Reisteig daraufgeben und zum Bällchen formen. Die übrigen Bällchen genauso bereiten und in Semmelmehl wenden. Die Reisbällchen in etwa 180 Grad heißem Fett goldgelb fritieren. Gemischten Blattsalat dazu reichen.

GEMÜSEQUICHE

Für den Teig:
200 g Weizenmehl,
1 gestr. Teel. Salz, 1 Ei,
100 g weiche Butter.
Für den Belag:
2 Zucchini (etwa 250 g), 100 g tiefgekühlte Erbsen, 300 g tiefgekühlter Broccoli,
4 Tomaten,
Pfeffer aus der Mühle,
200 g Schnittkäse z. B. Favorel,
1 Becher (150 g) Crème fraîche, 2 Eier,
1 Teel. scharfer Senf,
1 Eßl. gehackte Kräuter,
Salz, geriebene Muskatnuß.

Mehl in eine Rührschüssel sieben, Salz, Ei und Butter hinzufügen. Die Zutaten mit einem Handrührgerät mit Knethaken zunächst kurz auf niedrigster, dann auf höchster Stufe gut durcharbeiten, anschließend auf der Tischplatte zu einem glatten Teig verkneten. Den Teig 1–2 Stunden kalt stellen. Zucchini putzen, waschen, in Scheiben schneiden, in kochendes Salzwasser geben, einmal aufkochen lassen. Erbsen und Broccoli nacheinander jeweils 3 Minuten in dem Zucchiniwasser kochen lassen, das Gemüse auf ein Sieb geben, mit kaltem Wasser übergießen, gut abtropfen lassen. Tomaten kurze Zeit in das kochende Wasser geben (nicht kochen lassen), in kaltem Wasser abschrekken, enthäuten, die Stengelansätze herausschneiden, in dünne Scheiben schneiden. Das Gemüse erkalten lassen.
Den Teig ausrollen, eine Form (Durchmesser etwa 28 cm) damit auslegen, den Rand 2–3 cm hochziehen, den Teigboden mehrmals mit einer Gabel einstechen. Die Form auf dem Rost in den kalten Backofen schieben. Bei 220–225 Grad (Heißluft etwa 180 Grad, Gas Stufe 4–5) 10–15 Minuten backen.
Das Gemüse auf dem vorgebackenen Boden verteilen, in die Mitte die Erbsen geben, dann Zucchinischeiben als Kreis, dann Broccoli und als äußersten Kreis Tomatenscheiben auf den Boden legen. Das Gemüse mit Pfeffer bestreuen.
Käse in Würfel schneiden, über das Gemüse geben.
Crème fraîche mit Eiern, Senf, Kräutern verrühren, mit Salz und Muskatnuß abschmecken, über das Gemüse gießen. Die Form auf dem Rost in den Backofen schieben, bei 175–200 Grad (Heißluft 160–170 Grad, Gas Stufe 3–4) etwa 45 Minuten backen.

SIZILIANISCHE SARDINEN

800 g Sardinen, Salz, Pfeffer aus der Mühle, 2 Eßl. Zitronensaft, 2 Eßl. Weizenmehl, 125 ml (⅛ l) Olivenöl, 1 kleine Zwiebel, ¼ rote Paprikaschote, ¼ grüne Paprikaschote, 5 schwarze Oliven, 5 grüne Oliven, 1 Knoblauchzehe, 1 Eßl. gehackte Petersilie, gerebelter Oregano.

Sardinen unter fließendem kaltem Wasser abspülen, trockentupfen, mit Salz und Pfeffer würzen, mit Zitronensaft beträufeln, mit Mehl bestäuben. Etwa 100 ml Olivenöl erhitzen, Sardinen darin etwa 10 Minuten braten, herausnehmen und warm stellen. Zwiebel abziehen. Paprikaschoten putzen, die weißen Scheidewände entfernen, Zwiebeln und Paprika in Streifen schneiden. Oliven vierteln und entkernen. Knoblauchzehe abziehen und durch die Presse drücken. Restliches Öl in die Pfanne gießen. Zwiebeln, Paprika und Oliven darin etwa 5 Minuten dünsten, mit Knoblauch, Salz, Pfeffer, Petersilie und Oregano würzen und über die Streifen geben.

Warmes Knoblauchbrot dazu reichen.

24 Scampi, 4–5 Eßl. Speiseöl, 4 Knoblauchzehen, 2 Fleischtomaten, 1 Bund Petersilie, 80 g Butter, Salz, Pfeffer aus der Mühle.

GEGRILLTE LACHSSPIESSE

4 Scheiben frischer Lachs (à 200 g), 4 Eßl. Himbeer-Essig, 1 Eßl. Honig, 4 Eßl. Gin, 1 Teel. Zitronensaft, 1 Teel. zerstoßene Wacholderbeeren, 150 g Shrimps oder Garnelen, 1 Eßl. Sojasauce, 50 g Knoblauchbutter, 4 Zweige Dill

Den Lachs in mundgerechte Stücke schneiden, evtl. vorhandene Gräten entfernen. Die eine Hälfte der Lachsstücke in einer Mischung aus Honig und Himbeer-Essig mehrmals wenden und etwas marinieren lassen. Die andere Hälfte in einer Mischung aus Gin, Zitronensaft und Wacholderbeeren ebenfalls marinieren lassen. Die Shrimps mit der Sojasauce vermischen. Alle vorbereiteten Zutaten abtropfen lassen, mit Küchenpapier trockentupfen und abwechselnd auf Holzspieße stecken. Die Knoblauchbutter auf ein mit Alufolie belegtes Backblech geben, unter dem Grill langsam erhitzen. Die Lachs-Spieße darauf verteilen und unter mehrmaligem Wenden etwa 10 Minuten grillen. Auf Dillzweigen servieren. Dazu passen Folienkartoffeln mit Knoblauchbutter oder kleine Pellkartoffeln.

KNOBLAUCH SCAMPI

Die Scampi unter fließendem kaltem Wasser abspülen, mit Küchenpapier trokkentupfen. Das Öl erhitzen und die Scampi darin etwa 5 Minuten braten. Scampi auf einer vorgewärmten Platte anrichten und warmstellen.

Die Knoblauchzehen abziehen und fein hacken. Tomaten kurze Zeit in kochendes Wasser legen (nicht kochen lassen), in kaltem Wasser abschrecken und enthäuten. Die Stengelansätze herausschneiden, Tomaten entkernen und in Würfel schneiden. Petersilie abspülen, trockentupfen, die Stengel entfernen und die Blättchen fein hacken. Das Bratfett der Scampis abgießen und die Butter in der Pfanne zerlassen. Knoblauch darin andünsten, Tomaten und Petersilie dazugeben und mitdünsten, mit Salz und Pfeffer abschmecken und über die Scampi geben. Safranreis oder ofenwarme Baguette dazu reichen.

GEGRILLTE AUSTERNPILZE

Die Austernpilzköpfe vom Strunk schneiden, mit Küchenpapier abreiben, nicht waschen. Petersilie und Basilikum abspülen, trokkentupfen. Die Petersilie und die Hälfte des Basilikums fein hacken. Die Kräuter mit den Gewürzen und dem Öl verrühren. Die Pilzköpfe darin ½ Stunde marinieren, dann mit Balsam-Essig beträufeln. Die Tomaten waschen, abtrocknen und kreuzweise einschneiden. Die Tomaten, die Austernpilze und die Speckscheiben nebeneinander auf ein mit Alufolie belegtes Backblech legen und so lange unter den vorgeheizten Grill schieben, bis die Speckscheiben knusprig braun sind (5–10 Minuten). Auf einer Platte die gegrillten Austernpilze mit dem Tomaten und den Speckscheiben anrichten, mit Basilikumsträußchen garnieren.

▶ TIP: Die Strünke kurz anbraten, püriert und mit Zitronensaft und Kräutersalz abgeschmeckt, passen ausgezeichnet zu gegrilltem Fleisch.

500 g Austernpilze, 3 Sträußchen Petersilie, 1 kleines Bund Basilikum, Salz, weißer Pfeffer aus der Mühle, 5 Eßl. Öl, 2 Teel. Balsam-Essig, 4 kleine Tomaten, 8 Scheiben (etwa 170 g) durchwachsener Speck.

(2 Portionen)
1 grüne Paprikaschote, 1 rote Zwiebel, 1 Knoblauchzehe, 2 große Scheiben Bauernbrot, 40 g Butter, 150 g Roastbeefaufschnitt, Salz, geschroteter Pfeffer.

PAPRIKA-BEEF SCHNITTE

Paprikaschote halbieren, entstielen, entkernen, die weißen Scheidewände entfernen, die Schote waschen, in Streifen schneiden. Zwiebel abziehen, halbieren, in dünne Scheiben schneiden, in Ringe zerteilen. Knoblauchzehe abziehen, fein würfeln. Bauernbrot mit Butter bestreichen, Roastbeef darauf verteilen. Paprikastreifen, Zwiebelringe, Knoblauchwürfel darüber geben, mit Salz und Pfeffer bestreuen.

▶ TIP: Man kann das Sandwich auch mit gedünstetem Gemüse servieren. Dazu Paprikaschote, Zwiebel und Knoblauch vorbereiten, in 2 Eßlöffel Speiseöl andünsten und über das Roastbeef geben.

SELLERIE MIT ROQUEFORT CREME

1 Selleriestaude, 100 g Roquefort-Käse, 100 g saure Sahne, Pfeffer aus der Mühle, 8 dünne Scheiben gekochter Rinderbraten.

Selleriestangen von der Staude trennen und nur die zarten inneren Stangen behalten. Gründlich waschen und abtropfen lassen. Den Käse mit der festen Sahne verrühren und leicht pfeffern (nicht salzen, da der Käse schon salzig ist). Die knackigen Selleriestangen mit der Käsemasse füllen und hübsch auf 4 Tellern anrichten. Dazu auf jeden Teller 2 Scheiben gekochten Rinderbraten legen. Als kleinen Abend„snack" oder Sonntagsvorspeise servieren.

3 Eier, 30 g Butter, 1 Eßl. Crème fraîche, 2 Sardellenfilets (aus dem Glas), 2 Teel. Kapern, Pfeffer aus der Mühle, geriebene Muskatnuß, ½ Teel. gerebelter Thymian, 1 Dose sauer eingelegte Artischockenböden (8 St.), 8 schwarze Oliven.

ARTISCHOCKENBÖDEN MIT EIERCREME

Eier hartkochen, pellen und halbieren. Die Eigelb mit Butter, Crème fraîche, Sardellenfilets, Kapern und 2 Teelöffeln Kapernsud im Mixer pürieren. Mit den Kräutern und Gewürzen abschmecken.
Die Artischockenböden gut abtropfen lassen. Die Eimasse mit Hilfe eines Spritzbeutels auf die Artischockenböden füllen. Oliven halbieren, entkernen und die Eiercreme damit garnieren.

GAMBAS UND PFIRSICHE

3 weiße Pfirsiche, 2 Eßl. Zitronensaft, 50 g weiße Trauben, 12 große Gambas oder Hummerkrebse (gekocht), 1 kleiner Kopf Eisbergsalat, 1 Eßl. neutrales Speiseöl, 1 Eßl. mildes Olivenöl, 1 Eßl. Himbeer-Essig, 1 Eßl. Balsam-Essig, Salz, Pfeffer aus der Mühle, 1 Teel. gehackter Estragon.

Die Pfirsiche kurz in heißes Wasser tauchen und sofort kalt abschrecken, damit sie sich leichter abziehen lassen, und in dünne Spalten schneiden. Mit etwas Zitronensaft beträufeln. Die Trauben waschen, halbieren, entkernen und zu den Pfirsichen geben.

Die Gambas (oder Hummerkrebse) aus der Schale ziehen, das Fleisch würfeln und mit den Früchten mischen. Den Salat waschen, gut abtropfen lassen und in Streifen schneiden. Die Teller damit garnieren. Das Öl mit dem Essig zur Vinaigrette verrühren, salzen und pfeffern und leicht erwärmen. Früchte und Gambas auf die Teller verteilen und mit Sauce übergießen. Mit gehacktem Estragon bestreuen und gleich servieren. Dazu Weißbrot reichen.

KAROTTEN HACKSTEAKS

(1 Portion)
1 dünne Stange Lauch (200 g), 10 g Butter, Zitronensaft, Salz, Cayennepfeffer, 1 Eßl. Sahne-Dickmilch (25 g), 1 kleine Karotte (60 g), 100 g Tatar, Pfeffer aus der Mühle, Petersilie.

Lauch putzen, waschen und in dünne Ringe schneiden. Die Hälfte der Butter in einem kleinen Topf erhitzen. Lauch hineingeben und darin andünsten. Mit etwas Zitronensaft, wenig Salz und Cayennepfeffer würzen. Dann 5 Minuten dünsten. Zuletzt die Dickmilch unterrühren und abschmekken. Bei geringer Hitze warmhalten. Die Karotte schälen, waschen und raspeln. Das Tatar mit der Karotte, wenig Salz, Pfeffer und etwas feingehackter Petersilie verkneten. Zwei flache Hacksteaks formen. Die restliche Butter in einer beschichteten Pfanne erhitzen. Die Hacksteaks hineinlegen und auf beiden Seiten je 3 Minuten braten. Auf dem Rahmlauch anrichten.

SCHINKEN PIROGGEN

Für den Teig: 300 g Weizenmehl, 1 Teel. Backpulver, ½ Teel. Salz, 100 g kalte Butter, 5 Eßl. saure Sahne, 1 Ei.
Für die Füllung: 250 g gekochter Schinken, 3 Eßl. feingeschnittener Dill, 60 g gekochter Reis (20 g Rohware), 1 Zwiebel, 1 Eßl. Butter, 100 g rosa Champignons, Salz, Pfeffer aus der Mühle, 1 Ei, 2 Eßl. Milch.
Außerdem: Alufolie und Back-Papier.

Mehl und Backpulver mischen und in eine Schüssel sieben. Die übrigen Zutaten für den Teig hinzufügen, zuerst mit dem Knethaken, dann mit den Händen rasch zu einem glatten Teig verkneten. In Folie gewickelt mindestens 1 Stunde kaltstellen. Den Schinken fein würfeln, mit Dill und Reis in eine Schüssel geben. Zwiebel abziehen, würfeln und in Butter weich dünsten. Champignons putzen, waschen, kleinhacken und hinzufügen. Bei starker Hitze unter Rühren so lange dünsten, bis die Flüssigkeit verdampft ist. Zum Schinken geben, salzen, pfeffern und gut vermischen. Den Teig etwa 3 mm dick ausrollen und rund ausstechen (Durchmesser etwa 10 cm). Die Füllung daraufgeben. Ei trennen. Die Teigränder mit Eiweiß einstreichen, die Teigplättchen zu Halbkreisen zusammenlegen und die Ränder mit einer Gabel rundherum festdrükken. Auf ein mit Back-Papier ausgelegtes Blech legen. Eigelb mit Milch verquirlen und die Teigoberfläche damit bestreichen. In den kalten Backofen schieben, bei 200 Grad (Heißluft 160–170 Grad, Gas Stufe 3–4) etwa 25 Minuten backen. Dazu schmeckt saure Sahne.

GEFÜLLTE RADICCHIO KUGELN

Vom Radicchio die Blätter einzeln vom Kopf abpflükken, waschen, trockenschleudern. Das Hähnchenfilet waschen, trocknentupfen, fein hacken. Das Toastbrot reiben. Das Hähnchen mit dem Ei und dem Weißbrot vermengen. Mit Salz, Pfeffer, Curry und Ingwer abschmecken. Die Banane in 8 Stücke schneiden. Je 1 großes Radicchioblatt oder 2 kleinere mit Hähnchenmasse und 1 Stück Banane füllen. Das Butterschmalz in einer Friteuse erhitzen. Die Radicchiokugeln formen und mit dem verschlagenen Ei und dem Semmelmehl panieren. In heißem Fett bei 170–180 Grad goldbraun ausbacken. Für die Sauce den Senf und den Ahornsirup gut verrühren. Die restlichen Radicchioblätter auf eine Platte legen, die ausgebakkenen Radicchiokugeln darauf anrichten. Die Sauce dazu reichen.

SCHWARZWURZELBÄLLCHEN MIT KRÄUTERSAUCE

500 g gekochte Schwarzwurzeln, 2 Eßl. Weißwein, 4 Eßl. Milch, 3 gestr. Eßl. Weizenmehl, 2 Eigelb, 2 Eiweiß, Salz, Pfeffer aus der Mühle, 3 Eßl. Mayonnaise, 1 Eßl. Sahnejoghurt, 1 Eßl. frische Küchenkräuter, Zucker, Currypulver.

Die Schwarzwurzeln gut abtropfen und mit Weißwein beträufelt ziehenlassen. Milch, Mehl und Eigelb gut verrühren. Das steifgeschlagene Eiweiß darunterheben. Salzen und pfeffern. Die Schwarzwurzeln abtropfen lassen, durch den Teig ziehen und in der Friteuse portionsweise bei 170–180 Grad etwa 5 Minuten ausbakken. Die Mayonnaise mit dem Joghurt und den Kräutern zu einer cremigen Sauce verrühren. Mit Salz, Pfeffer, Zucker und Curry abschmecken. Die gebackenen Schwarzwurzeln auf Küchenpapier schütten, um das überschüssige Fett aufzusaugen. Dann auf die Servierplatte geben und mit der Sauce servieren. Dazu knackigen Salat reichen.

1 Kopf Radicchio, 200 g Hähnchenfilet, 1 Scheibe Toastbrot ohne Rinde, 1 Ei, Salz, Pfeffer aus der Mühle, Currypulver, Ingwerpulver, 1 Banane, Butterschmalz zum Fritieren. Für die Panade: 1 Ei, Semmelmehl.
Für die Sauce: 1 Eßl. mittelscharfer Senf, 2 Eßl. Ahornsirup oder dünnflüssiger Honig.

WURST PÄCKCHEN

(6–8 Portionen)
200 g Mehl, 75 g Butter, knapp 125 ml ($\frac{1}{8}$ l) Milch, Salz, geriebene Muskatnuß, 400 g gut gewürzte rohe Bratwurstmasse (salsiccia), 1 Knoblauchzehe, 1 Eigelb.

Das Mehl und die weiche Butter mit den Knethaken eines Handrührgerätes verkneten und nach und nach die Milch dazugießen, bis ein fester Teig ensteht. Mit Salz und Muskatnuß würzen. Den Teig zu einer Kugel formen und mit einem Tuch abgedeckt 30 Minuten ruhen lassen.

Den Teig etwa $\frac{1}{2}$ cm dick ausrollen und in 12 Quadrate von 8x8 cm schneiden. Das rohe Bratwurstbrät mit der zerdrückten Knoblauchzehe abschmekken. Jeweils in die Mitte etwas von der Füllung geben. Die Teigränder mit Wasser bestreichen und die Vierecke taschenförmig zusammenklappen. Auf ein gefettetes Backblech legen und mit dem verquirlten Eigelb bestreichen, in den kalten Backofen schieben, bei 225 Grad (Heißluft 180–190 Grad, Gas Stufe 4–5) 20 Minuten backen. Heiß servieren.

KIWI-KRABBEN COCKTAIL

Crème fraîche mit einigen Tropfen Zitronensaft verrühren. Mit dem Pfeffer und feingehackten Dill abschmecken. Dann die Krabben unterrühren. Vor dem Servieren eine Cocktailschale mit ein paar Blättchen Mesclun auslegen. Den Krabbensalat einfüllen und kurz kühl stellen. Die Neuseelandkiwi schälen und halbieren, in dünne Scheiben schneiden, locker unter den Krabbencocktail heben. Dazu das Vollkornbrot (im Toaster oder in einer beschichteten Pfanne ohne Fett rösten) servieren.

(1 Portion)
1 Eßl. Crème fraîche, Zitronensaft, Pfeffer aus der Mühle, Dill, 75 g Krabben, ein paar Blättchen Mesclun (Mischsalat), 1 Neuseelandkiwi (75 g), 1 Scheibe Vollkornbrot (40 g).

KASSLER AUF KARTOFFEL PUFFERN

8 tiefgekühlte Kartoffelpuffer, 1 Teel. Öl, 450 g Sahnelauch (Tiefkühlkost, fertig gegart), 8 dünne Scheiben gekochtes Kassler, 50 g geriebener Käse, z. B. Pikantje van Gouda, Rosenpaprika.

Die gefrorenen Kartoffelpuffer auf ein mit Öl eingefettetes Backblech setzen und bei 225 Grad (Heißluft 190 Grad, Gas Stufe 5) anbraten. Den Lauch nach Packungsaufschrift auftauen und erwärmen. Die Puffer mit einer dünnen Schicht Lauch bedecken, die Kasslerscheiben darüber legen und mit dem restlichen Lauch überziehen. Mit geriebenem Käse bestreuen und etwa 15 Minuten bei 225 Grad (Heißluft 190 Grad, Gas Stufe 5) backen. Damit die Kartoffelpuffer noch appetitlicher aussehen, vor dem Anrichten etwas Rosenpaprika darüber streuen.

Die schnelle Pizza ist schon fertig, bevor Sie überhaupt gesagt haben: Wie wär's mit einer Pizza?
Und auch der Sommersalat ist im Handumdrehen fertig, während sich der Thunfischauflauf sowieso ganz allein im Ofen amüsiert.

ÜBER RASCHUNGS

BESUCH

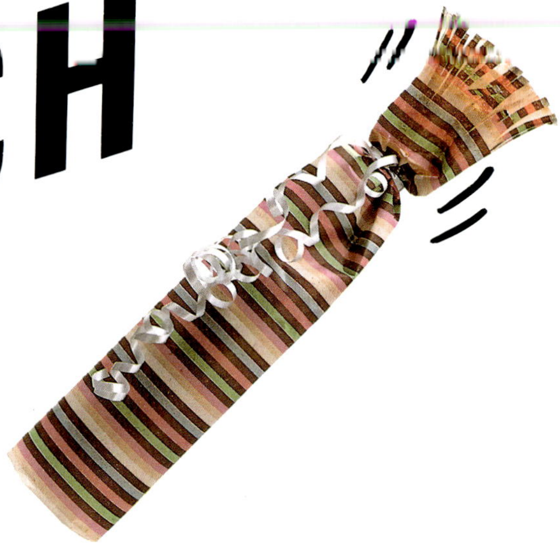

Da sitzt man gemütlich zu Hause – ein spannendes Buch in der Hand, eingehüllt in die bequemsten Klamotten, die man besitzt – und da klingelt es.
Nur sehr stoische Gemüter bringen es fertig, in solchen Fällen nicht zu Hause gewesen zu sein. Alle anderen traben etwas unwillig, aber von Neugier getrieben, zur Tür – der Hund hatte einen ohnehin schon durch Bellen verraten – und nehmen die Schwiegermutter oder Busenfreund Herbert oder Schwester Martha in Empfang.
Und wenn diese Lieben mit hungrigen Augen vor einem stehen, bringt man es auch nicht übers Herz, sie nach einem Drink wieder heimzuschicken.
Also ab in die Küche …

THUNFISCH AUFLAUF

125 g Makkaroni, Wasser, Salz, 200 g Thunfisch in Öl (aus der Dose), 2 Zwiebeln, ½ Sellerieknolle, 250 g Tomaten, 125 ml (⅛ l) Wasser, Salz, Pfeffer aus der Mühle, 3–4 Eßl. geriebener Pikantje van Gouda. Außerdem: Butter.

Makkaroni in reichlich kochendes Salzwasser geben, sprudelnd nach Packungsaufschrift fast gar kochen. Thunfisch aus der Dose nehmen, abtropfen lassen, das Fischöl in einem Topf erhitzen, Zwiebeln abziehen, Sellerie schälen, waschen. Zutaten würfeln, hinzufügen. Tomaten kurze Zeit in heißes Wasser geben (nicht kochen lassen), in kaltem Wasser abschrecken, enthäuten, Stengelansätze herausschneiden, Tomaten kleinscheiden, zu den Zwiebeln geben, schmoren lassen. Wasser hinzugießen, mit Salz und Pfeffer abschmecken. Makkaroni, Thunfisch und Tomatensauce schichtweise in eine gefettete Auflaufform füllen, reichlich mit geriebenem Käse bestreuen, auf dem Rost in den kalten Backofen schieben, bei etwa 220 Grad (Heißluft etwa 180 Grad, Gas Stufe 4–5) etwa 45 Minuten backen.

SCHNELLE PIZZA

(4–6 Portionen)
Für den Teig:
250 g Weizenmehl, ½ Päckchen Backpulver, Salz, 25 g weiche Butter, 50 g geriebener, alter Holland-Gouda, 125 ml (⅛ l) Milch.
Für den Belag:
2 Eßl. Olivenöl, 1 Zwiebel, 2 Eßl. Tomatenmark, gerebelter Oregano, gerebelter Majoran, Salz, Pfeffer, 50 g Parmesankäse, 50 g Anchovisfilets (aus dem Glas), schwarze Oliven.

Mehl mit Backpulver mischen, in eine Rührschüssel sieben. Salz, Butter, Käse und Milch hinzufügen, die Zutaten mit einem Handrührgerät mit Knethaken zunächst kurz auf niedrigster, dann auf höchster Stufe gut durcharbeiten. Anschließend auf der Tischplatte zu einem glatten Teig verkneten, sollte er kleben, ihn eine Zeitlang kalt stellen. Öl in einem kleinen Topf erhitzen, Zwiebel abziehen, würfeln, darin etwa 5 Minuten andünsten, Tomatenmark, Kräuter, Salz und Pfeffer unterrühren. Den vorbereiteten Teig zu einer Platte (ø 24 cm) ausrollen, auf ein gefettetes Backblech gleiten lassen. Mit Tomatenbrei bis an den Rand bestreichen, mit geriebenem Käse bestreuen, mit einem Gitter aus Anchovisfilets und Oliven belegen. In den kalten Backofen schieben, bei etwa 220 Grad (Heißluft etwa 180 Grad, Gas Stufe 3–4) 20–25 Minuten backen.
Die Pizza muß aufgehen und goldbraun sein. In Stücke schneiden, warm servieren.

SOMMERSALAT

100–150 g Gartenkresse, 1 Bund Radieschen, 4 Tomaten, Salz, Pfeffer.
Für die Salatsauce:
2 Eßl. Salatöl, 3 Eßl. Essig, 1 Teel. Senf, Zucker, 1–2 hartgekochte Eier.

Gartenkresse verlesen, vorsichtig abspülen, trockentupfen, die Blättchen von den Stielen streifen, eine flache Schüssel oder einen Teller damit auslegen. Radieschen putzen, waschen, in Scheiben schneiden. Tomaten waschen, abtrocknen, die Stengelansätze herausschneiden, Tomaten in Scheiben schneiden, kranzförmig auf der Kresse anrichten, mit Salz, Pfeffer bestreuen, die Radieschenscheiben auf die Tomatenscheiben geben.
Für die Salatsauce:
2 Eßlöffel Salatöl mit Essig, Senf, Zucker vermischen, über die Salatzutaten geben, hartgekochte Eier pellen, fein hacken. Über den Salat geben.

1 kleine Zwiebel,
2 Eßl. Butter, 200 g Langkornreis, Salz,
400 ml kaltes Wasser,
1 Eßl. Paprika- oder Tomatenmark, 1 rote Paprikaschote, 1 grüne Paprikaschote,
1 gelbe Paprikaschote,
150 g gekochter Schinken, 2 Becher (300 g) saure Sahne,
1 Teel. Paprika, edelsüß, 2 Teel. Zitronensaft, 1 Ei, 2 Eßl. geriebener Käse, z. B. Pikantje van Gouda.

AUF

Zwiebel abziehen, fein würfeln, 1 Eßlöffel Butter zerlassen, Zwiebel und Reis hinzufügen und dünsten, bis die Zwiebel glasig ist. 1 Teelöffel Salz und Wasser hinzufügen. Abgedeckt bei schwacher Hitze ausquellen lassen. Mit Paprikamark vermischen.

UNGARISCHER AUFLAUF

Paprikaschoten halbieren, entstielen, entkernen, die weißen Scheidewände entfernen, die Schoten waschen, in Streifen schneiden. Kurz in kochendem Wasser blanchieren, auf ein Sieb geben, abtropfen lassen. Schinken in feine Streifen schneiden.
Eine Auflaufform mit der restlichen Butter einfetten. Reis, Paprika- und Schinkenstreifen lagenweise einschichten. Saure Sahne mit Paprika, Zitronensaft, Ei und ½ Teelöffel Salz verquirlen, über den Auflauf geben. Käse darüberstreuen. Die Form in den kalten Backofen schieben, bei etwa 220 Grad (Heißluft etwa 180 Grad, Gas Stufe 4–5) etwa 45 Minuten backen. Dazu Endiviensalat servieren.

Warum heißt der Auflauf Auflauf?
Weil dieses köstliche Gericht, – ob nun süß oder pikant – wenn es im Ofen sanft vor sich hin schmurgelt, einen Menschenauflauf in der Küche verursacht.
Da kommen – angelockt vom herrlichen Duft – selbst aus den entferntesten Ecken des Hauses, ja selbst aus der Nachbarschaft, neugierige Nasen hervor. Rein zufällig schauen sie mal in der Küche vorbei, und wenn sie die Ursache des Wohlgeruchs geortet haben, bleiben sie dort auch meist. Bis das knusprige, goldbraune Gebilde vor ihnen auf dem Tisch steht.

LÄUFE

WÜRZIGER REISAUFLAUF

300 g Langkornreis (parboiled), 500 ml (½ l) kochende Fleischbrühe, 1 Lorbeerblatt, 1 Knoblauchzehe, 4 Pfefferkörner, 50 g Korinthen, 500 g Salzgurken, 300 g Kassler, 250 g saure Sahne, 250 ml Schlagsahne, ½ Teel. Zimt, Pimentpulver.
Außerdem: Butter oder Margarine, saure Sahne.

Den Reis in die Fleischbrühe streuen und aufkochen. Knoblauchzehe abziehen und mit dem Lorbeerblatt und den Pfefferkörnern hinzufügen. Topf fest verschließen, Reis bei kleiner Hitze in etwa 30 Minuten ausquellen lassen. Die Gewürze entfernen, Reis mit den Korinthen vermengen. Gurken abspülen und in dünne Scheiben schneiden. Kassler in Streifen schneiden. Beide Sahnesorten verrühren und mit Zimt und Piment würzen. Ein Viertel der Reismasse in eine gefettete Auflaufform füllen, jeweils ein Drittel Gurken, Kassler und Sahne darauf verteilen. Den Vorgang wiederholen, bis alle Zutaten verbraucht sind. Den Abschluß bildet der Reis. Die Form in den kalten Backofen schieben, bei etwa 220 Grad (Heißluft etwa 180 Grad, Gas Stufe 4) den Auflauf etwa 50 Minuten backen. Den heißen Auflauf mit kalter saurer Sahne servieren.

LACHS LASAGNE

Für die Sauce: 15 g Butter, 1 schwach geh. Eßl. Weizenmehl, 375 ml (⅜ l) Hühnerbrühe, 125 ml (⅛ l) Schlagsahne, 2 Eigelb, Salz, Pfeffer aus der Mühle.
250 g Lasagneblätter (vorgekocht), 300 g frischer Lachs, 1 Eßl. Zitronensaft, 400 g frischer Blattspinat.
Außerdem: Butter.

Für die Sauce: Butter zerlassen, Weizenmehl unter Rühren so lange darin erhitzen, bis es hellgelb ist. Hühnerbrühe hinzugießen, mit einem Schneebesen durchschlagen, darauf achten, daß keine Klumpen entstehen. Die Sauce zum Kochen bringen, etwa 5 Minuten köcheln lassen. Schlagsahne und Eigelb verschlagen, die Sauce damit abziehen (nicht mehr kochen lassen). Mit Salz und Pfeffer abschmecken. Lachs unter fließendem kaltem Wasser abspülen, trockentupfen, mit Zitronensaft beträufeln, etwa 15 Minuten stehen lassen. Den Fisch in dünne Streifen schneiden. Den Spinat verlesen, 5–6 mal gründlich waschen, kurz in kochendem Salzwasser blanchieren, auf ein Sieb geben, gut abtropfen lassen. Eine gefettete Form mit einer dünnen Schicht Sauce bedecken, dann abwechselnd Lasagne, Fisch, Spinat und Sauce einschichten. Zuletzt mit Lasagneblättern abdecken, mit Sauce übergießen. Auf dem Rost in den kalten Backofen schieben, bei etwa 180 Grad (Heißluft etwa 150 Grad, Gas etwa Stufe 2) 25 Minuten backen.

GEMÜSE LASAGNE

250 g Lasagneblätter, Salz, 2 Zwiebeln, 300 g Lauch, 250 g Möhren, 200 g Sellerie, 60 g Butter, 1 kleine Dose Mais, Pfeffer aus der Mühle, Paprika, 300 g saure Sahne, 3 Eier, 1 Bund Petersilie, 200 g Pikantje van Gouda. Außerdem: Butter.

Die Lasagneblätter in kochendem Salzwasser gar kochen. Abschrecken und abtropfen lassen. Zwiebeln abziehen und hacken. Lauch, Möhren und Sellerie waschen, putzen, bzw. schälen. Den Lauch in 1 cm breite Streifen, Möhren und Sellerie in Würfel schneiden. Butter in einer großen Pfanne erhitzen. Zwiebeln darin glasig dünsten. Lauch, Möhren und Sellerie zufügen und 10 Minuten mitdünsten. Den Mais abtropfen lassen und dazugeben. Kräftig mit Salz, Pfeffer und Paprika würzen. Saure Sahne und Eier verquirlen. Mit 1 gestrichenen Teelöffel Salz und Pfeffer abschmecken. Die Petersilie abspülen, trockentupfen, die Blättchen von den Stengeln abzupfen, die Petersilie fein hacken und untermischen. Den Käse fein reiben. Die Lasagne in eine gebutterte Auflaufform einschichten: Lasagneblätter, Gemüse, Käse, Eiersahne, Nudelblätter, Gemüse und so fort. Die oberste Schicht sollte Käse sein.
Die Form in den kalten Backofen schieben, bei etwa 200 Grad (Heißluft 160–170 Grad, Gas Stufe 2–3) 35 Minuten backen. Die Gemüselasagne 15 Minuten im Backofen nachziehen lassen, erst dann anschneiden.

NUDEL-TRAUBEN AUFLAUF

250 g Bandnudeln, Salz, 200 ml Schlagsahne, 100 g weiße Schokolade, 100 ml Eierlikör, 1 Ei, 300 g blaue Weintrauben, 100 g Aprikosenkonfitüre, 50 g abgezogene, gehobelte Mandeln, 20 g Butter. Außerdem: Butter oder Margarine.

Die Nudeln nach Packungsaufschrift in kochendem Salzwasser kochen, abgießen, mit kaltem Wasser abschrecken und abtropfen lassen. Inzwischen die Sahne erwärmen und die Schokolade behutsam darin schmelzen, etwas abkühlen lassen, dann mit dem Likör verrühren. Das Ei unterschlagen. Die Trauben waschen, halbieren, entkernen und mit der Konfitüre vermengen.

In eine gefettete Auflaufform ein Drittel der Nudeln schichten, darauf ein Drittel der Sauce und die Hälfte der Trauben verteilen. So fortfahren, bis die Zutaten eingeschichtet sind und die letzte Schicht aus Sauce besteht. Die Mandeln darüberstreuen. Auflauf mit Butterflöckchen belegen, in den kalten Backofen schieben bei 180 Grad (Heißluft etwa 150 Grad, Gas Stufe 2) etwa 40 Minuten überbacken. Den Auflauf heiß servieren.

▶ TIP: Statt frischen Trauben eignen sich auch Rosinen, die zwei Stunden vorher in Rum eingelegt wurden.

2 gelbe Paprikaschoten, 2 rote Paprikaschoten, 4 mittelgroße Zucchini, 1 Knoblauchzehe, 1 Bund Basilikum, 200 g Mozzarella-Käse, Salz, weißer Pfeffer aus der Mühle, 50 g schwarze Oliven, 6 Eßl. Sojaöl.

MOUSSAKA

1 kg Auberginen, Salz, 5 Eßl. Olivenöl, 90 g Butter, 2 Zwiebeln, 750 g gehacktes Lamm- oder Rindfleisch, Pfeffer aus der Mühle, gemahlener Zimt, 4 Tomaten, 3 Eßl. gehackte Petersilie,
1 Teel. gerebelter Oregano, 125 ml (⅛ l) Fleischbrühe, 6 Eßl. geriebener Käse, z.B. alter Gouda, 40 g Weizenmehl, 250 ml (¼ l) Milch, 3 Eigelb, 6 Eßl. Semmelmehl.
Außerdem: Butter.

Auberginen waschen, Stengel abschneiden, Auberginen in Scheiben schneiden, mit Salz bestreuen und 30 Minuten ziehen lassen. Das Salz abtupfen. Öl erhitzen, Auberginen darin hellbraun braten, herausnehmen. Zwiebeln abziehen, würfeln. 60 g Butter zerlassen, Zwiebeln glasig dünsten. Hackfleisch dazugeben, mit Salz, Pfeffer und Zimt würzen und gut verrühren. Tomaten kurze Zeit in kochendes Wasser legen (nicht kochen lassen), in kaltem Wasser abschrekken, enthäuten, die Stengelansätze herausschneiden, die Tomaten kleinschneiden, mit Petersilie und Oregano unterrühren. Brühe angießen und etwa 20 Minuten schmoren. Restliche Butter zerlassen, Mehl darin andünsten, die Milch nach und nach mit einem Schneebesen unterschlagen, etwa 5 Minuten kochen, mit Salz und Pfeffer würzen. Eigelb unterrühren.
Eine feuerfeste Form ausfetten, mit 3 Eßlöffeln Semmelmehl ausstreuen, die halbe Fleischmasse einfüllen, die Hälfte der Auberginen darauf geben, mit 2 Eßlöffeln Käse bestreuen, restliche Fleischmasse, Auberginen, 2 Eßlöffeln Käse einfüllen. Sauce darübergießen, mit Käse und restlichem Semmelmehl bestreuen, in den kalten Backofen schieben, bei etwa 175 Grad (Heißluft etwa 150 Grad, Gas Stufe 2) etwa 45 Minuten backen.

ITALIENISCHER GEMÜSEAUFLAUF

Paprikaschoten halbieren, putzen und waschen. Auf dem Blech im Ofen bei 250 Grad (Heißluft 200 Grad, Gas Stufe 6) so lange rösten, bis die Haut platzt. Haut abziehen und die Paprikaschoten in grobe Streifen schneiden. Zucchini putzen, waschen und in Scheiben schneiden. Knoblauchzehe abziehen und fein würfeln. Basilikum abspülen, trockentupfen und hacken. Mozzarella in Scheiben schneiden. Eine feuerfeste Form leicht fetten. Paprikastreifen, Mozzarella- und Zucchinischeiben sowie Oliven hineingeben. Alles mit Salz und Pfeffer würzen. Sojaöl mit Knoblauch und Basilikum verrühren und über das Gemüse verteilen. Den italienischen Gemüseauflauf in den kalten Backofen schieben, bei etwa 200 Grad (Heißluft 160–170 Grad, Gas etwa Stufe 3) 25–30 Minuten garen. Dazu paßt Weißbrot.

Nudeln nach Packungsaufschrift in Salzwasser kochen, abgießen, mit kaltem Wasser abschrecken und abtropfen lassen. Den Lauch putzen, gründlich waschen und in 1 cm breite Ringe schneiden. Die Butter zerlassen, Lauch darin andünsten, mit dem Wein ablöschen und mit Salz würzen. Den Lauch noch etwa 3 Minuten dünsten, abgießen und die Flüssigkeit mit der Milch und der Crème fraîche erhitzen. Gorgonzola hineinbröckeln und unter Rühren schmelzen lassen. Die Speisestärke mit 1–2 Eßlöffeln kaltem Wasser anrühren, die Flüssigkeit damit binden und mit Pfeffer abschmecken. Die Hälfte der Nudeln, des Lauchs und der Sauce in eine gefettete Auflaufform schichten, die zweite Hälfte darüber geben. Den Auflauf in den kalten Backofen schieben, bei etwa 200 Grad (Heißluft 160–170 Grad, Gas Stufe 3) etwa 25 Minuten backen.

NUDEL LAUCH AUFLAUF

400 g Bandnudeln,
Salz, 1,5 kg Lauch,
40 g Butter, 125 ml
(⅛ l) Weißwein,
250 ml (¼ l) Milch,
200 g Crème fraîche,
200 g Gorgonzola-Käse,
1 Eßl. Speisestärke,
Pfeffer aus der Mühle.
Außerdem: Butter.

(6 Portionen)
½ Bund Frühlingszwiebeln, 20 g Butter, 750 g mehlig-kochende Kartoffeln, 200 g große, weiße Champignons, 3 Äpfel (Golden Delicious), Salz, geriebene Muskatnuß, schwarzer Pfeffer aus der Mühle, 200 ml Schlagsahne, 2 Eigelb, 75 g grob geriebener Maasdamer Käse.

APFEL-KARTOFFEL AUFLAUF

Die Frühlingszwiebeln putzen, waschen, in dünne Ringe schneiden und in der Butter glasig braten. Die Kartoffeln schälen, waschen und in dünne Scheiben schneiden. Auf einer dicken Lage Haushaltspapier ausbreiten und trockentupfen. Champignons putzen, mit Küchenpapier abreiben, in Scheiben schneiden. Die Äpfel vierteln, schälen und entkernen, dann längs in dünne Scheiben schneiden. Ein Drittel der Kartoffeln in eine ovale gefettete Gratinform geben und mit der Hälfte der Zwiebeln bedekken. Die Hälfte der Apfelscheiben darauf verteilen. Alles mit Salz, Pfeffer und Muskatnuß würzen und mit etwas Sahne begießen. Nun das zweite Kartoffeldrittel, die restlichen Zwiebeln, die Champignons und die restlichen Apfelscheiben einschichten, würzen und etwas Sahne darüber träufeln. Mit dem letzten Drittel Kartoffeln bedecken, würzen und mit Käse bestreuen. Die restliche Sahne mit dem Eigelb verschlagen. Die Eigelb-Sahne-Mischung über den Auflauf verteilen. Das Gratin in den kalten Backofen schieben, bei 200 Grad (Heißluft 160–170 Grad, Gas Stufe 3) 35–40 Minuten backen und in der Form servieren. Das Gratin schmeckt als Beilage zu kurzgebratenem Fleisch, Hähnchen oder pochierten Fischfilets.

ÜBERBACKENE MUSCHELN

500 g gemischte Meeresfrüchte (oder Muscheln aus der Dose), 300 g Zucchini, 1 Eßl. Speiseöl, Salz, Pfeffer aus der Mühle, Thymian von 1 Zweiglein, 500 ml (½ l) Schlagsahne, 3 Eigelb, Paprika.

Die Meeresfrüchte gut abtropfen lassen. Die Zucchini waschen, in dünne Scheiben schneiden und in dem heißen Öl unter Rühren kurz anbraten. Mit Salz, Pfeffer und Thymianblättern würzen und im geschlossenen Topf garen. Die Sahne einkochen lassen, von der Herdplatte nehmen, mit dem Eigelb eindicken. Mit Salz, Pfeffer und Paprika abschmecken. Die Zucchini in einer gefetteten Auflaufform verteilen, die Meeresfrüchte darauf geben und mit der Sauce bedecken. In den kalten Backofen schieben, bei 160 Grad (Heißluft 140 Grad, Gas Stufe 2) 30 Minuten backen. Zum Servieren mit reichlich Schnittlauch bestreuen.

▶ TIP: Je nach Geschmack kann man dieses Rezept auch mit einer einzigen Meeresfrucht zubereiten.

MAASLANDER
Maaslander ist ein Käse vom Gouda-Typ mit 48% Fett in der Trockenmasse. Er wird jedoch mit anderen Säurekulturen und einem um 25% geringeren Salzanteil hergestellt. Daher hat er einen speckigen Teig, der relativ wenig Löcher aufweist. Sein Geschmack ist mild und sahnig. Die Reifezeit beträgt 6–8 Wochen. Der Maaslander ist für viele Verbraucher wegen seines reduzierten Salzgehaltes von besonderem Interesse. Er gilt als Alternative zwischen Diätkäse, der salzarm ist, und normalem Gouda.

SPINAT IM REISBETT

1 Zwiebel, 1 Eßl. Butter, 250 g Langkornreis, 500 ml (½ l) Hühnerbrühe, 100 g Holland-Gouda, alt, 1 Paket tiefgekühlter Würzspinat (450 g), 100 g Schinkenspeck.

Die Zwiebel abziehen, fein hacken. In einer feuerfesten Form in der Butter andünsten. Den Reis zufügen und unter Rühren glasig werden lassen. Die Hühnerbrühe angießen. Den Käse klein würfeln und unter den Reis mischen. Den Spinat unaufgetaut als Block in den Reis in die Mitte der Form setzen. Den Deckel auflegen oder mit Alufolie gut abdecken. Den Auflauf in den kalten Backofen schieben, bei 200 Grad (Heißluft 160–170 Grad, Gas Stufe 3–4) 40–45 Minuten backen. Die Speckscheiben ausbraten, zu Spiralen drehen und über den Spinatreis geben. Sofort servieren.

KOHLRABI SCHINKEN AUFLAUF

1 kg Kohlrabi (ohne Grün gewogen), 250 ml (¼ l) Salzwasser, 1 schwach geh. Eßl. Weizenmehl, 1 Eßl. weiche Butter, 1 geh. Eßl. Crème fraîche, Salz, Pfeffer aus der Mühle, 200 g gekochter Schinken, Butter, 3–4 Eier, geriebene Muskatnuß.

Kohlrabi schälen (Herzblätter aufheben), waschen, in etwa ½ cm breite Stifte schneiden, in kochendes Salzwasser geben, zum Kochen bringen, 10–15 Minuten kochen lassen (die Kohlrabistifte dürfen nicht zu weich werden). Kohlrabi auf ein Sieb geben, abtropfen lassen, die Flüssigkeit auffangen. Weizenmehl und Butter mit einer Gabel verkneten, die Kohlrabiflüssigkeit zum Kochen bringen. Das Mehl-Butter-Gemisch unter ständigem Rühren hinzufügen. Mit einem Schneebesen durchschlagen, darauf achten, daß keine Klumpen entstehen, zum Kochen bringen, etwa 5 Minuten kochen lassen. Crème fraîche unterrühren. Kohlrabiblätter und -stifte in die Sauce geben, mit Salz und Pfeffer würzen. Schinken in Würfel schneiden, abwechselnd mit dem Kohlrabi in eine Auflaufform schichten. Eier mit Muskatnuß verschlagen, mit Salz, Pfeffer würzen, über die Kohlrabi-Schinken-Masse geben. Die Auflaufform mit einem Deckel oder Alufolie verschließen. Die Form auf dem Rost in den kalten Backofen schieben, bei 225–250 Grad (Heißluft 180–190 Grad, Gas Stufe 5-6) etwa 30 Minuten backen. Dazu Bauernbrot servieren.

750 g Lauch, 50 g Butter, 250 g Langkornreis (parboiled), Salz, 200 g Salami, 250 g Gouda, mittelalt, 1 Bund glatte Petersilie, 2 Eßl. Semmelmehl. 1 kg Fleischtomaten.

REIS-TOMATEN AUFLAUF

Lauch putzen, waschen und in feine Ringe schneiden. In der Butter andünsten, dann den Reis zugeben. 500 ml ($\frac{1}{2}$ l) kochendes Salzwasser angießen und den Reis 15 Minuten ausquellen lassen. In der Zwischenzeit die Salami in feine Streifen schneiden, den Gouda raspeln und die Petersilie abspülen, trockentupfen und hacken. Die Salami und $\frac{1}{3}$ des Käses in den Reis rühren, Reis in eine gefettete Auflaufform füllen. Restlichen Käse mit der Petersilie und dem Semmelmehl mischen, Tomaten abspülen, trockentupfen und in dünne Scheiben schneiden. Auflauf schuppenförmig mit den Tomatenscheiben belegen, die Käsemischung darüber verteilen und den Auflauf in den kalten Backofen schieben, bei etwa 225 Grad (Heißluft etwa 180 Grad, Gas Stufe 4) etwa 35 Minuten überbacken.

KARTOFFEL-MÖHREN GRATIN

Kartoffeln und Möhren waschen, schälen und in etwa 4 mm dicke Scheiben hobeln.
Eine flache Auflaufform fetten. Das Gemüse schuppenförmig einschichten, so daß sich ein Streifenmuster aus Kartoffel- und Möhrenscheiben ergibt.
Milch und Sahne verrühren und mit Salz, Pfeffer und Muskat kräftig abschmekken. Die abgezogenen Mandeln im Mixer pürieren. Majoran abspülen, die Blättchen von den Stengeln zupfen und mit den Mandeln in die Flüssigkeit rühren. Diese Flüssigkeit über das Gemüse gießen. Das Gemüse sollte gerade bedeckt sein. Wenn nötig, noch etwas gesalzene Milch zugießen.

Die Form in den kalten Backofen schieben, bei etwa 200 Grad (Heißluft 160–170 Grad, Gas Stufe 3) das Gratin etwa 70 Minuten backen.

Das Gratin heiß als Beilage zu Fleisch, Fisch oder Eiern reichen. Oder als Hauptgericht servieren: Dann 15 Minuten vor Ende der Garzeit 6 Eier auf das Gemüse setzen und stocken lassen.

500 g Kartoffeln, 500 g Möhren, 500 ml ($\frac{1}{2}$ l) Milch, 125 ml Schlagsahne, Salz, Pfeffer aus der Mühle, geriebene Muskatnuß, 100 g abgezogene Mandeln, 3–4 Zweige Majoran.
Außerdem: Butter.

APFEL-KARTOFFEL SCHAUM

500 g säuerliche Äpfel (z. B. Boskop), 500 g mehlig-kochende Kartoffeln, 100 g Zucker, 4 cl Calvados, 100 g Backobst, 100 g Rosinen, 1 Teel. gemahlener Zimt, Macispulver, Pimentpulver, 4 Eigelb, 4 Eiweiß.
Außerdem: Butter oder Margarine, Alufolie.

Äpfel waschen, auf Alufolie setzen, auf dem Blech in den kalten Backofen schieben, bei etwa 220 Grad (Heißluft etwa 180 Grad, Gas Stufe 4) etwa 25 Minuten garen. Kartoffeln waschen, in der Schale in etwa 20 Minuten weich kochen und pellen. Apfelfruchtfleisch aus der Schale lösen und mit den Kartoffeln durch ein Sieb streichen oder durch die Presse drücken.
Zucker in einer heißen Pfanne karamelisieren lassen, mit 1–2 Eßlöffeln Wasser ablöschen, Karamel bei kleiner Hitze auflösen. Apfel- und Kartoffelschnee zugeben, einkochen lassen. Danach den Calvados unterrühren. Backobst kleinschneiden und mit den Rosinen und Gewürzen unterziehen. Die Masse abkühlen lassen und die Eigelb unterschlagen. Eiweiß steif schlagen und unterziehen.
Die Masse in eine gefettete Auflaufform füllen, in den Backofen schieben, bei etwa 220 Grad (Heißluft etwa 180 Grad, Gas Stufe 4) etwa 40 Minuten garen.

CHAMPIGNON GRATIN

Weiße und dunkle Champignons putzen, möglichst nicht waschen, in gleichmäßige Scheiben schneiden (am besten mit dem Eierschneider). Schalotten abziehen und sehr fein würfeln. Butter in einer großen Pfanne erhitzen und die Schalotten darin glasig braten. Die Champignons dazugeben, mit Pfeffer übermahlen und nur ganz kurz durchschwenken. Den Wein angießen und bei starker Hitze fast ganz einkochen. Nun erst die Sahne hinzufügen, salzen und einmal aufkochen. Die Champignons mit einem Schaumlöffel aus der Sahne nehmen und in eine gefettete Gratinform geben. Die Sahne bei starker Hitze unter Rühren cremig einkochen. Mit etwas Himbeeressig, Salz und Pfeffer würzen und in die Form gießen. Eigelb und Crème fraîche verquirlen, leicht salzen und über die Pilze verteilen. Das Gratin auf dem Rost in den kalten Backofen schieben, bei 250 Grad (Heißluft 200 Grad, Gas Stufe 6) 8–10 Minuten überbacken.

400 g weiße Champignons, 400 g braune Champignons, 4 Schalotten, 30 g Butter, weißer Pfeffer aus der Mühle, 6 Eßl. trockener Weißwein, 200 ml Schlagsahne, Salz, einige Tropfen Himbeeressig, 2 Eigelb, 3 Eßl. Crème fraîche. Außerdem: Butter.

SPARGELSOUFFLÉ MIT ORANGEN

600 g frischer Spargel, Zucker, 1 Orange (unbehandelt), 2 Eßl. Mandelsplitter, 1 Eßl. Butter, 1 Eßl. Weizenmehl, 125 ml (⅛ l) Spargelwasser, 125 ml (⅛ l) Schlagsahne, 2 Eigelb, 2 Eiweiß, Salz, Pfeffer aus der Mühle.

KOHLRABI MÖHREN FLAN

500 g Möhren, 500 g Kohlrabi, Sojasauce, Pfeffer aus der Mühle, 1 Stange Lauch, 2 Knoblauchzehen, 500 g Magerquark, 200 g Schmand, 3 Eßl. gehackte Petersilie, 10 Eßl. Sesamsamen, ½ Teel. Kräutersalz, 250 ml (¼ l) Milch.
Außerdem: Butter.

Möhren und Kohlrabi putzen, waschen, schälen und in dünne Scheiben hobeln. Das Gemüse mit Sojasauce und Pfeffer würzen. Den Lauch putzen, gründlich waschen und in dünne Ringe schneiden. Knoblauch abziehen und fein würfeln. Lauch und Knoblauch mit Quark, Schmand, Petersilie, 6 Eßlöffeln Sesamsamen und Kräutersalz verrühren und mit Pfeffer würzen. In eine gefettete Auflaufform die Hälfte der Möhren und des Kohlrabi legen, die Hälfte der Quarkcreme darauf verstreichen. Mit der zweiten Hälfte genauso verfahren. Den Auflauf mit Milch begießen, mit dem restlichen Sesam bestreuen, in den kalten Backofen schieben, bei etwa 200 Grad (Heißluft 160–170 Grad, Gas Stufe 3) etwa 75 Minuten garen.

Die Spargelstangen schälen, waschen, in 8–10 cm lange Stücke schneiden, und in leicht gezuckertem Salzwasser halbgar kochen. Die Orange gründlich waschen und abtrocknen. Die Schale abreiben und den Saft auspressen. Butter zerlassen, Mehl unter Rühren darin anschwitzen. Mit Spargelwasser unter Rühren löschen und mit der geriebenen Orangenschale kurz einkochen lassen. Die Spargelstangen gut abtropfen lassen und in einer flachen, gebutterten und mit einem Teil der Mandelsplitter bestreuten Form verteilen. Eigelb und Sahne verschlagen, die Sauce damit binden. Den Orangensaft dazugeben. Mit Salz und Pfeffer abschmecken. Das Eiweiß steifschlagen, mit der Sauce vermengen. Die Eiercreme über den Spargel geben, mit den restlichen Mandeln bestreuen. Das Soufflé in den kalten Backofen schieben, bei 200–225 Grad (Heißluft 170–180 Grad, Gas Stufe 4–5) 20 Minuten backen.

BUNTER GEMÜSEAUFLAUF MIT MAISGRIESS

500 g verschiedenes Gemüse (Möhren, Lauch, Blumenkohl, Kohlrabi, Zucchini), 750 ml (¾ l) Fleischbrühe, 1 Dose geschälte Tomaten (Abtropfgewicht 210 g), 1 Becher (125 g) Crème fraîche mit Kräutern, 200 g Maisgrieß (Kukuruz), 1 Bund Petersilie, 2 mittelgroße Bananen, frisch gepreßter Zitronensaft, 3 Eier, 3 Eßl. heißes Wasser, 200 g Doppelrahmfrischkäse mit Kräutern, 1 Becher (125 g) Crème fraîche mit Kräutern, 50 g Sonnenblumenkerne, Salz, Pfeffer aus der Mühle, Butter oder Margarine, 2 Eßl. Semmelmehl, 20 g Butterflöckchen.

Gemüse putzen, waschen, Möhren in dünne Scheiben und Stifte, Lauch in breitere Ringe, Blumenkohl in kleine Röschen, Kohlrabi in Würfel, Zucchini in Scheibchen schneiden. Fleischbrühe zum Kochen bringen, Gemüse darin sortenweise nacheinander „mit Biß" garen, mit dem Schaumlöffel herausheben, kalt überbrausen, abtropfen lassen, locker mischen. Tomaten auf einem Sieb abtropfen lassen, Saft auffangen. Crème fraîche mit Kräutern darunterrühren, zusammen mit den Tomaten zu dem Gemüse geben. 500 ml (½ l) der verbliebenen Fleischbrühe abmessen (nach Bedarf mit Wasser auffüllen), zum Kochen bringen, Maisgrieß unter Rühren einstreuen, kräftig aufkochen, zur Seite ziehen, in 15 Minuten ausquellen, etwas abkühlen lassen. Petersilie waschen, trockenschwenken, grob hacken. Bananen in Scheiben schneiden, mit Zitronensaft beträufeln. Eier trennen. Eigelb mit Wasser schaumig schlagen, Doppelrahmfrischkäse, Crème fraîche und Petersilie darunterrühren, mit dem Maisgrieß gut vermengen, Sonnenblumenkerne dazugeben, mit Salz und Pfeffer abschmecken. Eiweiß

SCHOKOLADEN AUFLAUF

4 Eiweiß, 4 Eigelb, 75 g Zucker, 25 g Kakaopulver, 75 g abgezogene, gemahlene Mandeln, Butter, 1 Eßl. Semmelmehl.

Eiweiß steif schlagen. Eigelb mit Zucker dickschaumig schlagen, den Eischnee darauf geben. Kakao auf den Eischnee sieben, Mandeln darüber geben. Kakao und Mandeln vorsichtig unter die Eigelbcreme ziehen (nicht rühren). Die Masse in eine gebutterte Auflaufform füllen. Semmelmehl darüber streuen. Die Form auf dem Rost in den kalten Backofen schieben, bei 175–200 Grad (Heißluft 160–170 Grad, Gas Stufe 2–3) etwa 25 Minuten backen. Dazu leicht geschlagene Sahne oder Vanillesauce reichen.

zu sehr steifem Schnee schlagen, zusammen mit den Bananenscheiben unterheben. Eine Auflaufform fetten, die Hälfte der Maisgrießmasse gleichmäßig verteilen. 1 Eßlöffel Semmelmehl darüberstreuen. Gemüse samt Tomaten und Sauce daraufgeben, mit der restlichen Maisgrießmasse abschließen. Restliches Semmelmehl daraufstreuen und mit Butterflöckchen belegen. Den Auflauf in den kalten Backofen schieben, bei 220 Grad (Heißluft 180 Grad, Gas Stufe 5) 45 Minuten backen. Dazu paßt grüner Salat.

HACKBRATEN AUF KARTOFFELGRATIN

1 altbackenes Brötchen, 1 Bund Petersilie, 1 Ei, 500 g gemischtes Hackfleisch, Salz, ½ Teel. Senf, Pfeffer aus der Mühle, geriebene Muskatnuß, 200 g Pikantje van Gouda, 1 geh. Teel. Kräuter der Provence, 1 kg mehlig-kochende Kartoffeln, 125 ml (⅛ l) Milch oder Schlagsahne.

Das Brötchen in Wasser einweichen. Anschließend gut ausdrücken. Die Petersilie abspülen, trockentupfen und fein hacken. Beides mit Ei und Hackfleisch vermischen. Den Fleischteig mit Salz, Senf, Pfeffer und Muskat kräftig würzen. Den Käse in dicke Riegel schneiden. Den Fleischteig zu einem flachen, länglichen Laib formen. In die Mitte den Käse einlegen und mit Fleischteig umschließen. In eine gebutterte Auflaufform setzen. Die Form soll möglichst groß sein. Mit den Kräutern bestreuen. Die Kartoffeln schälen und in dünne Scheiben hobeln. Mit Salz, Pfeffer und Muskat kräftig würzen. Milch oder Sahne zugeben, gut mischen. Kartoffeln um den Hackbraten schichten. Restliche Sahne zugießen. Den Auflauf in den kalten Backofen schieben, bei 200 Grad (Heißluft 160–170 Grad, Gas Stufe 3–4) etwa 60 Minuten backen.

GEBACKENER KRAUTREIS

125 g Langkornreis (parboiled), Salz, 1 Zwiebel, 1 Knoblauchzehe, 1 Eßl. Speiseöl, 500 g gemischtes Hackfleisch, Pfeffer, gemahlener Kümmel, 4 Eßl. Paprika edelsüß, 1 Dose Sauerkraut (850 g Einwaage), 1 Becher (250 g) Schmand.

Den Reis in 500 ml (½ l) kochendes Salzwasser geben 15 Minuten ausquellen lassen, auf ein Sieb geben, abtropfen lassen. Zwiebel und Knoblauch abziehen, fein hacken und in dem Öl glasig werden lassen. Hackfleisch zerkrümeln und gut durchbraten. Mit Pfeffer, Salz, Kümmel und 2 Eßl. Paprika herzhaft würzen. Die Hälfte des Sauerkrauts in eine gefettete Auflaufform geben, darauf den Reis füllen. Das Fleisch auf den Reis geben, restliches Kraut darüber verteilen. Form abdecken, in den kalten Backofen schieben, bei 225 Grad (Heißluft 180–190 Grad, Gas Stufe 4–5) 30 Minuten überbacken. Schmand mit dem restlichen Paprika verrühren, auf den Auflauf streichen und offen weitere 25 Minuten backen.

BÄCKERS SPINATAUFLAUF

Spinat bei Zimmertemperatur auftauen lassen. Brötchen in Milch einweichen, gut ausdrücken. Speck in Würfel schneiden, auslassen. Zwiebel abziehen, würfeln, in dem Speckfett andünsten. Mit dem Spinat, dem Eigelb zu der Speck-Brötchen-Masse geben, gut verrühren. Mit Salz, Pfeffer, Muskatnuß würzen. Eiweiß steif schlagen, unter die Spinatmasse heben, in eine gefettete Auflaufform füllen, mit Käse bestreuen. Die Form auf dem Rost in den kalten Backofen schieben, bei 200–250 Grad (Heißluft 170–180 Grad, Gas Stufe 4–5) 40–45 Minuten backen. Dazu paßt gebratener Fleischkäse.

1 Päckchen (450 g) tiefgekühlter Spinat, 3 Brötchen, 375 ml (3/8 l) Milch, 75 g durchwachsener Speck, 1 Zwiebel, 3 Eigelb, Salz, Pfeffer aus der Mühle, geriebene Muskatnuß, 3 Eiweiß, 3 Eßl. geriebener Käse, z. B. Pikantje van Gouda, Butter. Außerdem: Butter oder Margarine.

CANDLELIGHTDINNER FOR 2

Die erste Hürde ist genommen: Der oder die Angebetete hat die Einladung zum Essen angenommen. Nun muß nur noch das passende Menü her. Eindruck soll es schon machen, aber es darf auch nicht zu gewagt sein. Denn wenn so eine ehrgeizige Creation mißglückt, müßte man womöglich mit dem neuen Schwarm einen Schnellimbiß ansteuern ... Gipfel der Peinlichkeit!
Mit unseren Rezepten kann das kaum passieren. Denn die sind ziemlich einfach, nicht zu aufwendig, aber sehr, sehr beeindruckend.

Kaum zu glauben, wenn man den Salat Nouvelle Cuisine sieht: Dieses kulinarische Kunstwerk ist ruck-zuck fertig. Und auch die gegrillten Filetsteaks mit Mark machen wenig Arbeit, aber viel her. Da bleibt noch ausreichend Zeit, sich selber in Hochform zu stylen.

CANDLELIGHT DINNER FOR 2

SALAT NOUVELLE CUISINE

Morcheln unter fließendem kaltem Wasser gründlich abspülen, in so viel Wasser einweichen, daß die Morcheln gut bedeckt sind, etwa 2 Stunden stehen lassen. Die Morcheln im Einweichwasser zum Kochen bringen, etwa 10 Minuten kochen lassen, herausnehmen, abtropfen und erkalten lassen. Größere Pilze halbieren, die Kochflüssigkeit durch Filterpapier geben, auf etwa 1 Eßl. einkochen lassen. Tomaten kurze Zeit in kochendes Wasser legen (nicht kochen lassen), in kaltem Wasser abschrekken, enthäuten, die Stengelansätze herausschneiden, die Tomaten in dünne Scheiben schneiden. Von dem Friséesalat die äußeren Blätter entfernen, die übrigen vom Strunk lösen. Vom Feldsalat die Wurzelenden abschneiden, die welken Blätter entfernen, größere Blätter teilen. Beide Salate gründlich waschen, gut abtropfen lassen. Das Ei pellen, vierteln. Knoblauchzehe abziehen, Portionsteller damit ausreiben, Salatzutaten darauf anrichten. Morchelflüssigkeit mit Öl, Essig und Sherry verrühren, mit Salz, Zucker würzen. Die Pfefferkörner zerdrücken, unterrühren, über die Salatzutaten geben. Salat sofort servieren.

10 g getrocknete Morcheln, 4 Tomaten (etwa 200 g), ½ Kopf Friséesalat, 100 g Feldsalat, 1 hartgekochtes Ei, ½ Knoblauchzehe.
Für die Sauce: 1 Eßl. Morchelflüssigkeit, 2 Eßl. Olivenöl, 1 Eßl. Weinessig, 2 Eßl. Sherry medium, Salz, Zucker, ¼ Teel. eingelegte Pfefferkörner.

ZUCKERSCHOTEN MIT ZITRONENSAUCE

300 g Zuckerschoten, kochendes Salzwasser, 1 Eßl. Speiseöl.
Für die Zitronensauce: ½ Becher (75 g) Crème fraîche, 1 Eßl. Joghurt, abgeriebene Schale von ½ Zitrone (unbehandelt), Salz, Pfeffer aus der Mühle, Zucker, gehackte Zitronenmelisseblättchen.

Von den Zuckerschoten die Enden abschneiden, die Schoten waschen, abtropfen lassen, in kochendes Salzwasser geben. Öl hinzufügen, zum Kochen bringen, 5–7 Minuten kochen, abtropfen lassen, in einer vorgewärmten Schüssel anrichten.
Für die Zitronensauce: Crème fraîche mit Joghurt, abgeriebener Zitronenschale, Salz, Pfeffer, Zukker verrühren, Zitronenmelisseblättchen unterrühren, Sauce zu den Zuckerschoten reichen.

ZIMTPARFAIT

2 Eigelb, 40 g Zucker, ½ Teel. gemahlener Zimt, 1 Eßl. Weinbrand, 2 Eiweiß, 250 ml (¼ l) Schlagsahne, 1 Päckchen Sahnesteif, geraspelte Schokolade.

Eigelb mit 30 g Zucker dickschaumig schlagen, Zimt und Weinbrand hinzufügen. Eiweiß mit dem restlichen Zucker steifschlagen. Sahne ½ Minute schlagen, Sahnesteif einstreuen, die Sahne steif schlagen. Sahne und Eischnee vorsichtig mit der Eigelbcreme vermengen. In eine Schüssel füllen, mit einem Deckel oder Alufolie abdecken. In das Gefrierfach des Kühlschranks stellen (am besten über Nacht). Etwa 10 Minuten vor dem Verzehr herausnehmen, die Schüssel kurz in heißes Wasser tauchen. Das Zimtparfait auf einen Teller stürzen, mit geraspelter Schokolade bestreuen.

GEGRILLTE FILETSTEAKS MIT MARK

250 g Rinderfilet.
Für die Marinade:
2 Eßl. Weinbrand, 1 Eßl. Speiseöl, 1 Teel. zerdrückte eingelegte grüne Pfefferkörner, 1 abgezogene, zerdrückte Knoblauchzehe, gerebeltes Basilikum, schwarzer Pfeffer.
Etwa 35 g Rindermark (mit möglichst großem Durchmesser), 1 Eßl. Speiseöl, Salz, 1 Schalotte, 1 Knoblauchzehe, ½ Teel. eingelegte grüne Pfefferkörner.

Das Filet quer zur Fleischfaser in 4 gleich große Stücke schneiden, flachdrücken. Für die Marinade: Weinbrand, Öl, grünen Pfeffer, Knoblauchzehe, Basilikum, schwarzen Pfeffer verrühren, die Filetstükke darin über Nacht durchziehen lassen. Das Rindermark unter fließendem kalten Wasser abspülen, trockentupfen, in 4 Scheiben schneiden. Filetstücke aus der Marinade nehmen, abtupfen, mit Speiseöl bestreichen, unter den vorgeheizten Grill schieben. Nach etwa 2 Minuten mit Salz bestreuen, umdrehen, je eine Scheibe Mark auf eine Scheibe Fleisch legen. Nochmals etwa 2 Minuten grillen, abkühlen lassen, mit Salz bestreuen. Schalotte und Knoblauchzehe abziehen, mit feingehacktem grünem Pfeffer vermengen, auf die Markscheiben streuen.

HA

Für das Ratatouille:
1 Zwiebel, 1 Knoblauchzehe, 1 rote Paprikaschote, 1 grüne Paprikaschote, 1 Aubergine, 1 große Zucchini, 2 Tomaten, 3 Eßl. Olivenöl, 1 Eßl. Tomatenmark, Rosmarinnadeln, gerebelter Thymian, Salz, Pfeffer aus der Mühle.
Für die Piccata:
480 g Lammrücken (ohne Knochen), 2 Eßl. Weizenmehl, 2 Eier, 1 Eßl. geriebener Käse, z. B. alter Gouda, 3 Eßl. Olivenöl.
Außerdem: 2 grüne Paprikaschoten.

PICCATA VOM LAMMRÜCKEN MIT RATATOUILLE

Für das Ratatouille Zwiebel und Knoblauch abziehen und würfeln. Paprikaschoten vierteln, entstielen, entkernen, die weißen Scheidewände entfernen. Die Schoten waschen. Die Aubergine waschen und den Stengelansatz abschneiden. Zucchini waschen und die Enden abschneiden. Die Tomaten kurze Zeit in kochendes Wasser legen (nicht kochen lassen), in kaltem Wasser abschrecken, die Stengelansätze herausschneiden, die Tomaten enthäuten, entker-

UPT GERICHTE

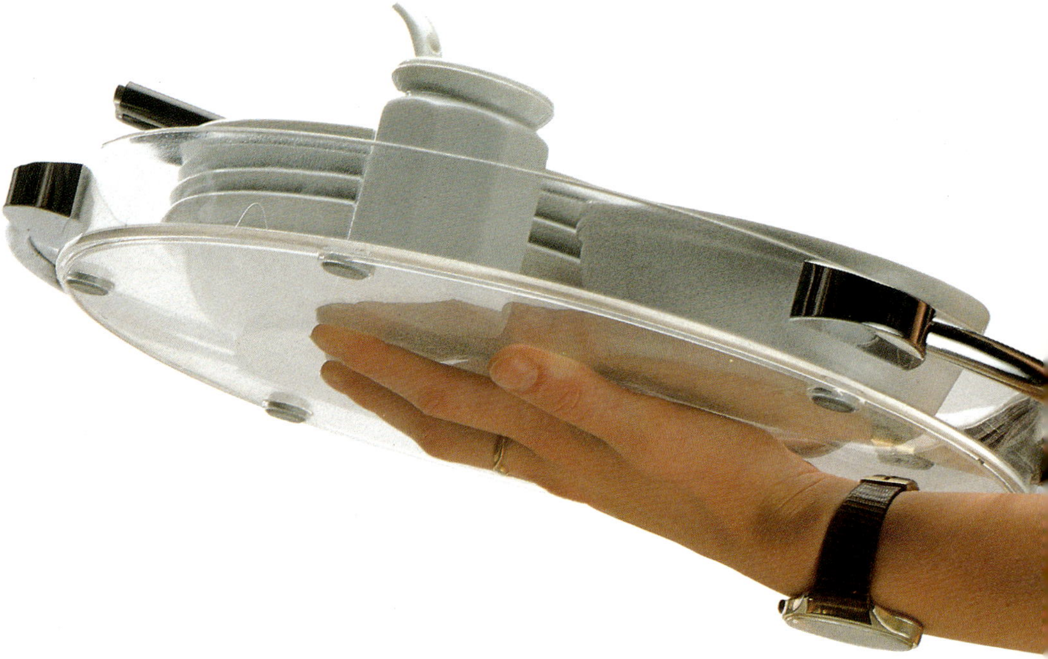

nen, zerkleinern. Gemüse in Würfel schneiden. Olivenöl erhitzen, Zwiebel, Knoblauch und Paprika andünsten. Das übrige Gemüse, bis auf die Tomaten, hinzufügen und etwa 20 Minuten dünsten. Tomaten und Tomatenmark hinzufügen und mit Rosmarin, Thymian, Salz und Pfeffer würzen.
Für die Piccata das Fleisch in Stücke von etwa 40 g schneiden und plattieren. Fleischscheiben salzen, pfeffern und in Mehl wenden. Eier verquirlen, mit Käse verrühren und das Fleisch durch diese Masse ziehen. Olivenöl erhitzen und das Fleisch bei schwacher Hitze von beiden Seiten goldgelb braten.
Paprikaschoten halbieren, entkernen, die weißen Scheidewände entfernen. Die Schote waschen.
Das Ratatouille auf vier halbe Paprikaschoten verteilen und daneben das Fleisch anrichten.

Früher bestand ein Hauptgericht fast immer aus einem gewaltigen Braten mit mächtiger Sauce, reichlich Kartoffeln und durchgekochtem Gemüse. Diese Zeiten sind glücklicherweise vorbei.
Die Rezepte dieses Kapitels sind alles andere als gewichtige Angelegenheiten, die einen in Tiefschlaf befördern, kaum daß man den letzten Bissen verspeist hat. Das einzige Schwere daran ist, daß sie schwer lecker sind.

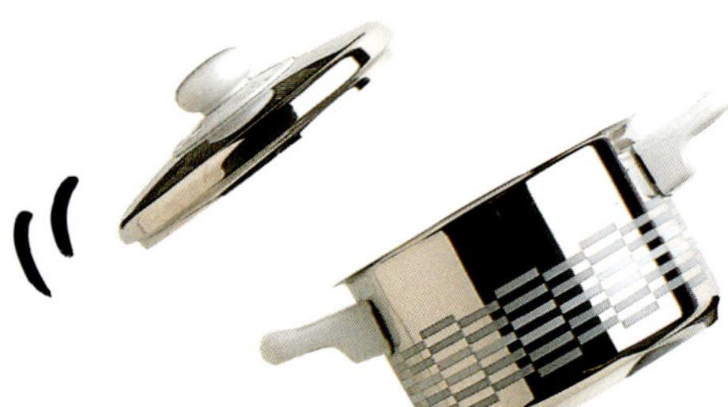

TRUTHAHN À LA CORDON BLEU

4 Truthahnschnitzel, Salz, Paprika rosenscharf, 2 Scheiben gekochter Schinken, 4 Scheiben Pikantje van Gouda, 1 Bund feingehackte Petersilie, Weizenmehl, 1 Ei, Semmelmehl, Fett zum Ausbacken, 1 Zitrone.

In die Truthahnschnitzel eine Tasche schneiden, innen und außen mit Salz und Paprika würzen. Mit halbierter Schinkenscheibe, Käse und je einem Teelöffel feingehackter Petersilie füllen. Mit Zahnstochern zustecken. Zuerst in Mehl, dann in verschlagenem Ei wenden. Zum Schluß in Semmelmehl wenden. Die Panade gut andrücken. Das Fleisch muß ganz davon umhüllt sein. In reichlich heißem Fett ausbacken. Pro Seite jeweils 2 Minuten. Auf Küchenpapier abtropfen lassen. Die Zitrone vierteln. Die Schnitzel mit Zitronenvierteln und frischem Blattsalat servieren.

▶ TIP: Statt Taschen einzuschneiden, die Schnitzel nur mit Schinken und Käse belegen, zusammenklappen und mit Zahnstochern fest zustecken.

Von Möhren und Petersilienwurzeln das Grün bis auf etwa 1 cm und die Wurzelenden abschneiden. Möhren und Petersilienwurzeln schälen, waschen, abtrocknen. Fenchelknollen putzen, waschen, vierteln, abtrocknen. Petersilienzweige vorsichtig abspülen, trockentupfen. Scampi aus der Schale lösen, unter fließendem kaltem Wasser abspülen, trockentupfen. Kalamari unter fließendem kaltem Wasser abspülen, trockentupfen, in Ringe schneiden. Mit Zitronensaft beträufeln, etwa 15 Minuten stehen lassen, trockentupfen. Weizenmehl in eine Schüssel sieben, in die Mitte eine Vertiefung eindrücken, etwas von dem Bier hineingeben. Von der Mitte aus das Bier mit einem Teil des Mehls verrühren. Das übrige Bier und das Ei hinzufügen. Alles zu einem glatten Teig verrühren (darauf achten, daß keine Klumpen entstehen). Den Teig mit Salz und Pfeffer würzen. Fritierfett in einer Friteuse auf etwa 180 Grad erhitzen, Gemüse, Petersilie und Meeresfrüchte in den Teig tauchen, im Fritierfett goldgelb fritieren (Meeresfrüchte 3–5 Minuten, Gemüse 10–12 Minuten), auf Küchenpapier abtropfen lassen. Mit Zitronenachteln garnieren, sofort servieren.

6–8 junge, dünne Möhren, 6–8 junge, dünne Petersilienwurzeln, 2 Fenchelknollen (etwa 500 g), 8 Petersilienzweige, 4 große, ungekochte Scampi, 200 g ungekochte Kalamari (Tintenfische), 1 Eßl. Zitronensaft. Für den Teig: 250 g Weizenmehl, 250 ml helles (¼ l) Bier, 1 Ei, Salz, Pfeffer aus der Mühle, Fritierfett, Zitronenachtel.

FRITIERTE GEMÜSE MIT MEERESFRÜCHTEN

TOMATEN STEAK

(1 Portion)
150 g Rinderfilet, 1 Teel. Sojaöl, schwarzer Pfeffer, Salz, 2 Tomaten (à 50 g), 2 Maiskolben aus der Dose, 1 Teel. gerebelter Oregano, 1 Eßl. Magerquark, etwas Mineralwasser.

Rinderfilet mit Öl und Pfeffer einreiben und in einer beschichteten Pfanne von jeder Seite 2–3 Minuten braten. Herausnehmen und salzen. Tomaten kurze Zeit in kochendes Wasser legen (nicht kochen lassen), in kaltem Wasser abschrecken, enthäuten und vierteln. Maiskörner von den Kolben mit einem scharfen Messer abschaben. Tomaten und Mais im Bratensatz ca. 5 Minuten dünsten. Oregano unterrühren. Zum Schluß Magerquark mit etwas Mineralwasser verrühren und unter das Gemüse mengen. Das Gemüse mit dem Steak servieren. Dazu Salat servieren.

GLASIERTE KAROTTEN

Karotten waschen, Wurzelenden abschneiden, Karotten schälen. Bekommt man nicht die relativ raren, runden Karotten möglichst gleichmäßig dicke Möhren auswählen. Nach dem Schälen in Abschnitte teilen, die in der Länge dem Durchmesser entsprechen und zur Kugel zurechtschnitzen. 30 g Butter zerlassen, Karotten andünsten und würzen. 1 Teelöffel Orangenschale von der unbehandelten Frucht abreiben, Orange auspressen, beides zu den Karotten geben. Bei kleiner Hitze etwa 20–30 Minuten dünsten, bis die Möhren gar sind. Dann bei geöffnetem Deckel Flüssigkeit verkochen lassen, restliche Butter und Honig zufügen, unter ständigem Rühren glasieren, d. h. schmoren, bis die Karotten von einer glänzenden Schicht überzogen sind. Aus der Pfanne nehmen, warmhalten. Die zwei restlichen Orangen bis aufs Fruchtfleisch abschälen, in dünne Scheiben schneiden, in der Pfanne mit dem Likör erhitzen, mit den Karotten anrichten.

750 g Karotten, 50 g Butter, Salz, Pfeffer aus der Mühle, 3 Orangen (1 unbehandelt), 1 Teel. Honig, 1 Eßl. Orangenlikör.

HERZHAFTE GEMÜSEZWIEBELN

4 große Gemüsezwiebeln (à 300 g),
60 g Knoblauchbutter,
4 Scheiben (125 g) durchwachsener Speck, 2 Eier, 4 Eßl. geriebener Parmesan-Käse.

Gemüsezwiebeln abziehen, einen Deckel abschneiden und so aushölen, daß noch 2–3 Schichten der Außenhülle bestehen bleiben. Die Zwiebeln in wenig Salzwasser etwa 10 Minuten garen, abtropfen lassen. 50 g Knoblauchbutter in einer Pfanne erhitzen, den würfelig geschnittenen Speck darin anbraten. Etwa die Hälfte des Zwiebelinneren kleinschneiden (den Rest anderweitig verwenden). In der Knoblauchbutter glasig dünsten, zum Schluß die verquirlten Eier hinzufügen. Die Masse zu gleichen Teilen in die Zwiebeln füllen, mit Parmesan bestreuen, in den kalten Backofen schieben, bei 250 Grad (Heißluft 190 Grad, Gas Stufe 6) etwa 10 Minuten überbacken. Vor dem Servieren mit restlicher Knoblauchbutter garnieren. Dazu paßt Baguette.

2 Hühnerbrüstchen, 300 g Tofu, 16 große, feste Steinchampignons (Egerlinge), 1 große rote Paprikaschote, 2 kleine Zucchini, 4 Frühlingszwiebeln, 4 Blätter Chinakohl, 4 Eßl. japanische Sojasauce, 2 Eßl. Sojaöl, 2 Eßl. flüssiger Honig, Cayennepfeffer. Für den Dip: 100 g weißer Rettich, 8 Eßl. japanische Sojasauce, 1 Stück Ingwer (4 cm).

BUNTE GRILL SPIESSCHEN „KYOTO"

Die Brüstchen unter fließendem kaltem Wasser abspülen, trockentupfen, häuten. Das Fleisch in 32 Würfel schneiden. Den Tofu abtropfen lassen und in 16 Würfel schneiden. Die Pilze putzen, mit einem Tuch abreiben und halbieren. Die Paprikaschote und die Zucchini putzen, waschen, in 16 Stücke schneiden. Frühlingszwiebeln waschen, putzen, die geschlossenen Teile schräg in je 8 Stükke schneiden. Drei Chinakohlblätter waschen und abtropfen lassen. Die dikken Blattenden abtrennen und in je vier Teile schneiden. Die weichen Blattenden quer halbieren, zu Röllchen drehen und diese halbieren. Alles zusammen gleichmäßig auf 16 Schaschlikspießchen stecken und in eine flache Schale legen. Sojasauce mit Öl und Honig aufkochen, mit Cayennepfeffer würzen und über die Spieße gießen. Die Spieße 20 Minuten unter Wenden marinieren. Dann in einer Grillschale im Backofen unter dem Grill 20 Minuten grillen, dabei häufig umdrehen und immer wieder mit der Sauce begießen.

Für den Dip die Blattspitzen der Frühlingszwiebeln in feine Röllchen schneiden. Den Rettich schälen, waschen und fein raffeln. Die Sojasauce in ein Schälchen geben. Den Rettich darin anhäufen, den Ingwer darüberreiben. Mit den Zwiebelringen bestreuen.

HUMMERKRABBEN AUF ZUCCHINI

2 kleine Zucchini (etwa 400 g), ½ Bund Schnittlauch, 3 Eßl. Estragon-Essig, 6 Eßl. Erdnußöl, ½ Teel. Salz, ½ Teel. Zucker, ½ Teel. scharfer Senf, 50 g USA-Erdnüsse, 1 Teel. Butter, 3 Eßl. Olivenöl, 6 Hummerkrabben (à 50–60 g), Lemonpfeffer, Knoblauchsalz.

Zucchini putzen, waschen und feinblättrig schneiden. Den Schnittlauch waschen und in 2 cm lange Stücke schneiden. Aus Essig, Öl, Salz, Pfeffer, Zucker und Senf mit dem Schneebesen eine Marinade rühren. Die Zucchini in der Salatsauce 10 Minuten ziehen lassen. Erdnüsse in Butter rösten. Öl in einer großen Pfanne erhitzen. Hummerkrabben quer halbieren und etwa 4 Minuten bei geringer Hitzezufuhr von beiden Seiten braten. Die Krabben in der Pfanne warmhalten. Die Zucchini als Spiegel auf großen Tellern auslegen. Die Hummerkrabben seitlich anrichten und mit Lemonpfeffer und Knoblauchsalz würzen. Den Schnittlauch und die Erdnüsse über die Zucchinischeiben streuen.

OSSO BUCO

4 Kalbshaxenscheiben mit Knochen (je etwa 200 g), 1 Möhre, 1 Stange Staudensellerie, 1 kleine Stange Lauch, 1 Knoblauchzehe, 1 Zwiebel, 3 Fleischtomaten, 100 ml Olivenöl, 30 g Butter, 100 ml Weißwein, 1 l Fleischbrühe, 1 Bund Petersilie, ½ Teel. abgeriebene Zitronenschale (unbehandelt), Salz, Pfeffer aus der Mühle.

Die Haxenscheiben unter fließendem kaltem Wasser abspülen, trockentupfen. Möhre, Sellerie und Lauch putzen, gründlich waschen und in Streifen schneiden. Knoblauch und Zwiebel abziehen und würfeln. Fleischtomaten kurze Zeit in kochendes Wasser legen (nicht kochen lassen), in kaltem Wasser abschrecken, enthäuten, entkernen, halbieren, die Stengelansätze herausschneiden, die Tomatenhälften in Würfel schneiden. Das Olivenöl erhitzen und die Fleischscheiben von beiden Seiten darin anbraten. Die Butter in einem Bräter zerlassen. Zwiebel, Möhre, Sellerie und Lauch darin andünsten und mit Weißwein ablöschen. Die Haxenscheiben abtropfen lassen und zum Gemüse geben. Fleischbrühe angießen und die Tomaten hinzufügen. Den Bräter auf dem Rost in den kalten Backofen schieben, bei 180 Grad (Heißluft etwa 150 Grad, Gas Stufe 2) etwa 1½ Stunden schmoren lassen. Petersilie abspülen, trockentupfen, fein hacken und kurz vor Ende der Garzeit mit dem Knoblauch und der Zitronenschale zugeben. Osso buco mit Salz und Pfeffer abschmecken. Als Beilage eignen sich Safranrisotto und Nudeln.

KALBSGESCHNETZELTES IM PAPRIKA-REISRAND

CHINESISCHE RINDFLEISCH PFANNE

(1 Portion)
1 Kochbeutel (62,5 g) Spitzen Langkornreis, 1 kleine rote Paprikaschote, 2 Frühlingszwiebeln, 150 g mageres Rindfleisch, 1 Eiweiß, 1 Eßl. Sojasauce, 1 Teel. Speisestärke, 2 Eßl. Olivenöl, Zucker, gemahlener Ingwer, 1 Teel. Weißwein-Essig, Salz.

Reis nach Packungsaufschrift zubereiten, abtropfen lassen. Paprikaschote und Frühlingszwiebeln putzen, waschen und in kleine Stücke bzw. Ringe schneiden. Das Fleisch in feine Scheiben schneiden. Eiweiß, Sojasauce und Speisestärke verrühren und das Rindfleisch darin wenden. Öl in einer Pfanne erhitzen und das Fleisch darin anbraten, herausnehmen und abtropfen lassen. Dann das Gemüse in die Pfanne geben und kurz darin ziehen lassen. Zucker, Ingwer, Weinessig und das Fleisch dazugeben und mit Salz abschmecken. Den Reis dazu servieren.

2 Kochbeutel (à 125 g) 8 Minuten-Reis, 2 l Wasser, 1 Teel. Salz, 1 rote Paprikaschote, 1 Eßl. gehackte Petersilie, 1 Eßl. gehackter Dill, Fett für die Reisrandform, 500 g Kalbfleisch, 50 g Butter oder Margarine, Salz, weißer Pfeffer aus der Mühle, 1 gest. Eßl. Weizenmehl, 1–2 Eßl. Cognac, 125 ml (⅛ l) Fleischbrühe, ½–1 (75–150 g) Becher Crème fraîche, Zucker, gemahlener Kümmel.

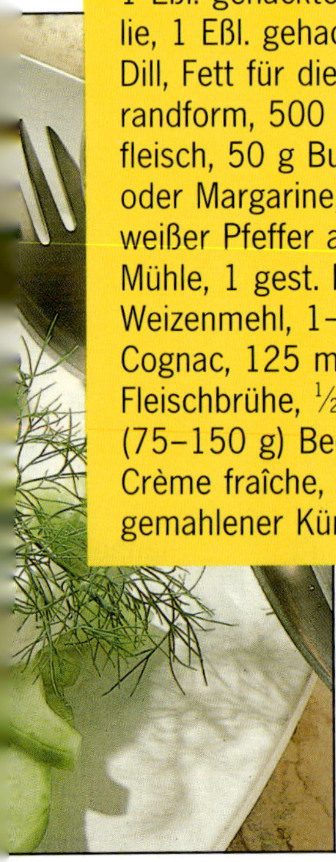

Reis nach Packungsaufschrift garen, abtropfen lassen. Paprikaschote halbieren, entstielen, entkernen, die weißen Scheidewände entfernen, die Schote waschen, in kleine Würfel schneiden. Den gegarten Reis mit Paprika, Petersilie und Dill vermischen. Eine Reisrandform fetten, den Reis fest andrücken und auf eine Platte stürzen. In der Zwischenzeit das Kalbfleisch unter fließendem kaltem Wasser abspülen, trockentupfen, in Streifen schneiden und in Butter oder Margarine von allen Seiten bräunen, mit Salz und Pfeffer würzen, mit Mehl bestäuben, mit Cognac ablöschen, mit Brühe begießen, aufkochen lassen, Crème fraîche unterrühren und mit etwas Zucker und gemahlenen Kümmel abschmecken. Den gestürzten Reisrand mit dem geschnetzelten Kalbfleisch füllen.

▶ TIP: Das Geschnetzelte mit kaltem, mariniertem Gurkengemüse servieren. Mit rotem Kaviar garnieren.

2 Äpfel, 1 Knoblauchzehe, 1 eingelegte Ingwerpflaume, 3 Eßl. Speiseöl, 4 Scheiben gekochter Schinken (à 125 g), 1 Eßl. Ingwersirup, 4 Eßl. Sojasauce, 4 Eßl. Orangensaft, 1 Eßl. Zitronensaft, Cayennepfeffer.

SCHINKENSTEAKS MIT APFEL UND SOJASAUCE

Äpfel schälen und in fingerdicke Scheiben schneiden. Das Kerngehäuse ausstechen. Knoblauch abziehen, Ingwerpflaume und Knoblauch hacken. Das Öl erhitzen. Die Schinken-und Apfelscheiben darin bei schwacher bis mittlerer Hitze pro Seite etwa 4 Minuten braten. Den Ingwer, den Knoblauch, den Ingwersirup, die Sojasauce, den Orangen- und Zitronensaft in die Pfanne geben. Den Bratfond loskochen. Die Sauce mit wenig Cayennepfeffer abschmecken und über die Schinkensteaks gießen. Dazu Kartoffelpüree reichen.

POULARDENBRUST MIT LAUCHSAUCE

Filets unter fließendem kaltem Wasser abspülen, trockentupfen, mit Salz und Pfeffer bestreuen. Schalotte abziehen und würfeln. Den Lauch putzen, gründlich waschen, in Streifen schneiden und in kochendem Wasser kurz blanchieren. Butter zerlassen, Fleisch und Schalotte darin goldbraun anbraten. Fleisch herausnehmen und warmstellen. Den Bratensatz mit Noilly Prat und Weißwein ablöschen. Sahne und Crème fraîche angießen und auf die gewünschte Konsistenz einkochen. Den Lauch zugeben und einige Minuten darin ziehen lassen. Sauce mit Salz, Pfeffer und Schnittlauch abschmecken. Filets auf der Sauce anrichten. Gemüsereis dazu reichen.

4 Poulardenbrustfilets, Salz, Pfeffer aus der Mühle, 1 Schalotte, 2 Stangen Lauch, 100 g Butter, 4 cl Noilly Prat, 250 ml (¼ l) Weißwein, 125 ml Schlagsahne, 125 g Crème fraîche, 2 Eßl. Schnittlauchröllchen.

BANANENREIS MIT GEFLÜGELLEBER

Hühnerbrühe mit dem Lorbeerblatt zum Kochen bringen. Den Basmati-Reis zufügen, umrühren, aufkochen und zugedeckt bei kleiner Hitze 15–20 Minuten ausquellen lassen. Die Leber unter fließendem kaltem Wasser abspülen, trockentupfen, von Fett befreien, in Stücke schneiden. Äpfel waschen, vierteln, entkernen, in dünne Scheiben schneiden. Leber und Äpfel gleichmäßig auf 4 Spieße stecken. Im heißen Öl bei mittlerer Hitze unter mehrmaligen Wenden 8–10 Minuten braten. Curry und Paprika mischen, etwas davon über die Spieße streuen und noch kurz weiterbraten. Die Spieße salzen, auf einem Teller warmhalten. Die Butter im verbliebenen Bratfett erhitzen. Die geschälten, in Scheiben geschnittenen Bananen und die Erdnüsse darin anbraten, das restliche Gewürzgemisch und den Reis zufügen und locker unterheben. Mit Zitronensaft abschmecken. Die Leberspieße auf dem Reis servieren.

600 ml Hühnerbrühe, 1 Lorbeerblatt, 250 g Basmati-Reis, 400 g Putenleber, 2 säuerliche Äpfel, 3 Eßl. Sojaöl, 2 Teel. Currypulver, 1 Teel. Paprika edelsüß, Salz, 1 Eßl. Butter, 2 kleine Bananen, 50 g geröstete Erdnußkerne, 1 Teel. Zitronensaft.

SALTIMBOCCA

8 Kalbsschnitzel (je etwa 80 g), 8 frische Salbeiblätter, Salz, Pfeffer aus der Mühle, 8 Scheiben Parmaschinken, 1–2 Eßl. Weizenmehl, 3 Eßl. Olivenöl, 250 ml (¼ l) brauner Fond (Fertigprodukt), 2 Eßl. trokkener Wermut. Außerdem: Holzspießchen.

Kalbsschnitzel unter fließendem kaltem Wasser abspülen und trockentupfen. Salbeiblätter vorsichtig abspülen, ebenfalls trockentupfen. Die Kalbsschnitzel nebeneinander legen, von beiden Seiten mit Salz und Pfeffer bestreuen. Jeweils ein Salbeiblatt auf jedes Schnitzel legen. Die Schinkenscheiben zusammenfalten, auf die Schnitzel legen und mit Holzspießchen feststecken. Die Schnitzel mit Mehl bestäuben. Öl erhitzen und die Schnitzel auf jeder Seite 2–3 Minuten braten. Fleisch aus der Pfanne nehmen, warm stellen. Bratfett abgießen. Braunen Fond und Wermut in die Pfanne gießen und den Bratensatz loskochen. Sauce evtl. durch ein Sieb geben und mit den Gewürzen abschmekken. Dazu Safranrisotto oder Tomatenspaghetti reichen.

CHAMPIGNON BURGER

(1 Portion)
50 g Champignons oder Egerlinge, 100 g Tatar, feingehackte Petersilie, Salz, Pfeffer aus der Mühle, 1 Teel. Öl (5 g), 1 großes Mehrkornbrötchen, 1–2 Blätter Frisée- oder Eisbergsalat, 1 kleine Tomate, 1 kleine Zwiebel, Senf (aus der Tube).

Champignons oder Egerlinge mit Küchenpapier abreiben und möglichst fein hacken. Tatar mit den Pilzen und etwas feingehackter Petersilie verkneten. Mit wenig Salz und Pfeffer würzen. Ein flaches Hacksteak formen. Das Öl in einer beschichteten Pfanne erhitzen. Das Hacksteak hineinlegen und auf beiden Seiten je 4–5 Minuten braten. Herausnehmen und beiseite stellen. Das Brötchen einmal waagerecht durchschneiden und die untere Hälfte bis auf einen kleinen Rand aushöhlen. Die Salatblätter abspülen, trockentupfen, in mundgerechte Stücke zupfen. Die Tomate waschen, abtrocknen, den Stengelansatz herausschneiden, die Tomate in Spalten schneiden. Die Zwiebel abziehen und in Ringe schneiden. Die Brötchenhälften dünn mit Senf bestreichen. Abwechselnd den Salat und die Tomatenspalten in die untere Hälfte füllen. Mit wenig Salz und Pfeffer würzen. Das Hacksteak darauflegen. Mit den Zwiebelringen belegen. Das Brötchen zusammenklappen und zusammendrücken.

RISOTTO MIT PINIENKERNEN

(4–6 Portionen)
100 g Pinienkerne,
2 Eßl. Traubenkernöl,
250 g Superfino Risotto-Reis, 250 ml (¼ l) Fleischbrühe, 100 g kalte Butter, 1 Teel. Zucker, 1–2 Eßl. Zitronensaft, 1 Eßl. Kirschwasser, Salz, schwarzer Pfeffer,
2 Bund gemischte Kräuter, grob gehackt.

Die Pinienkerne im Traubenkernöl goldbraun braten. Reis zufügen und unter Rühren glasig werden lassen. Die Brühe nach und nach dazugießen und 15–20 Minuten mit verschlossenem Deckel ziehen lassen, die Butter in Flocken unterrühren. Zukker, Zitronensaft und Kirschwasser zufügen und mit Salz und Pfeffer abschmecken. Zum Schluß die Kräuter untermengen.

PASTA MIT SONNENBLUMENKERNEN „NORTH DAKOTA“

250 g rote Bandnudeln, Salz, 1 Eßl. Speiseöl, 3 Bund krause Petersilie, 3 Knoblauchzehen, 125 ml (⅛ l) Olivenöl, 1 Teel. abgeriebene Zitronenschale (unbehandelt), ½ Teel. Pfeffer aus der Mühle, 50 g Sonnenblumenkerne, 1 Ei, 50 g frisch geriebener Parmesan-Käse.

Die Nudeln nach Packungsaufschrift in Salzwasser mit dem Öl bißfest kochen. Petersilie waschen, trockentupfen, die Blättchen von den Stengeln zupfen und grob hacken. Knoblauchzehen abziehen und zerdrücken. Öl erhitzen, Knoblauch, Zitronenschale, Petersilie dazugeben, 1 Minute schwenken und mit Salz und Pfeffer abschmecken. Die Sonnenblumenkerne in einer heißen Pfanne ohne Fett rösten. Die Nudeln abtropfen lassen, wieder in den Topf geben, sofort mit dem Ei vermischen. Den Parmesan darübergeben, die Petersiliensauce darübergießen und die Pasta mit den Sonnenblumenkernen bestreuen.

GEFÜLLTE FILETRÖLLCHEN

400 g Schweinefilet, Salz, Pfeffer aus der Mühle, 1 Stange Lauch, 8 Scheiben San Daniele- oder Parmaschinken, 60 g Ricotta oder Magerquark, 1 Eßl. frische, gehackte Kräuter (Basilikum, Petersilie), 1 Teel. Eigelb, 3 Eßl. Sonnenblumenöl, 4 Eßl. Wasser, 1 Eßl. Sojasauce, 125 ml (⅛ l) Sahne, ½ Eßl. kalte Butter, 1 Bund Basilikum.

Das Schweinefilet unter fließendem kaltem Wasser abspülen, trockentupfen, in acht Scheiben schneiden, flachklopfen, Lauch putzen, längs einschneiden, waschen, in 20 cm lange Stücke schneiden und blanchieren. ⅔ davon in 10 cm lange Stücke schneiden. Die Fleischscheiben mit dem Schinken, dann mit den kurzen Lauchstreifen belegen. Den Ricotta oder den Magerquark mit den Kräutern und dem Eigelb vermengen, mit Salz und Pfeffer abschmecken und auf den Lauch streichen. Die Rouladen aufrollen, mit Rouladennadeln zustecken und in heißem Sonnenblumenöl von allen Seiten anbraten. Die Rouladen herausnehmen, die Sauce mit Wasser, Sojasauce und Sahne ablöschen. Die Rouladen in die Sauce geben und 20 Minuten abgedeckt garen. Die Sauce abgießen. Die kalten Butterflöckchen mit dem Schnellmixstab des Handrührgerätes in die Sauce mixen. Die Rouladennadeln entfernen und die Röllchen mit den 20 cm langen Lauchstreifen zubinden. Das Basilikum abspülen, trockentupfen. ⅔ des Basilikums hacken und in die Sauce geben. Die Filetröllchen auf Basilikumsauce anrichten. Mit dem restlichen Basilikum garnieren.

SOJA-PUTEN ROULADEN

Die Putenschnitzel abspülen, trockentupfen, flach klopfen, mit etwas von der Sojasauce bestreichen und mit Pfeffer bestreuen. Lauch putzen, waschen, in 4 cm lange Stücke, dann längs in dünne Streifen schneiden, kurz mit den abgespülten Sojabohnenkeimlingen in Butter dünsten. Ein Putenschnitzel fein hacken. Das Hackfleisch mit den Sojabohnenkeimlingen und dem Lauch vermischen, mit wenig Cayennepfeffer und der restlichen Sojasauce abschmecken. Die Schnitzel mit einer Speckscheibe belegen und die Füllung darauf verteilen. Zu Rouladen rollen, mit Küchenschnur umwickeln und in Butterschmalz anbraten. Wenden und zugedeckt 10 Minuten bei kleiner Hitze fertig braten. Ab und zu etwas Wein dazugeben. Die Rouladen anrichten. Den Bratensatz kurz aufkochen und über das Fleisch verteilen. Dazu Gemüsereis und Salat servieren.

5 Putenschnitzel à 120 g, 2–3 Eßl. Sojasauce, Pfeffer aus der Mühle, 100 g Lauch, 50 g frische Sojabohnenkeimlinge, 1 Teel. Butter, Cayennepfeffer, 4 dünne Scheiben magerer Speck, 2 Eßl. Butterschmalz, 2–3 Eßl. Weißwein.

MAIS MIT KOPFSALAT

6–8 Maiskolben, 3 Zwiebeln, 50 g Butter, 1 Eßl. gehackte Petersilie, 1 Stengel Thymian, 1 Teel. gehacktes Bohnenkraut, 1 Kopfsalat, Salz, Pfeffer aus der Mühle, 1 Teel. Zucker, 3 Eßl. Schlagsahne.

Blätter und Fäden von den Maiskolben abziehen und mit einem großen Messer die Körner von den Kolben schneiden (etwa 60 g). Zwiebeln abziehen, in Ringe schneiden. Butter zerlassen, Zwiebel und Mais darin andünsten. Die Kräuter dazugeben. Salat putzen, waschen, in Streifen schneiden, unabgetropft zum Mais geben, mit Salz, Pfeffer und Zucker würzen. Das Gemüse zugedeckt etwa 30 Minuten köcheln lassen, die Sahne unterheben, nochmals abschmecken (Thymian entfernen). Zu Braten oder Steaks reichen.

ERDNUSSPFANNE „NEW WORLD"

600 g Rindfleisch,
2 Eßl. Weizenmehl,
2 Eßl. Speiseöl, 1 große Zwiebel, 30 g ungesalzene Erdnüsse,
1 Teel. Worcestershire-Sauce, Salz, Pfeffer,
125 ml (⅛ l) Fleischbrühe, je 1 rote, grüne, gelbe Paprikaschote.

Das Fleisch unter fließendem kaltem Wasser abspülen, trockentupfen, in 2 cm große Würfel schneiden, in Mehl wenden und in heißem Öl in einer großen Pfanne unter Rühren anbraten. Die Zwiebel abziehen, in Ringe schneiden. Die Zwiebelringe, die Erdnüsse und die Worcestershire-Sauce dazugeben. Salzen, pfeffern. Die Brühe angießen und zugedeckt 40 Minuten schmoren. Eventuell Flüssigkeit nachgießen. Die Paprikaschoten waschen, putzen, in feine Ringe schneiden, kurz vor Ende der Garzeit dazugeben.

250 g Rinderfilet,
2 Eßl. Speiseöl,
2 Eßl. Butter, Salz,
schwarzer Pfeffer
aus der Mühle,
1 Zwiebel, 1 Knoblauchzehe, 1 Möhre
(etwa 70 g), 1 kleine
Aubergine (150 g),
500 g Austernpilze,
4 Eßl. Sojasauce,
2 Eßl. Sesamöl, 2 Eßl.
Sesamkerne,
2 Frühlingszwiebeln.

GEBRATENE AUSTERNPILZE

Rinderfilet in dünne Scheiben, dann in schmale Streifen schneiden. Öl und Butter in einer breiten Pfanne erhitzen. Fleisch darin portionsweise kräftig anbraten, salzen, pfeffern, herausnehmen und warmstellen. Zwiebel abziehen, fein würfeln und im verbliebenen Bratfett andünsten. Knoblauch abziehen, durch die Presse drücken und dazugeben. Möhre schälen, in feine Würfel schneiden und in die Pfanne geben. Aubergine waschen, vom Stengelansatz befreien, hinzufügen und unter Rühren 8 Minuten dünsten. Die Austernpilze putzen, mit Küchenpapier abreiben, den Strunk abschneiden und die Pilze in schmale Streifen schneiden, untermischen und alles 1 Minute bei kräftiger Hitze braten. Die Pilze mit wenig Salz, Pfeffer, Sojasauce und Sesamöl würzen. Das Fleisch und die Sesamkerne untermischen und erhitzen. Die Frühlingszwiebeln putzen, waschen und in schmale Ringe schneiden, kurz vor dem Servieren unterrühren. Dazu paßt Reis.

SAFRAN-BASMATI-REIS MIT PERLHUHN SPIESSEN

14 Schalotten, 1 Eßl. Butter, 1 Packung (250 g) Basmati-Reis, 1 Beutel Safranfäden oder -pulver, 500 ml (½ l) Wasser, Salz, Pfeffer aus der Mühle, ½ Stange Lauch (100 g), 1 Perlhuhn oder 500–600 g Hähnchenbrustfilet oder Putenschnitzel, 2–3 Eßl. Maiskeimöl, 2 Eßl. Sojasauce, 100 ml Hühnerbrühe, Sansko-Pfeffer (jap. Bergpfeffer).

Schalotten abziehen und 4 davon sehr fein würfeln. Butter zerlassen und die Schalotten darin andünsten. Basmati-Reis und Safran zufügen und kurz mit andünsten. Wasser angießen, einmal aufkochen lassen, mit Salz und Pfeffer würzen und den Reis im geschlossenen Topf im Ofen bei 200 Grad (Heißluft 160 Grad, Gas Stufe 3–4) 20 Minuten quellen lassen. Den Lauch putzen, waschen und in sehr feine Streifen schneiden. Die Hälfte zum Reis geben, mit 2 Gabeln auflockern. Für die Spieße das Perlhuhnfleisch von den Knochen lösen, abspülen, trockentupfen und in kleine Stücke schneiden. Nun abwechselnd Perlhuhnfleisch und die restlichen halbierten Schalotten auf Spieße stecken. Öl in einer beschichteten Pfanne erhitzen und die Spieße darin braun anbraten. Mit Salz und Pfeffer würzen und warmstellen. Das Öl abgießen und dann Sojasauce und Hühnerbrühe in die Pfanne gießen. Die Spieße und die restlichen Lauchstreifen kurz in der Sauce gar ziehen lassen, auf dem Reis anrichten und mit Sansko-Pfeffer bestreuen.

GEDÜNSTETE FRÜHLINGSZWIEBELN

4 Bund Frühlingszwiebeln, 40 g Butter, 125 ml (⅛ l) Weißwein, Salz, Pfeffer aus der Mühle, geriebene Muskatnuß, 125 ml (⅛ l) Schlagsahne, 125 ml (⅛ l) Milch, 1–2 Eßl. Weizenmehl, 2 Eßl. kleine Kapern, 1 Eigelb.

Von den Frühlingszwiebeln Wurzeln und welke Blattenden abschneiden, die Zwiebeln waschen und abtropfen lassen. Butter zerlassen, die ungeteilten Zwiebelstangen darin anbraten, mit Wein angießen, würzen. Bei geschlossenem Topfdeckel in etwa 20 Minuten gar dünsten. Zwiebeln herausheben und warm halten. Fond mit Sahne und Milch loskochen. Mehl mit 2–4 Eßlöffeln Wasser anrühren, in die kochende Sauce rühren, bis sie sämig wird. Etwa 5 Minuten leicht köcheln lassen, Kapern zugeben, 2 Minuten ziehen lassen und nochmals abschmecken. Eigelb mit einigen Löffeln Sauce anrühren, Sauce vom Herd ziehen, Ei unterschlagen und Zwiebeln in der Sauce servieren. Zu Braten und Kochfisch servieren, oder mit Schinken und Reis als kleines Gericht.

4 Hähnchenbrüste, Salz, weißer Pfeffer aus der Mühle, 1 Eßl. Weizenmehl, 1 Ei, 125 g abgezogene, gehackte Mandeln, 2 Eßl. Butter oder Butterschmalz, 2 Eßl. trockener Sherry Fino, 1 Becher (200 g) Crème fraîche, 1 Teel. frische gehackte Zitronenmelisse, 1 Teel. Zitronensaft, 1 Teel. grüner Pfeffer, Zucker.

HÄHNCHENBRUST MIT SHERRY

Von den Hähnchenbrüsten die Haut abziehen. Das Fleisch entlang des Brustbeines in zwei Teile schneiden, vom Knochen lösen. Die Filets mit Salz und Pfeffer würzen. Nacheinander in Mehl, verschlagenem Ei und Mandeln wenden. Die Panade etwas festdrücken, Fett erhitzen, bis sich der Schaum gelegt hat. Filets von beiden Seiten etwa je 4 Minuten braten, auf einer Platte mit Alufolie warmhalten. Bratensatz mit Sherry lösen und fast einkochen lassen. Crème fraîche einrühren, Zitronenmelisse, Zitronensaft und Pfefferkörner hinzufügen. Sauce einmal aufkochen lassen, mit Salz und Zucker abschmecken und heiß zur Hähnchenbrust servieren. Dazu Reis und Salat servieren.

GEFLÜGELLEBER „CARMEN" IN SHERRYSAUCE

Leber abspülen und trockentupfen, von Haut, Röhren und Fett befreien, Zwiebeln abziehen und in feine Ringe schneiden. Äpfel waschen, vierteln, entkernen und in nicht zu dünne Spalten schneiden. Öl in einer Pfanne erhitzen. Leber darin rundherum scharf anbraten. Mit Salz und Pfeffer würzen. Zwiebeln und Äpfel dazugeben und mit anbraten. Mehl darüberstäuben und kurz anschwitzen. Mit Brühe und Sherry ablöschen. Alles zusammen 6 Minuten bei mittlerer Hitze durchschmoren lassen. Petersilie waschen, trockentupfen, fein hacken und über die Leber streuen. Dazu Reis servieren.

▶ TIP: Anstelle der Äpfel Ananasstücke verwenden, dann statt mit gehackter Petersilie mit 1 Eßlöffel Kokosraspeln bestreuen.

600 g Geflügelleber, 2 Zwiebeln, 2 rote Äpfel, 3 Eßl. Sojaöl, Salz, Pfeffer aus der Mühle, 3 gestr. Eßl. Weizenmehl, 125 ml ($\frac{1}{4}$ l) Hühnerbrühe, 100 ml Sherry (Amontillado), 1 Bund Petersilie.

(4–6 Portionen)
6 Hähnchenkeulen, 6 Eßl. Olivenöl, 125 ml (¼ l) Weißwein, 250 g mageres Schweinefleisch, 2 Zwiebeln, 2 Knoblauchzehen, Salz, Pfeffer aus der Mühle, 400 g Risotto-Reis, 2 Msp. Safran, 1 l Wasser, je 1 grüne und rote Paprikaschote, 300 g tiefgekühlte Erbsen, 6 kleine Tomaten, 250 g naturell eingelegte Miesmuscheln, 1 kleine Dose Thunfisch in Öl, 1 kleine Dose Champignons, 100 g schwarze Oliven, 200 g Krabbenfleisch.

PAELLA VALENCIANA

Hähnchenfleisch abspülen, trockentupfen, in zwei Eßlöffel heißem Öl von beiden Seiten goldbraun anbraten. Salzen, pfeffern, Wein hinzugießen und zugedeckt 15–20 Minuten garen. Schweinefleisch abspülen und trockentupfen, in Würfel schneiden, in 2 Eßlöffeln Olivenöl anbraten. Zwiebeln und Knoblauch abziehen, Zwiebeln würfeln, Knoblauch zerdrücken, Salz und Pfeffer zum Schweinefleisch geben und bei schwacher Hitze 20–30 Minuten garen. Das restliche Öl in einer Paellaform erhitzen, Risottoreis dazugeben, glasig werden lassen, Salz und Safran unterrühren, mit Wasser auffüllen. Paprika halbieren, entstielen, entkernen, die weißen Scheidewände entfernen, die Schoten waschen, würfeln und mit den Erbsen zu dem Risottoreis geben. Tomaten waschen, trockentupfen, über Kreuz einritzen, in den Reis stecken und bei geringer Hitze 15 Minuten garen, zwischendurch umrühren. Miesmuscheln, Thunfisch und Champignons in den Reis stecken, das Geflügel und das Schweinefleisch darauflegen, in den kalten Backofen schieben, bei 100–150 Grad (Heißluft 80–90 Grad, Gas Stufe 1–2) warm halten. Kurz vor dem Anrichten mit Oliven und Krabbenfleisch bestreuen. Dazu roten Landwein servieren.

VEGETARISCHES RISOTTO

2 Kochbeutel (125 g) 8-Minuten-Reis, 2 Zwiebeln, 200 g Möhren, 1 Stange Lauch, 200 g Zucchini, 3 Eßl. Speiseöl, 20 g Butter, ½ Teel. gerebelter Thymian, ½ Teel. Kräuter aus der Provence oder italienische Kräutermischung, Salz, Pfeffer aus der Mühle, 250 ml (¼ l) Gemüsebrühe, 125 ml (⅛ l) Schlagsahne, 1 Eßl. gehackte Petersilie.

Reis nach Packungsanweisung garen, abtropfen lassen. Gemüse putzen bzw. schälen, waschen. In feine, streichholzdicke und -lange Streifen schneiden. Öl und Butter erhitzen. Darin das Gemüse unter Wenden andünsten. Mit Thymian, Kräutermischung, Salz und Pfeffer würzen. Gemüsebrühe und Sahne angießen. Alles etwa 8 Minuten garen, so daß das Gemüse noch Biß behält. Den Reis unter das Gemüse mischen, erhitzen. Mit Petersilie bestreuen und servieren.

MARINIERTE LAMMKOTELETTS

PIKANTJE VAN GOUDA
Pikantje van Gouda ist ein goldgelber Schnittkäse mit 48% Fett in der Trockenmasse. Er hat einen herzhaft-pikanten Geschmack. Seine garantierte Reifezeit beträgt 4 Monate. Pikantje ist gut für alle warmen Käsegerichte geeignet.

8 Eßl. Speiseöl, 4 Eßl. Zitronensaft, Salz, Pfeffer aus der Mühle, ½ Teel. gerebelter Salbei, ½ Teel. gerebelter Oregano, 10 Rosmarinnadeln, ½ Bund feingehackte Petersilie, 1 feingehackte Knoblauchzehe, 8–12 Lammkoteletts, 8 Tomaten, 150 g geriebener Pikantje van Gouda.

GEMÜSERISOTTO

1 Eßl. Maiskeimöl, 1 rote Zwiebel, 1 Packung (à 250 g) Risotto-Reis, 350 ml Hühnerbrühe, 250 ml (¼ l) Weißwein, 500 g Gemüse der Saison (z. B. Karotten, Erbsen, Lauch, Chinakohl, Broccoli, Zucchini, Blumenkohl, Paprika), 3 Eßl. geriebener Parmesan-Käse, 2 Eßl. Butter, Salz, Pfeffer aus der Mühle.
Für die Sauce: 1 Eßl. Olivenöl, 1–2 Zwiebeln, 1 Knoblauchzehe, 1 Packung (500 g) Tomatenpüree, Salz, Pfeffer aus der Mühle, Zucker, 1 Bund oder Topf Basilikum.

Öl in einem Topf erhitzen und die abgezogene und fein gewürfelte Zwiebel darin andünsten. Risotto-Reis glasig werden lassen, Brühe und Wein hinzufügen. Alles einmal aufkochen und ca. 20 Minuten bei schwacher Hitze im geschlossenen Topf quellen lassen. Inzwischen das geputzte, gewaschene, sehr fein geschnittene Gemüse in kochendem Salzwasser kurz blanchieren. Gut abgetropftes Gemüse, Parmesan und Butter unter den Reis rühren und das Risotto mit Salz und Pfeffer abschmecken.
Für die Sauce Olivenöl erhitzen. Zwiebeln und Knoblauchzehe abziehen und fein würfeln. Im heißen Öl andünsten und Tomatenpüree zufügen. Die Sauce mit Salz, Pfeffer und Zucker abschmecken und zuletzt das abgespülte geschnittene Basilikum zufügen. Die Sauce zum Risotto servieren.

In einer Schüssel Öl, Zitronensaft, Gewürze und Kräuter verrühren. Die Lammkoteletts darin über Nacht marinieren. Die Tomaten waschen, abtrocknen und kreuzweise einschneiden. Auf Alufolie oder in eine Auflaufform setzen und mit Salz und Pfeffer bestreuen. Unter dem Grill 10 Minuten grillen. Mit Folie abdekken und warm stellen.

Die Lammkoteletts aus der Marinade nehmen und abtropfen lassen. Auf den Grillrost legen. Die Fettpfanne in mittlerer Höhe in den Ofen schieben. Den Rost darüber einschieben. Unter dem Grill auf jeder Seite 4 Minuten grillen. Nach dem Wenden mit dem Käse bestreuen. Dazu paßt frisch aufgebackenes Stangenweißbrot und ein frischer grüner Salat. Die Tomaten extra dazu reichen.

▶ TIP: Schmeckt auch sehr gut, wenn es auf dem Holzkohlengrill zubereitet wird.

PROVENCALISCHES TOMATENGEMÜSE

1 kg längliche Tomaten, 6 Eßl. feinstes Olivenöl, 4 Knoblauchzehen, 1 Bund möglichst glatte Petersilie, 1 Bund Basilikum, Salz, schwarzer Pfeffer aus der Mühle, ¼ Teel. gerebelter Thymian.

Die Tomaten mit kochendem Wasser überbrühen (nicht kochen lassen), mit kaltem Wasser abschrecken, häuten und die Stengelansätze entfernen. Tomaten etwas zusammendrücken, damit die Flüssigkeit ausläuft, dann halbieren oder vierteln. Das Öl in einer Pfanne nicht zu heiß erhitzen. Die Knoblauchzehen abziehen. Drei von ihnen halbieren und in dem Öl braten, bis sie zu bräunen beginnen, dann herausnehmen und wegwerfen. Petersilie und Basilikum abspülen und trockentupfen. Die Petersilie fein hacken, die Basilikumblätter von den Stielen zupfen und bis auf etwa 10 Blätter in Streifen schneiden. Zwei Eßlöffel von dem Knoblauchöl in eine Gratinform geben und darauf die Hälfte der Tomaten anrichten. Mit Salz und Pfeffer würzen und mit dem Thymian bestreuen. Die restliche Knoblauchzehe durch die Presse darüber drücken. Gut zwei Drittel der Petersilie und die geschnittenen Basilikumblätter über die Tomaten verteilen und mit 2 Eßlöffeln Öl beträufeln. Die restlichen Tomaten in die Form geben, salzen und pfeffern und mit dem restlichen Öl beträufeln. In den kalten Backofen schieben, bei 220 Grad (Heißluft 180 Grad, Gas Stufe 4) 20 Minuten garen. Mit Kräutern garnieren.

600 g Fischfilet (z. B. Rotbarsch), 4 Eßl. Zitronensaft, 2 Schalotten, 250 ml (¼ l) Sherry Fino, 100 g kalte Butter, 3 Eßl. Crème fraîche, weißer Pfeffer aus der Mühle, Salz, 500 g Fritierfett, 100 g Weizenmehl, 1 Ei, 40 g abgezogene, gehackte Mandeln, 75 g Semmelmehl, Petersilie zum Garnieren.

FRITIERTES FISCHFILET

Fischfilet waschen, trokkentupfen und in mundgerechte Stücke schneiden. Mit dem Zitronensaft beträufeln und 15 Minuten ziehen lassen. Schalotten abziehen und fein würfeln. Sherry und Schalotten aufkochen und auf die Hälfte einkochen lassen. Vom Herd nehmen und die Butter in Flöckchen unterrühren. Crème fraîche unterziehen und die Sauce mit Salz und Pfeffer abschmecken, warmstellen. Fritierfett in einem Topf oder einer Friteuse erhitzen. Fisch leicht mit Salz würzen. Zunächst in Mehl, dann im verquirlten Ei und zum Schluß in dem Semmelmehl mit Mandeln wenden. Im heißen Fett portionsweise etwa 2–3 Minuten goldbraun ausbacken. Auf Küchenpapier abtropfen lassen. Mit Petersilie garniert auf einem Teller anrichten. Sauce dazu reichen. Dazu paßt ein Sherry Fino.

ITALIENISCHER

ABEND

Spaghetti mit Herzmuscheln erfreuen jedes italophile Herz. Und wenn es vorher Überbackene Auberginen gibt und hinterher einen Mascarponebecher, kann man sich nur noch zurücklehnen und denken:
Oh bella Italia!

Ein bißchen Verdi im Hintergrund darf schon sein, oder doch wenigstens Paolo Conte. Erst dann kommen die Überbackenen Auberginen so richtig zur Geltung und wecken die gewünschten Erinnerungen an die kleine Taverna in Umbrien, wo es immer so romantisch war.
Und damit es auch sonst perfekt wird:
Guten Appetit heißt „Buon Apetito“,
Vielen Dank „Molto Grazie“ und Prost „Salute“!
„Salute“!

MELANZANE ALLA PARMIGIANA

6–8 Auberginen, Salz, Pfeffer aus der Mühle, 3 Knoblauchzehen, 500 ml (½ l) Olivenöl, 250 g Tomatenmark (Dose), frisches Basilikum, geriebener Parmesan-Käse, 100 g Mozzarella-Käse, 150 g gekochter Schinken.

Auberginen waschen, längs in Scheiben schneiden. Salzen. 20 Minuten stehenlassen. Abspülen. Knoblauchzehen abziehen, zerdrücken.
4 Eßlöffel Olivenöl erhitzen. Knoblauch darin anbräunen. Tomatenmark hineinrühren, salzen, pfeffern. Basilikum abspülen, trockentupfen, die Blättchen von den Stengeln zupfen, fein hacken, hinzufügen, zu einer dicklichen Sauce einkochen lassen.
Restliches Olivenöl in einem Topf erhitzen. Auberginenscheiben im heißen Öl goldgelb fritieren. Auf Küchenpapier gut abtropfen lassen. In eine feuerfeste Form einige Eßlöffel Tomatensauce geben.
Darauf abwechselnd eine Schicht Auberginenscheiben, Tomatensauce, geriebenen Parmesan, in feine Scheiben geschnittenen Mozzarella-Käse, feingehackten Schinken geben, bis alle Zutaten verbraucht sind.
Zum Schluß eine Schicht Auberginenscheiben einschichten. Mit Tomatensauce übergießen, mit Parmesan bestreuen.
In den kalten Backofen schieben, bei etwa 180 Grad (Heißluft etwa 150 Grad, Gas Stufe 2–3) etwa 30 Minuten überbacken.

▶ TIP: Dieses Gericht kann auch kalt serviert werden.

COPPA DI MASCARPONE

Mascarpone mit Zitronensaft und -schale, Eigelb und 80 g Zucker mit einem Handrührgerät mit Rührbesen sehr sahnig rühren. Eiweiß steif schlagen, unter die Mascarpone-Creme ziehen. Erdbeeren waschen, trockentupfen, halbieren, mit dem restlichen Zucker und dem Orangenlikör vermischen.
Die Hälfte der Erdbeeren in 4 Becher geben, die Hälfte der Mascarpone-Creme darübergeben, wieder Erdbeeren und zum Abschluß den restlichen Mascarpone in die Becher geben. In die Mitte jedes Bechers einen abgezogenen Pistazienkern oder Zitronenmelisse als Garnitur setzen.
Vor dem Servieren den Mascarponebecher etwa 2 Stunden im Kühlschrank kalt stellen.

SPAGHETTI CON VONGOLE

1 kg Miesmuscheln oder Herzmuscheln, 125 ml ($\frac{1}{8}$ l) Olivenöl, 3 Knoblauchzehen, 1 kg Tomaten, Salz, Pfeffer aus der Mühle, 1–2 Eßl. gehackte Petersilie, 400 g Spaghetti, 1 Eßl. Speiseöl.

Muscheln in reichlich kaltes Wasser geben, einige Stunden darin liegen lassen, das Wasser ab und zu erneuern. Die Muscheln anschließend gründlich bürsten, Bartbüschel entfernen, die Muscheln so lange abspülen, bis das Wasser vollkommen klar bleibt. Muscheln, die sich beim Wässern und anschließenden Bürsten öffnen, sind ungenießbar. Nur Muscheln, die geschlossen bleiben, sind verwendbar. In einer Pfanne 3 Eßlöffel Olivenöl erhitzen. Muscheln hineingeben. So lange in der zugedeckten Pfanne erhitzen, bis sich die Muscheln öffnen. (Muscheln, die sich nach dem Garen nicht öffnen, sind ungenießbar). Muschelfleisch mit scharfem Messer herausnehmen, Muschelwasser beiseite stellen. Das restliche Olivenöl in einem Topf erhitzen. Knoblauchzehen abziehen, zerdrücken, in das Öl geben. Muschelsaft und -fleisch hinzufügen. Das Ganze etwas einkochen lassen. Tomaten kurze Zeit in kochendes Wasser legen (nicht kochen lassen), in kaltem Wasser abschrekken, enthäuten, die Stengelansätze herausschneiden. Die Tomaten kleinschneiden, zum Muschelfleisch geben. Mit Salz, Pfeffer würzen, etwa 10 Minuten kochen lassen. Petersilie unterrühren. Spaghetti in kochendes Salzwasser geben, Öl hinzufügen, die Nudeln nach Packungsaufschrift garen, zwischendurch probieren. Wenn die Spaghetti gar sind, den Garvorgang mit einem Schuß kaltem Wasser beenden, die Nudeln auf ein Sieb geben, abtropfen lassen. Die Spaghetti mit der Hälfte der Sauce vermengen, die restliche Sauce dazureichen.

400 g frischer Mascarpone (italienischer Weichkäse), $\frac{1}{2}$ Zitrone (unbehandelt), 2 Eigelb, 2 Eiweiß, 120 g Zucker, 300 g frische Erdbeeren, 2 cl Orangenlikör, einige Pistazienkerne oder Zitronenmelisse.

ORANGENBLÜTEN BAVAROISE

(6 Portionen)
3 Eigelb, 3 Eßl. Honig, 250 ml (¼ l) Milch, 4 Blatt weiße Gelatine, 100 ml Orangenblütenwasser, 3 Eiweiß, 40 g Zucker, 1 Päckchen Vanillin-Zucker, 250 ml Schlagsahne.

Eigelb und Honig schaumig schlagen. Milch erhitzen, unterrühren und im heißen Wasserbad dicklich aufschlagen. Gelatine etwa 10 Minuten in kaltem Wasser einweichen, in der heißen Creme auflösen und mit Orangenblütenwasser verrühren. Kalt stellen, bis die Creme zu gelieren beginnt.
Eiweiß steif schlagen, Zukker und Vanillin-Zucker unterschlagen und unter die Creme ziehen.
Schlagsahne steif schlagen, unter die Creme ziehen. Die Creme in die Schüssel füllen und kaltstellen. Bavaroise vor dem Servieren evtl. mit Blüten dekorieren.

▶ TIP: Eine Ananas aushöhlen, die Bavaroise hineinfüllen, steif geschlagene Sahne in einen Spritzbeutel füllen, auf die Bavaroise spritzen.

Ende gut, alles gut – das trifft nicht nur auf Liebesromane und Kindermärchen zu, sondern meist auf Menüs.
Denn so verschieden die Geschmäcker auch sein mögen: Beim süßen Finale sind sie alle, ob Groß, ob Klein einig!
Und über Pudding und Eis, Früchte und Creme sind dann die Teilnehmer der Tischrunde allesamt zufrieden, glücklich und versöhnt.

DESSERTS

GRAPEFRUIT MIT MARSALA GELEE

Grapefruits halbieren, das Fruchtfleisch herauslösen, die Zwischenhäute entfernen, den Saft dabei auffangen und mit Marsala auf 300 ml auffüllen. Zukker unter Rühren darin auflösen.

Gelatine 10 Minuten in kaltem Wasser einweichen und mit 3 Eßlöffeln Marsala bei schwacher Hitze auflösen. Restlichen Marsala einrühren, in eine Form gießen und kalt stellen. Grapefruithälften innen säubern, trockentupfen, mit Zucker ausreiben. Nach 6 Stunden das Gelee stürzen, hacken und mit den Grapefruitstücken in die Hälften füllen. Auf jede Grapefruithälfte 1 Teelöffel Sirup geben.

2 Grapefruits, etwa 250 ml (¼ l) Marsala, 40 g Zucker, 2 Blatt weiße Gelatine, 1 Blatt rote Gelatine, 2 Eßl. Zucker, 4 Teel. Ahornsirup.

MELONE MIT PASTIS

2 Charentais-Melonen, 1 Orange, 4 Blättchen frische Minze, 5 Eßl. (75 ml) Pastis (Pernod oder Ricard), 4 Zweige Zitronenmelisse.

Melonen quer halbieren. Die Kerne mit einem Löffel herausschaben. Das Fruchtfleisch mit einem Kugelausstecher auslösen und zusammen mit dem sich bildenden Saft in eine Schüssel geben.
Orange auspressen. Minze abspülen, trockentupfen und die Blättchen in dünne Streifen schneiden. Zusammen mit dem Orangensaft und dem Pastis unter die Melonenkugeln mischen. Ebenso wie die ausgehöhlten Schalenhälften für ein bis zwei Stunden in den Kühlschrank stellen.
Melonenkugeln in die Schalenhälften füllen. Beliebig viel Flüssigkeit darüber träufeln. Mit den zuvor abgespülten, trockengetupften Melissenzweigen garnieren.

WEISSE MOUSSE AU CHOCOLAT „GERO"

(6 Portionen)
150 g weiße Kuvertüre, 1 ½ Blatt weiße Gelatine, 4 Eiweiß, 1 Teel. Zucker, 100 ml Schlagsahne, ½ Beutel Sahnesteif, 6 Eigelb, 1 Teel. Honig (Akazie), Mark von ½ Vanilleschote, 2 Eßl. Zitronensaft, 3 Eßl. Orangensaft, 4 cl Amaretto, 2 cl trockener Marsala, 1 Teel. Orange-back.

Die weiße Kuvertüre in einem Schälchen im Backofen bei ca. 70 Grad oder im Wasserbad schmelzen lassen. Die Blattgelatine in kaltem Wasser einweichen. Eiweiß mit Zucker zu steifem Eischnee schlagen, kühl stellen. Die Sahne mit dem Sahnesteif nach Vorschrift steif schlagen. Kalt stellen. Alle restlichen Zutaten in eine Edelstahlschüssel geben und im heißen Wasserbad bei etwa 90 Grad zur cremigen Konsistenz aufschlagen. Die gut ausgedrückte Gelatine jetzt in die heiße Masse einrühren und diese aus dem Wasserbad nehmen. Nun die geschmolzene Kuvertüre mit einem Schneebesen einrühren und die Masse bis auf ca. 35 Grad abkühlen lassen. Dann zuerst den Eischnee (ohne die abgesetzte Flüssigkeit) mit dem Schneebesen unterheben und anschließend die geschlagene Sahne einrühren. In eine Schüssel geben und im Kühlschrank 2–3 Stunden kalt stellen.

500 g grüne Weintrauben, 1 Päckchen Götterspeise Waldmeister-Geschmack, 500 ml (½ l) trockener Cidre, 20 g Zucker.
Für die Vanillesauce:
1 Päckchen Soßen-Pulver Vanille-Geschmack, 30 g Zucker, 400 ml Milch, ½ Becher (75 g) Crème fraîche.

TRAUBENGELEE MIT VANILLESAUCE

Weintrauben waschen, halbieren, entkernen, auf 4 Gläser verteilen. Götterspeise nach der Packungsaufschrift (aber mit den hier angegebenen Zutaten) zubereiten, über die Weintrauben verteilen und kalt stellen. Vanillesauce nach der Packungsaufschrift (aber mit 400 ml Milch) zubereiten und Crème fraîche unterschlagen.

▶ Tip: Anstelle von Cidre Apfelsaft verwenden.

TESSA
Tessa gibt es in sechs Varianten und zwei Fettstufen (20 und 30% Fett in der Trokkenmasse). Damit kommt er dem Trend nach leichteren, „figurschonenden“ Käsesorten nach. Der Verbraucher kann zwischen den folgenden Sorten wählen: Schnittkäse, Tessa mit Kümmel, Tessa mit Nelken, Tessa natriumarm und fettreduziertem Schmelzkäse.

WARMER HIMBEER-APRIKOSEN SCHAUM

300 g Himbeeren, 2 Eßl. Zucker, 1 Eßl. Mirabellenwasser, 300 g Aprikosen (aus der Dose), 3 Eiweiß, 1 Eßl. Mandelsplitter.

Himbeeren auf dem Boden einer Auflaufform verteilen. (Tiefgekühlte Himbeeren in der Auflaufform auftauen lassen). Einen Eßlöffel Zucker und Mirabellenwasser darübergeben und mit gut abgetropften Aprikosenhälften bedecken. Das Eiweiß steifschlagen, den restlichen Zucker daruntermischen und die Masse auf die Früchte verteilen. Mit Mandeln bestreuen, in den kalten Backofen schieben, bei 150 Grad (Heißluft 120 Grad, Gas Stufe 1–2) 30 Minuten überbacken. Heiß servieren.

EXOTISCHER SALAT

1 Ananas, je 2 Orangen, Kiwis, Mangos und Papayas, 400 g Schnittkäse Tessa.

Ananas schälen, Strunk entfernen. Die anderen Früchte schälen, gegebenenfalls Kerne herauslösen. Orangen filieren, Kiwis in Scheiben schneiden. Das Fruchtfleisch aller anderen Früchte in Würfel schneiden. Den Käse in ebenso große Würfel schneiden. Alles mit dem ausgetretenen Fruchtsaft in eine große Schüssel füllen. Ganz behutsam mischen und bis zum Servieren kaltstellen.

▶ TIP: Nach Belieben mit halbierten Walnußkernen garnieren und zusätzlich mit weißem Rum oder einem Obstschnaps aromatisieren.

BANANEN AU CARAMEL

250 g Erdbeeren,
100 g Zucker,
25 g Butter, 4 mittelgroße Bananen,
25 g Pistazien.

Erdbeeren waschen, abtropfen lassen und entstielen. Je nach Größe ganz lassen oder halbieren. Den Zucker bei nicht zu starker Hitze in einem Stieltopf unter Rühren zuerst schmelzen, dann langsam goldbraun werden lassen. Den Topf vom Herd nehmen, die Butter in kleinen Stückchen hineingeben und sofort mit einem Lochlöffel so lange unterrühren, bis eine glatte, cremige Sauce entstanden ist. Die Bananen schälen, längs halbieren, jeweils 2 Hälften auf einem Desserttteller anrichten und mit der Caramelsauce überziehen. Mit Pistazien bestreuen und mit Erdbeeren umlegen.

HASELNUSS ÄPFEL MIT VANILLEEIS

50 g Haselnußkerne,
4 Boskopäpfel, 1 Eßl. Butter für die Förmchen, 4 Eßl. Honig,
4 Kugeln Vanilleeis.

Die Nüsse etwa 5 Minuten in den heißen Backofen geben, dann mit Küchenpapier abreiben, um die Haut zu entfernen. Anschließend ohne Fett in einer beschichteten Pfanne anrösten und grob hakken. Die Äpfel schälen, etwa 1,5 cm vom oberen Teil abschneiden und gut aushöhlen. Die Früchte mit der Gabel mehrmals einstechen. In 4 kleine, gebutterte Auflaufförmchen setzen. Die Äpfel mit den gehackten Nüssen füllen und mit Honig beträufeln. Mit Alufolie bedeckt, in den Backofen schieben, bei 200–250 Grad (Heißluft 170–180 Grad, Gas Stufe 3–4) 30–35 Minuten backen. Aus dem Ofen nehmen, mit einer Kugel Vanilleeis sofort servieren.

CINDERELLA'S DREAM

1 ½ Blatt weiße Gelatine, 130 g USA-Erdnüsse in der Schale oder 100 g USA-Ernußkerne (ungesalzen), 1 Vanilleschote, 125 ml (⅛ l) Milch, 2 Eigelb, 50 g Puderzucker, 250 ml (¼ l) Schlagsahne, Erdbeeren.

Gelatine in kaltem Wasser einweichen. Die enthäuteten Erdnußkerne in einer Pfanne ohne Fett leicht rösten. Dann die erkalteten Erdnüsse fein mahlen, einige zum Garnieren zurücklassen. Die Vanilleschote aufschneiden, das Mark herauskratzen. Die Milch mit dem Mark und der Schote zum Kochen bringen. Die Vanilleschote herausnehmen. Das Eigelb mit dem Puderzucker schaumig rühren. Die etwas abgekühlte Milch unter Rühren dazugeben. Die Creme im Wasserbad mit einem Handrührgerät mit Rührbesen so lange schlagen, bis sie dicklich wird. Dann die eingeweichte, ausgedrückte Gelatine langsam unterrühren. Den Topf in Eiswasser stellen und so lange rühren, bis die Creme anfängt zu gelieren. Die Sahne steif schlagen. Etwas Sahne zum Garnieren beiseite stellen. Die gemahlenen Erdnüsse und die Sahne unter die Creme ziehen. Die Creme etwa 3 Stunden in den Kühlschrank stellen. Vor dem Servieren mit Sahnetupfen, halbierten Erdnüsse und gewaschenen und entstielten Erdbeerhälften garnieren.

BANANENCREME IM BEERENKRANZ

(6 Portionen)
5 Blatt weiße Gelatine, 2 mittelgroße Bananen, 3–4 Eßl. Zitronensaft, 3 cl Orangenlikör, 2 Eßl. Honig, 200 ml Schlagsahne, 250 g frische Himbeeren (nach Saison tiefgekühlt), 250 g frische Brombeeren (nach Saison tiefgekühlt), 2 Eßl. Zucker.

Gelatine in kaltem Wasser einweichen. Bananen schälen, mit Zitronensaft, Orangenlikör und Honig in den Mixer geben und pürieren. Die Sahne steif schlagen und vorsichtig, aber gründlich mit dem Bananenpüree vermengen. Gelatine abtropfen lassen, jedoch nicht ausdrücken. In einem Topf bei mittlerer Hitze auflösen. Die aufgelöste Gelatine mit etwas Püreemasse vermengen und diese Mischung mit dem Schneebesen unter das übrige Püree ziehen. 6 kleine Portionsförmchen mit kaltem Wasser ausspülen, die Masse hineingeben und für 3–4 Stunden zum Erstarren in den Kühlschrank stellen. Etwa 45 Minuten vor dem Servieren die Beeren verlesen, evtl. waschen und abtropfen lassen. Mit dem Zucker vermischen und Saft ziehen lassen. Die Förmchen kurz in heißes Wasser tauchen, die Bananencreme auf Dessertteller stürzen, mit den gezukkerten Beeren umlegen und servieren.

WELFENSPEISE

Für die Creme:
30 g Speisestärke,
50 g Zucker, 1 Päckchen Vanillin-Zucker,
500 ml (½ l) kalte Milch, 2 Eiweiß.
Für die Weinschaumsauce:
1 Ei, 2 Eigelb,
1 gestr. Eßl. Speisestärke, 50 g Zucker,
250 ml (¼ l) Weiß- oder Apfelwein, abgeriebene Schale von ½ Zitrone (unbehandelt),
1 Eßl. Zitronensaft.
Außerdem: 4 Erdbeeren, Zitronenmelisseblättchen.

Für die Creme Speisestärke, Zucker, Vanillin-Zucker mit 6 Eßl. Milch anrühren, die übrige Milch zum Kochen bringen, von der Kochstelle nehmen, die Speisestärke unter Rühren hineingeben, kurz aufkochen lassen. Eiweiß steif schlagen, unter die Creme heben. Für die Weinschaumsauce Ei, Eigelb, Speisestärke, Zucker, Wein, Zitronenschale und Zitronensaft in einen Kochtopf geben, mit einem Handrührgerät mit Rührbesen auf niedrigster Stufe im Wasserbad so lange schlagen, bis die Masse durch und durch schaumig ist. Die erkaltete Sauce auf die weiße Creme füllen. Erbeeren und Zitronenmelisse putzen, waschen, trockentupfen. Erdbeeren in Scheiben schneiden. Die Speise am Rand mit Erdbeerscheiben und Zitronenmelisse garnieren.

ERDBEEREN IN ROTWEIN

500 g Erdbeeren,
250 ml (¼ l) trockener Rotwein, Nelkenpulver, Zimtpulver, 150 g Zucker, 35 g Butter,
150 ml Schlagsahne.

Die Erdbeeren waschen, abtropfen lassen, entkelchen und halbieren oder vierteln. In einem Schälchen mit dem Rotwein übergießen und eine Stunde durchziehen lassen. Den Rotwein dann abgießen und in einem Stieltopf um etwa ⅔ reduzieren, mit Nelken und Zimt würzen. Nebenher in einem zweiten Topf Zucker und Butter unter ständigem Rühren zum Schmelzen bringen und goldbraun karamelisieren lassen. Den Karamel vom Herd nehmen und unter Rühren etwas abkühlen lassen. Dann nach und nach die Sahne und den Rotwein angießen. Den Topf wieder auf den Herd stellen und die Sauce rühren, bis sie ganz cremig geworden ist. Die Erdbeeren mit der heißen Sauce übergießen und servieren.

Beerenkompott „Dijon"

600 g gemischte rote Beeren (Himbeeren, Johannisbeeren, Heidelbeeren, Brombeeren tiefgekühlt), 250 ml (¼ l) kräftiger Rotwein, 100 g Zucker, 1 Zimtstange, 1 Nelke, 1 Stück Zitronenschale (unbehandelt), 1 Teel. Speisestärke, etwas Wasser, 6 Eßl. Cassis Likör.

Das gefrorene Obst in eine Glasschale geben. Rotwein mit Zucker und Würzzutaten zum Kochen bringen, dann etwa 5 Minuten bei milder Hitze köcheln lassen. Die Würzzutaten entfernen, die mit Wasser angerührte Speisestärke hineingeben und unter Rühren wieder zum Kochen bringen. Von der Kochstelle nehmen, mit Cassis verfeinern und in einer schönen Glasschale über die gefrorenen Früchte gießen. Wenn möglich über Nacht ziehen lassen. Bei Zimmertemperatur servieren.

1 l Milch, 1 Vanilleschote, 250 g Basmati-Reis, 75 g Zucker, abgeriebene Schale von ½ Zitrone (unbehandelt), 4 cl Amaretto (Mandellikör), 200 ml Schlagsahne, 500 g Erdbeeren, 1 Päckchen Vanillin-Zucker, 100 g abgetropfte Stachelbeeren (aus dem Glas), Zitronenmelisse, 1 Eßl. Puderzucker, 1 Eßl. gemahlener Zimt.

Reisdessert mit Früchten

Milch mit der Vanilleschote und dem Mark der Schote aufkochen. Basmati-Reis einstreuen und etwa 20 Minuten bei schwacher Hitze ausquellen lassen. Dabei ab und zu umrühren. Die Vanilleschote herausnehmen. Reis mit Zucker, Zitronenschale und Amaretto abschmecken und abkühlen lassen. Sahne steif schlagen und unter den Reis heben. Erdbeeren putzen, waschen, abtropfen lassen. Die Hälfte mit dem Schnellmixstab des Handrührgerätes pürieren und mit dem Vanillin-Zucker verrühren. Reis mit den Früchten auf Tellern anrichten. Sauce darübergeben und mit Melisse garnieren. Mit Puderzucker und Zimt bestäuben.

TRAUBEN SALAT MIT KERNIGEM BRANDY SCHAUM

600 g blaue Weintrauben, 4 Eßl. Orangensaft, 1 Eßl. Weinbrand, 2 Eßl. Zucker.
Für den Schaum:
2 Eigelb, 1 Ei, 50 g Zucker, 15 g Speisestärke, 250 ml (¼ l) trockener Weißwein, 3 Eßl. Weinbrand, 60 g USA-Sonnenblumenkerne, 2 Eiweiß.

Trauben waschen, abtropfen lassen, halbieren und entkernen. Mit dem Orangensaft, dem Weinbrand (Brandy) und dem Zucker marinieren.
Für den Schaum Eigelb, Ei und Zucker in einem Topf schaumig rühren. Speisestärke mit 3 Eßlöffeln Weißwein anrühren, mit der übrigen Flüssigkeit in den Schaum einfließen lassen und unter ständigem Schlagen zum Kochen bringen. Die Sonnenblumenkerne ohne Fett in der Pfanne rösten. Das Eiweiß steif schlagen und mit der Hälfte der Kerne unter den heißen Schaum ziehen. Die Trauben anrichten, mit den restlichen Sonnenblumenkernen bestreuen. Den fertigen Schaum über die marinierten Trauben verteilen.

GEBACKENE BIRNEN

4 gleichgroße Birnen, 2 Eßl. Zitronensaft, 50 g Marzipan-Rohmasse, 1 Eßl. Kirschwasser, 2 Eßl. abgezogene, gehackte Mandeln, Weizenmehl, 2 Eigelb, Semmelmehl, gemahlener Zimt, Fritierfett, 1 Flasche Erdbeersauce (Fertigprodukt).

Birnen schälen (den Stiel daranlassen), längs halbieren, das Kerngehäuse ausstechen. Die Birnen mit Zitronensaft beträufeln. Marzipan-Rohmasse, Kirschwasser und Mandeln verkneten und die Birnen damit füllen. Die Schnittfläche mit Mehl bestäuben, die Birnen wieder zusammensetzen und nacheinander in Mehl, verschlagenem Eigelb und mit Zimt vermischten Semmelmehl wenden. Das Fett erhitzen und die Birnen portionsweise bei 170–180 Grad 5–7 Minuten fritieren. Mit Erdbeersauce servieren.

RHABARBER CREME

Rhabarber putzen, waschen, in etwa 2 cm lange Stücke schneiden, mit der Zitronenschale in Weißwein zum Kochen bringen, in 2–3 Minuten gar kochen lassen. Den Zucker unterrühren. Speisestärke mit Eigelb und Wasser verrühren, den Rhabarber damit binden. Eiweiß steif schlagen, unter den etwas abgekühlten Rhabarber heben, die Rhabarbercreme in eine Schüssel füllen. Schlagsahne ½ Minute schlagen, Vanillin-Zucker mit Sahnesteif mischen, einstreuen, die Sahne steif schlagen. Die Sahne in einen Spritzbeutel füllen, an den Rand der Rhabarbercreme spritzen.

500 g Rhabarber, 2 Stückchen Zitronenschale (unbehandelt), 250 ml (¼ l) Weißwein, 100–125 g Zukker, 1 geh. Eßl. Speisestärke, 2 Eigelb, 2 Eßl. kaltes Wasser, 2 Eiweiß, 250 ml (¼ l) Schlagsahne, 1 Päckchen Vanillin-Zucker, 1 Päckchen Sahnesteif, Zitronenmelisseblättchen.

300 g Rhabarber,
150 g Zucker, 3 Blatt weiße Gelatine, 250 ml (¼ l) Schlagsahne, 250 g Erdbeeren, 2 Eßl. Mandelsirup, 1 ½ Teel. Limonensaft, 1 Teel. Wasser, 2 Teel. gehackte Pistazien.

RHABARBER CREME IM ERDBEERBETT

Rharbarber putzen, waschen, abziehen, in kleine Würfel schneiden und mit dem Zucker bei geringer Hitzezufuhr gar kochen. Gelatine in kaltem Wasser einweichen, ausdrücken und zu dem Rharbarber geben, nicht mehr kochen. Unter mehrmaligem Rühren erkalten lassen. Die Sahne steif schlagen.

Wenn die Rharbarbermasse anfängt dicklich zu werden, die Sahne unterheben. Die Masse in kleine, mit kaltem Wasser ausgespülte Förmchen füllen und für mindestens 5 Stunden kaltstellen. Die Erdbeeren kurz vor dem Anrichten waschen, abtropfen lassen, putzen und halbieren. Zwei Erdbeerhälften als Garnitur beiseite legen. Den Mandelsirup mit dem Zitronensaft verrühren und die Erdbeeren darin ½ Stunde marinieren. Die Förmchen kurz in heißes Wasser tauchen, die Cremes auf Teller stürzen. Die Erdbeeren um die Cremes geben. Mit Erdbeerschnitzen und gehackten Pistazien garnieren.

MANGOCREME MIT PISTAZIEN

2 reife Mangofrüchte, 1 Teel. Zitronensaft, weißer Pfeffer aus der Mühle, gemahlener Zimt, 4 Eigelb, 50 g Zucker, 8 cl süßer Weißwein, 2 Eiweiß, 1 Eßl. gehackte Pistazien.

Die Früchte schälen, das Fruchtfleisch vom Stein lösen, grob würfeln und mit einem Schnellmixstab in einer Schüssel fein pürieren. Mit Zitronensaft, Pfeffer und Zimt abschmekken. Eigelb mit Zucker und Wein in einen Topf geben und im Wasserbad so lange rühren, bis die Masse cremig wird, nicht kochen lassen. Das Eiweiß steifschlagen und mit der Eigelbmasse, den gehackten Pistazien (einige zum Garnieren aufheben) und dem Fruchtfleisch gut vermischen. Gut 1 Stunde kühlstellen. In hohen Gläsern mit den restlichen Pistazien garniert servieren.

▶ Tip: Sind die Mangofrüchte auf dem Markt besonders teuer, ersetzt man eine der Früchte durch Aprikosen (aus der Dose).

AVOCADOMOUSSE

2 reife Avocados à ca. 200 g, 2 Eßl. Zitronensaft, 3 Eigelb, 3 Eßl. Zucker, etwas frisch geriebene Muskatnuß, 3 Eiweiß, 1 Päckchen Vanillin-Zucker, Puderzucker, 4 Zweige Zitronenmelisse oder Minze zum Garnieren.

Avocados schälen, längs halbieren und den Kern herauslösen. Die Früchte pürieren und mit Zitronensaft mischen. Das Eigelb mit dem Zucker schaumig schlagen. Das Avocadopüree löffelweise hinzufügen. Die Masse mit etwas Muskatnuß würzen. Das Eiweiß zu sehr steifem Schnee schlagen, den Vanillin-Zukker dazurieseln lassen. Den Eischnee vorsichtig aber gründlich unter die Avocadomasse heben. Die Avocadomousse in zwei Stunden im Kühlschrank fest werden lassen. Zum Servieren vier Teller mit Puderzucker bestäuben, von der Avocadomousse mit einem Eßlöffel Klößchen abstechen und darauf verteilen. Mit je einem Zweig Zitronenmelisse oder Minze garnieren.

MOUSSE AU CHOCOLAT

(4–6 Portionen)
1 Tafel (100 g) Vollmilch-Schokolade,
1 Tafel (100 g) Zartbitter-Schokolade,
3 Eigelb, 4 Eßl. Puderzucker, 3 Eiweiß,
200 ml Schlagsahne.

Schokolade im heißen Wasserbad schmelzen lassen. Eigelb und 2 Eßlöffel Puderzucker mit einem Handrührgerät mit Rührbesen schlagen, bis eine hellgelbe Creme entstanden ist. Die geschmolzene Schokolade mit einem Schneebesen gleichmäßig unter die Creme ziehen. Eiweiß sehr steif schlagen, restlichen Puderzucker unterschlagen und unter die Schokoladencreme ziehen. Schlagsahne steif schlagen und ebenfalls unter die Creme heben. Mousse au chocolat etwa 3 Stunden kalt stellen und mit geraspelter Schokolade und geschlagener Sahne verzieren.

▶ TIP: Mousse au chocolat können Sie mit Weinbrand, Nußlikör oder Orangenlikör aromatisieren.

Für den Teig: 250 g Weizenmehl, 1 Ei, 75 g Zucker, 1 Päckchen Vanillin-Zucker, 1 Päck. Orange-back, Salz, 125 g weiche Butter. 100 g Halbbitter-Kuvertüre, 1 Päckchen Kuchenglasur Zitrone, Back- und Speisefarbe, Zuckerschrift, Gebäck-Schmuck.

Den Teig auf die bemehlte Tischplatte geben und zu 25 Stangen von etwa 20 cm Länge verarbeiten. Auf ein mit Back-Papier ausgelegtes Backblech geben, anschließend in den kalten Backofen schieben, bei etwa 180 Grad (Heißluft etwa 150 Grad, Gas Stufe 2–3) 15–20 Minuten goldbraun back'en. Vorsichtig vom Papier lösen und auf einem Kuchengitter auskühlen lassen. In der Zwischenzeit die Kuvertüre im heißen Wasserbad schmelzen. Zitronenglasur im Wasserbad erwärmen. Die Zitronenglasur in vier Portionen teilen und jeweils mit einer Farbe einfärben. Die Knetteigstangen nun abwechselnd halbseitig in Kuvertüre und die eingefärbte Zitronenglasur tauchen, mit Gebäck-Schmuck und Zuckerschrift verzieren. Trocknen lassen.

MIKADO STANGEN

Mehl in eine Rührschüssel sieben, Ei, Zucker, Vanillin-Zucker, Orange-Back, Salz, Butter hinzufügen. Die Zutaten mit einem Handrührgerät mit Knethaken zunächst kurz auf niedrigster, dann auf höchster Stufe gut durcharbeiten. Anschließend auf der Tischplatte zu einem glatten Teig verkneten, zu einer Kugel formen und abgedeckt eine Stunde im Kühlschrank ruhen lassen.

EXOTISCHER FRUCHTSALAT

Neuseelandkiwi (75 g), 125 g blaue kernlose Weintrauben, 1 Neuseelandnashi (150 g), 2 Teel. flüssiger Honig (20 g), Zitronensaft, etwas Minze.

Die Neuseelandkiwi schälen, längs halbieren, in Scheiben schneiden. Die Weintrauben waschen und ebenfalls halbieren. Die Neuseelandnashi achteln, entkernen und in dünne Spalten schneiden. Die Früchte locker vermischen. Den Honig mit dem Zitronensaft verrühren und über die Früchte träufeln. Zuletzt ein paar Blättchen abgespülte Minze darüberstreuen.

FERNÖST LICHER

Es ist ein Gerücht, daß man nach dem Genuß von „Glasnudelsalat Shanghai" Schlitzaugen bekäme! Ganz im Gegenteil: Meist machen die Mitglieder der Tischrunde sehr große Augen, wie lecker, frisch und leicht, dabei gar nicht so fremdartig die asiatische Küche ist.
Und wenn man bedenkt, wie sprichwörtlich höflich und sanftmütig die Asiaten sind, sollte man ruhig öfter so ein Essen auf den Tisch bringen. Denn schließlich gilt:
Man ist, was man ißt.

ABEND

Die Hühnersuppe Asiatische Art sollte man besser nicht mit Stäbchen essen. Das Nasi Goreng dagegen läßt sich ganz prima mit „Chopsticks“ bewältigen, und auch der Glasnudelsalat Shanghai ist durchaus stäbchentauglich. Und denken Sie daran: Übung macht den Meister.

HÜHNERSUPPE ASIATISCHE ART

1 Suppenhuhn,
1 l. Wasser, 1 Bouquet garni (aus 1 Zwiebel, 1 Lorbeerblatt, 1 Thymianzweig), Salz, Tabasco, 1 Ei, 1 Eigelb, 3–5 Eßl. Milch, Pfeffer aus der Mühle, geriebene Muskatnuß,
1 Bund Frühlingszwiebeln, 200 g Hühnerbrustfleisch, 200 g gepulte Krabben, 1 Eßl. Zitronensaft, 300 g Sojabohnenkeimlinge, Knoblauchpfeffer, Sojasauce.
Außerdem: Butter.

Suppenhuhn unter fließendem kaltem Wasser abspülen, in einem Topf mit Wasser bedecken, Bouquet garni, ½ Teelöffel Salz und einen Spritzer Tabasco hinzufügen. Huhn zum Kochen bringen, bei kleiner Hitze etwa 2 Stunden köcheln. Brühe durch ein Sieb gießen, zum Entfetten kalt stellen, Fett abnehmen. Ei mit Eigelb, Milch, etwas Salz, Pfeffer und Muskat gründlich verquirlen, in eine gebutterte, feuerfeste Form füllen. Im kochenden Wasserbad in etwa 15 Minuten stocken, abkühlen lassen und stürzen. Erst in Würfel schneiden, wenn der Eierstich ganz erkaltet ist. Frühlingszwiebeln putzen, waschen und samt grünen Trieben in feinste Ringe schneiden. Hühnerfleisch von den Knochen lösen, nur das Brustfleisch in Streifen schneiden. Krabben mit Zitrone beträufeln. Brühe wieder erhitzen, Hühnerfleisch hinzufügen. Nach 5 Minuten die Keimlinge zugeben, nach weiteren 3 Minuten die Zwiebeln, die Krabben und den Eierstich. Nicht mehr kochen lassen, sondern nur noch 2 Minuten ziehen lassen. Mit Knoblauchpfeffer und Sojasauce abschmecken. Heiß servieren.

▶ TIP: Das restliche Fleisch z. B. für einen Salat verwenden.

NASI GORENG

200 g Langkornreis, Salz, 400 g mageres Schweinefleisch,
1 Knoblauchzehe,
3 Zwiebeln, 5 Eßl. Olivenöl, 2–4 Eßl. Sojasauce, Tabasco, Eisbergsalatblätter,
1 Frühlingszwiebel.

Den Reis in 400 ml Salzwasser in etwa 20 Minuten gar kochen. Schweinefleisch unter fließendem kaltem Wasser abspülen, trockentupfen und in kleine Würfel schneiden. Knoblauch und Zwiebeln abziehen und würfeln. Das Öl erhitzen, Zwiebeln und Knoblauch darin glasig dünsten und aus der Pfanne nehmen. Das Fleisch hineingeben und von allen Seiten braun braten. Reis und Sojasauce hinzufügen und unter ständigem Wenden so lange braten, bis der Reis gleichmäßig braun ist. Zwiebeln und Knoblauch unterrühren, mit Salz und Tabasco abschmecken. Die Salatblätter abspülen und trockentupfen. Die Frühlingszwiebel putzen, waschen und in feine Streifen schneiden. Nasi Goreng auf den Salatblättern anrichten und mit Zwiebelstreifen garnieren.

Etwa 110 g Glasnudeln, 250 g Schweinefilet, Salz, Pfeffer aus der Mühle, Currypulver, Weizenmehl, 3 Eßl. Sojaöl, etwa 280 g Erbsen (aus der Dose), etwa 200 g Mandarinenspalten (aus der Dose), etwa 170 g Sojabohnenkeimlinge (aus der Dose), etwa 225 g Bambussprossen (aus der Dose), 1 Stück eingelegter Ingwer.
Für die Sauce: 2 Eßl. Sojaöl, 2 Eßl. Essig, 2 Eßl. Sojasauce, 1–2 Eßl. Currypulver, Sambal Oelek.

GLASNUDEL SALAT „SHANGHAI"

Glasnudeln in eine Schüssel geben, mit kochendem Wasser übergießen, 3–4 Minuten ziehen lassen, auf ein Sieb geben, mit kaltem Wasser übergießen, abtropfen lassen. Mit einem Messer mehrmals durchschneiden. Schweinefilet unter fließendem kaltem Wasser abspülen, trockentupfen, in Streifen schneiden. Mit Salz, Pfeffer, Currypulver würzen, mit Mehl bestäuben. Öl in einer Pfanne erhitzen, die Filetstreifen darin unter Rühren braun braten, aus der Pfanne nehmen, erkalten lassen, Erbsen, Mandarinen, Sojabohnenkeimlinge, Bambussprossen abtropfen lassen, die Bambussprossen in Streifen schneiden. Den Ingwer in Scheiben schneiden. Für die Sauce Öl, Essig, Sojasauce, Currypulver und eine Messerspitze Sambal Oelek verrühren, mit den Salatzutaten vermengen, gut durchziehen lassen. Den Salat evtl. mit Sambal Oelek und Currypulver abschmecken.

COCK

Wir kennen sie alle, jene hochgradig bunten Drinks, die immer so fabelhaft schmecken und einen in diese fröhlich beschwingte Laune versetzten.
Was alles drin ist, weiß keiner so recht, nur eines ist allgemein bekannt: irgendeine der vielen Zutaten verursacht garantiert stechende Kopfschmerzen. Ganz anders dagegen die Cocktails im folgenden Kapitel: Fein anzusehen sind auch sie, lecker schmecken tun sie allemal – nur auf die Kopfschmerzen am Tag danach, auf die müssen Sie leider verzichten.

TAILS

SEKTFLIP

Einige Eiswürfel in einen Shaker geben. Ei, Puderzucker und Weißwein hinzufügen, gut schütteln und in ein Cocktailglas abseihen. Mit Sekt auffüllen.

▶ TIP: Säfte, Sirups, Sahne und Eier — also Substanzen die sich schwer verbinden — werden im Shaker auf Eiswürfeln 10–20 Sekunden kräftig geschüttelt.

(1 Portion)
1 Ei, 1 Barlöffel Puderzucker, 5 cl Weißwein, Sekt.

NEW ORLEANS

(1 Portion)
4 cl Dry Gin, 1 Barlöffel Eiweiß, 2 Barlöffel Zuckersirup, 3 Barlöffel Schlagsahne.

Einige Eiswürfel in einen Shaker geben, Gin, Eiweiß, Zuckersirup und Schlagsahne hinzufügen, gut schütteln und in eine Cocktailschale abseihen.

▶ TIP: Zuckersirup können Sie selbst herstellen: Zucker und Wasser im Verhältnis 1:1 aufkochen und so lange rühren, bis klarer Sirup entsteht. Abgekühlt in Flaschen aufbewahren.

WHITE DREAM

(1 Portion)
3 cl Licor 43,
2 cl Mirabellengeist,
2 cl Schlagsahne.

Zutaten mit Eiswürfeln im Shaker gut durchschütteln. Anschließend in ein Cocktailglas füllen.

CARIBBEAN SPRING

(1 Portion)
4 cl weißer Rum, 4 cl Grapefruitsaft, 4 cl Ananassaft, 2 cl Zitronensaft, 2 cl Kokossirup, Eiswürfel, kohlensäurehaltiges, gekühltes Mineralwasser, 1 Cocktailkirsche, 1 Zitronenecke.

Rum, Grapefruitsaft, Ananassaft, Zitronensaft und Kokossirup mit den Eiswürfeln gut schütteln. In ein mit Eiswürfeln gefülltes Longdrinkglas abseihen. Mit Mineralwasser auffüllen. Eine Cocktailkirsche ins Glas geben. Eine Zitronenecke auf ein Spießchen stecken und über das Glas legen.

▶ TIP: Die Eiswürfel aus kohlensäurearmen Mineralwasser herstellen.

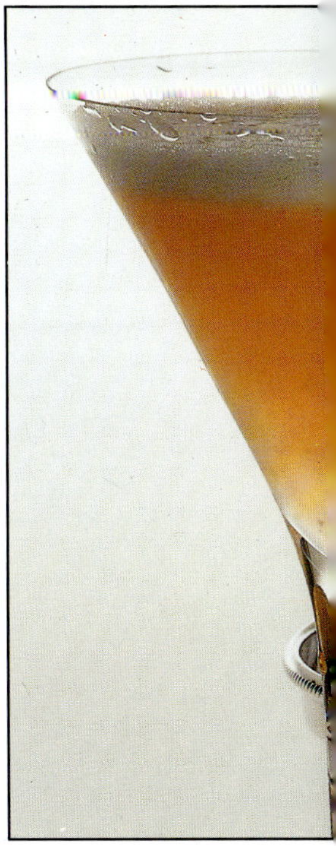

SIDE CAR

SIAM COCKTAIL

Ananas kleinschneiden und mit Whisky und Whiskylikör tränken. Im Kühlschrank etwa 30 Minuten durchziehen lassen. In ein hohes Glas geben und mit gut gekühltem Tropical Bitter auffüllen. Mit Strohhalm und langem Löffel servieren.

(1 Portion)
1 Scheibe Ananas (am besten frisch),
2 cl Canadian Whisky,
1 cl Whiskylikör,
Tropical bitter.

(1 Portion)
2 cl Orangenlikör, 4 cl Cognac, 1 cl frisch gepreßter Zitronensaft.

Einige Eiswürfel in einen Shaker geben. Orangenlikör, Cognac und Zitronensaft hinzufügen. Gut schütteln und den Cocktail in ein vorgekühltes Cocktail- oder Sektglas abseihen.

▶ TIP: Perfekt serviert werden Klassiker wie dieser Side Car in dünnwandigen, farblosen Gläsern und ganz schlicht ohne Garnitur.

APFELBOWLE

(6 Portionen)
4–6 säuerliche Äpfel, Zucker nach Geschmack, 8 cl Calvados, 4 Eßl. Zitronensaft, 1 Flasche (700 ml) eiskalter Apfelsaft, 2 Flaschen (je 750 ml) kohlensäurehaltiges Mineralwasser, 1 Flasche (700 ml) eiskalter Apfelwein, kleine Blättchen Zitronenmelisse.

Äpfel schälen, vierteln, entkernen und in feine Scheiben schneiden. Sofort mit Zucker bestreuen, mit Zitronensaft und Calvados vermengen. Mit so viel von dem Apfelsaft begießen, bis sie bedeckt sind, über Nacht an einem kühlen Platz durchziehen lassen. Die Äpfel in ein Bowlengefäß geben, mit dem eiskalten Apfelwein und dem restlichen Apfelsaft auffüllen und umrühren. Das kohlensäurehaltige Mineralwasser hinzufügen. Kleine Blättchen von Zitronenmelisse gut waschen und auf die Bowle geben.

TIPSY TANGERINE

Wodka, Mandarinenlikör, Grapefruitsaft und den Grenadinesirup mit dem gestoßenen Eis gut schütteln (oder kräftig verrühren). In ein großes, mit gestoßenem Eis zu etwa einem Drittel gefülltes Ballonglas abseihen. Mit Mineralwasser aufgießen. Mandarinenspalten entweder abwechselnd mit kleinen Zitronenmelisseblättchen auf einen Spieß stekken oder ins Glas geben.

(1 Portion)
3 cl Wodka, 3 cl Mandarinenlikör, 3 cl Grapefruitsaft, 2 cl Grenadinesirup, gestoßenes Eis, kohlensäurehaltiges, gekühltes Mineralwasser, Mandarinenspalten aus der Dose, Zitronenmelisseblättchen.

Q-PID

Brandy, Whisky und Weinbrand im Shaker schütteln, in eine Cocktailschale abseihen und mit Sekt auffüllen. Je eine halbe Scheibe Orange und Zitrone und einen Zitronenmelissezweig auf den Glasrand stecken.

(1 Portion)
2 cl Blackberry Brandy,
2 cl Scotch Whisky,
2 cl Weinbrand, Sekt,
je ½ Orangen- und Zitronenscheibe,
1 kleiner Zweig Zitronenmelisse

CAMPARI ORANGE

Drei Eiswürfel in ein Longdrinkglas geben. Campari hinzufügen, mit Orangensaft auffüllen und rühren. Mit der Orangenscheibe garnieren.

▶ TIP: Erfrischende, fruchtige Drinks wie der Campari Orange schmecken am besten mit frisch gepreßtem Orangensaft.

(1 Portion)
5 cl Campari, frisch gepreßter Orangensaft,
½ Orangenscheibe.

ROB ROY

Alle Zutaten in ein Rührglas geben und 20 Sekunden rühren. Anschließend in ein Cocktailglas abseihen. Nach Belieben mit Cocktailkirschen und Zitronenmelisseblättchen dekorieren.

(1 Portion)
2–3 Eiswürfel, 2 cl Whisky, 2 cl Vermouth dry, 1 Barlöffel Curaçao blue, 3 Spritzer Angostura-Bitter.

FANCY FRUITS

Himbeersirup, Traubensaft und Orangensaft mit den Eiswürfeln gut schütteln oder verrühren. In ein mit „Fancy-ice-cubes" zu etwa einem Drittel gefülltes Cocktailglas abseihen. Mit Mineralwasser auffüllen.

▶ TIP: Für die „Fancy-ice-cubes" in einem Eiswürfelbehälter Tiefkühlhimbeeren und kleine Zitronenschnitze, mit kohlesäurearmen Mineralwasser übergossen, gefrieren.

(1 Portion)
2 cl Himbeersirup, 6 cl roter Traubensaft, 6 cl Orangensaft, Eiswürfel, „Fancy-ice-cubes", kohlensäurehaltiges, gekühltes Mineralwasser.

OLD FASHIONED

(1 Portion)
1 Stück Würfelzucker, Angostura-Bitter, 1 Barlöffel Wasser, 4 cl Whisky, Zitronenschale (unbehandelt), ¼ Orangenscheibe, ½ Zitronenscheibe, 1 Cocktailkirsche.

Zucker in ein Whiskyglas geben, mit Angostura tränken. Wasser dazugeben, den Zucker zerdrücken und rühren. 3–4 Eiswürfel und den Whisky hinzufügen, rühren und mit Zitronenschale abspritzen. Mit Orangen- und Zitronenscheibe und Cocktailkirsche garnieren.

▶ TIP: Cocktails, deren Zutaten sich leicht verbinden, werden entweder direkt im Glas zubereitet oder im Rührglas auf viel Eis vorsichtig gerührt.

GREEN GARUDA

(1 Portion)
Zitronensaft, gelber Zucker, 2 cl Pisang Ambon, 4 cl weißer Rum, Zitronenlimonade.

Ein Cocktailglas mit dem Rand zuerst in Zitronensaft, dann in den Zucker tauchen. Etwas zerstoßenes Eis in ein Rührglas geben. Pisang Ambon und Rum hinzufügen, rühren und in das Glas geben. Mit etwas Zitronenlimonade auffüllen.

▶ TIP: Zerstoßenes Eis ist schnell zubereitet: Einige Eiswürfel in ein festes Tuch geben und mit einem Holzhammer zerkleinern.

FROZEN DAIQUIRI

Rum, Zitronensaft, Sirup und Curaçao mit einer Tasse fein zerstoßenem Eis in einen Mixer geben, auf höchster Stufe mixen, in eine Sektschale füllen und mit einer Spirale aus Limettenschale garnieren.

▶ TIP: Das Beste ist gerade gut genug: Nehmen Sie zum Mixen deshalb nur erstklassige Spirituosen und frische Säfte.

(1 Portion)
5 cl weißer Rum, 3 cl Zitronensaft, 1 cl Zuckersirup, 2 cl Curaçao Triple Sec, Limettenschale (unbehandelt).

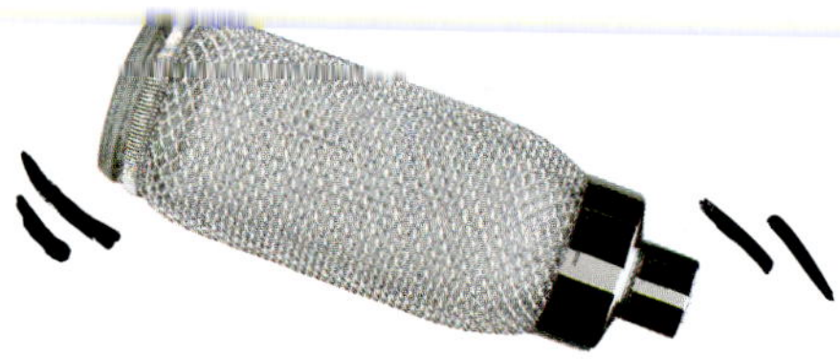

PINK MELON

(1 Portion)
5–6 ausgestochene Melonenkugeln, 1 Eßl. Melonensaft (aus der Frucht), 2 cl Campari, 1 cl Lime Juice, Mineralwasser.

Melonenkugeln mit Melonensaft, Campari und Lime Juice in einem hohen Glas gut verrühren. Mit eiskaltem Mineralwasser auffüllen und mit Strohhalm und Löffel servieren.

FLAMINGO

(1 Portion)
Zitronensaft, rosa Zukker, 4 cl Dry Gin, 2 cl Apricot-Brandy, 2 cl Zitronensaft, 1 Barlöffel Grenadine-Sirup.

Eine Sektschale mit dem Rand zuerst in den Zitronensaft, dann in rosa Zukker tauchen. Einige Eiswürfel in einen Shaker geben. Gin, Apricot-Brandy, Zitronensaft und Grenadine hinzufügen, schütteln und in die Sektschale abseihen.

▶ TIP: Crusta-Ränder aus buntem Zucker sind effektvoll und können, da sie einige Zeit halten, gut vorbereitet werden.

RED BALLOON

Ein Ballonglas zur Hälfte mit fein zerstoßenem Eis füllen. Zitronensaft, Arrak, Rum, Grenadine-Sirup hinzufügen und rühren. Bananenscheiben, Cocktailkirschen und Zitronenmelisse auf einen Sticker spießen und auf das Glas legen.

▶ TIP: Das Auge trinkt mit: Dekorieren Sie deshalb phantasievoll, aber farblich passend und der Art des Drinks angemessen.

(1 Portion)
3 cl Zitronensaft, 4 cl Arrak, 2 cl Jamaika-Rum, 1 cl Grenadine-Sirup, 2 Bananenscheiben, 3 Cocktailkirschen, 1 Zweig Zitronenmelisse.

ACAPULCO

(1 Portion)
3 cl Zitronensaft, 1 Barlöffel Zucker, 4 cl weißer Rum, 1 cl Curaçao Triple Sec, 1 Barlöffel Eiweiß, 1 Minzezweig.

Einige Eiswürfel in einen Shaker geben. Zitronensaft, Zucker, Rum, Curaçao und Eiweiß hinzufügen, gut schütteln, mit dem Eis in ein Longdrinkglas füllen und mit dem Minzezweig garnieren.

▶ TIP: Halten Sie für Ihre Party einen reichlichen Vorrat an Eiswürfeln bereit, denn nichts ist schlimmer als lauwarme Cocktails.

PARTY

Das Riesen-Sandwich reicht glatt für zwei und eignet sich somit ganz fabelhaft als Aufhänger, um den netten Menschen drüben auf dem Sofa kennenzulernen. Beim Speckkuchen ist man dann schon fast ein alter Bekannter und spätestens bei der Mitternachtssuppe dürfte dann alles klar sein.